西南大学教育学部
现代教育文库

探究学习教学模式

徐学福 著

人民出版社

图书在版编目（CIP）数据

探究学习教学模式／徐学福 著.—北京：人民出版社，2018

ISBN 978-7-01-018965-9

Ⅰ.①探… Ⅱ.①徐… Ⅲ.①教学模式－研究 Ⅳ.①G42

中国版本图书馆CIP数据核字(2018)第031643号

探究学习教学模式
TANJIU XUEXI JIAOXUE MOSHI
著　　者：徐学福
责任编辑：阮宏波　韩　悦
出版发行：人民出版社
地　　址：北京市东城区隆福寺街99号
邮政编码：100706
印　　刷：廊坊市海涛印刷有限公司
版　　次：2018年6月　第1版
印　　次：2018年6月　河北第1次印刷
开　　本：710毫米×1000毫米　1/16
印　　张：23.25
字　　数：308千字
书　　号：ISBN 978-7-01-018965-9
定　　价：68.00元
销售中心：(010) 65250042 65289539

版权所有　侵权必究

目 录

前言 ······ 1

第一章 探究学习概述 ······ 5
第一节 探究学习的内涵辨析 ······ 7
一、界定探究学习的两个维度 ······ 8
二、探究学习的界定 ······ 10
三、探究学习与探究式学习、探究性学习 ······ 13
四、探究学习与问题解决学习、发现学习、研究性学习 ··· 15
第二节 探究学习的基本理念 ······ 17
一、面向全体学生 ······ 17
二、面向真实科学 ······ 20
三、面向生活世界 ······ 24
第三节 探究学习的研究与实践问题 ······ 26
一、探究教学研究的"四多"现象 ······ 27

二、探究学习实施存在的问题 …………………………… 33
第四节　探究学习的学科文化品位 ………………………… 43
　　一、两个探究学习案例 …………………………………… 43
　　二、对上述两个案例的分析与反思 ……………………… 45
　　三、探究学习品位学科文化的途径 ……………………… 51
第五节　探究学习的模式方法 ……………………………… 54
　　一、教学模式的内涵 ……………………………………… 55
　　二、探究学习的模式策略 ………………………………… 56

第二章　科学探究技能训练教学模式 …………………… 59
第一节　探究训练的基本目标 ……………………………… 63
　　一、发展儿童收集与加工数据的认知技能 ……………… 64
　　二、使儿童探究学习方法 ………………………………… 65
　　三、充分利用好奇心，激发儿童发现的喜悦 …………… 65
第二节　科学探究的结构与功能 …………………………… 66
　　一、数据搜集 ……………………………………………… 68
　　二、数据加工 ……………………………………………… 70
　　三、发现 …………………………………………………… 74
　　四、验证 …………………………………………………… 75
第三节　探究训练的基本程序 ……………………………… 76
　　一、展示问题情境 ………………………………………… 76
　　二、建立假设与搜集资料 ………………………………… 77
　　三、获得解释 ……………………………………………… 79
　　四、反思探究过程 ………………………………………… 80
第四节　探究训练的基本策略 ……………………………… 81

一、设置富有诧异的问题情境 …………………………… 81
　　二、提供一个应答性环境 ………………………………… 82
　　三、聚焦探究过程 ………………………………………… 84
　　四、评价兼顾探究过程与结果 …………………………… 88

第三章　科学探究学习"做中学"模式 …………………… 103
第一节　"做中学"的目标 ……………………………… 108
　　一、科学素养的理想 ……………………………………… 108
　　二、对科学素养实施的反思 ……………………………… 116
第二节　"做中学"的理论基础 ………………………… 117
　　一、杜威与"做中学" …………………………………… 117
　　二、建构主义学习理论 …………………………………… 118
　　三、儿童文化的相关理论 ………………………………… 121
　　四、陈鹤琴关于儿童四个基本心理特征的理论 ………… 122
第三节　"做中学"的基本程序 ………………………… 123
　　一、"问"——设置问题情境 …………………………… 125
　　二、"猜"——提出假设 ………………………………… 128
　　三、"做"——动手操作 ………………………………… 130
　　四、"记"——记录信息 ………………………………… 131
　　五、"享"——交流分享 ………………………………… 133
第四节　"做中学"的应用要求 ………………………… 134
　　一、多种科学教育方法综合运用 ………………………… 134
　　二、教师在"做中学"中要发挥引导作用 ……………… 137
　　三、把握"做中学"过程中的重点和难点 ……………… 138
　　四、选用生活材料开展"做中学" ……………………… 142

第四章　识字探究教学模式 ·················· 147

第一节　识字探究教学的基本目标 ·················· 151
第二节　识字探究教学的理论基础 ·················· 155
　　一、汉字本身结构特点和文化学意义 ·················· 155
　　二、小学生的认知发展特点与汉字学习心理 ·················· 157
第三节　识字探究教学的基本程序 ·················· 159
　　一、竹影扫阶——引兴趣于无痕 ·················· 161
　　二、庖丁解牛——析字理于字形 ·················· 165
　　三、按图索骥——启心智于探究 ·················· 171
　　四、举一反三——用知识于迁移 ·················· 177
　　五、合浦还珠——寓汉字于文本 ·················· 178
第四节　优化探究识字的基本要求 ·················· 180
　　一、教师必须树立汉字文化教学观 ·················· 181
　　二、明确把握探究性识字教学的基本 ·················· 183
　　三、拓展识字教学资源以延伸探究空间 ·················· 185
　　四、寻求学校、家庭、社会的多方支持 ·················· 187

第五章　语文阅读主题探究教学模式 ·················· 189

第一节　主题阅读探究教学的目标 ·················· 192
　　一、培养阅读鉴赏与探究的能力 ·················· 195
　　二、丰富情感体验和认知 ·················· 195
　　三、发展健康个性 ·················· 196
第二节　主题阅读探究教学的理论基础 ·················· 197

一、建构主义学习理论 …………………………………… 197
　　二、结构主义文学理论 …………………………………… 198
　　三、后结构主义思想 ……………………………………… 202
　　四、对话理论 ……………………………………………… 203
第三节　主题阅读探究教学的基本程序 …………………… 205
　　一、感知要素 ……………………………………………… 207
　　二、揭示主题 ……………………………………………… 209
　　三、解释结构 ……………………………………………… 214
　　四、重构主题的意义 ……………………………………… 218
第四节　主题阅读探究教学的基本要求 …………………… 223
　　一、选好主题 ……………………………………………… 223
　　二、平等对话 ……………………………………………… 226
　　三、合理感悟 ……………………………………………… 227

第六章　数学问题解决学习教学模式 …………………… 229
第一节　数学问题解决的教学目标 ………………………… 232
第二节　数学问题解决教学的理论基础 …………………… 234
　　一、数学的性质：抽象性与实用性的结合 ……………… 235
　　二、建构主义数学学习观 ………………………………… 236
　　三、建构主义数学教学观 ………………………………… 239
　　四、弗赖登塔尔的现实数学教育 ………………………… 241
第三节　数学问题解决教学的基本程序 …………………… 243
　　一、创设情境，提出问题 ………………………………… 243
　　二、建立数学模型，解决问题 …………………………… 245
　　三、研究数学模型，加深理解 …………………………… 247

　　　　四、拓展运用，总结反思…………………………………… 248
　第四节　数学问题解决教学实施要求…………………………… 257
　　　　一、情境的创设要体现数学知识的本质………………… 257
　　　　二、问题的设置要关注学生已有经验…………………… 258
　　　　三、注重将数学建模过程外显化………………………… 258
　　　　四、注重学生数学观的形成……………………………… 260
　　　　五、善于运用现代科学技术……………………………… 261
　　　　六、合理看待"问题解决"教学模式…………………… 261

第七章　思想品德探究教学模式…………………………… 263
　第一节　思想品德探究教学的基本目标………………………… 270
　　　　一、对理论知识的深层理解……………………………… 272
　　　　二、关注学生的亲历体验和感受………………………… 272
　　　　三、对学生探究能力的培养……………………………… 273
　　　　四、培养科学态度和科学道德…………………………… 273
　　　　五、培养对社会的责任心和使命感……………………… 273
　第二节　思想品德探究教学的理论依据………………………… 273
　　　　一、人性理论……………………………………………… 273
　　　　二、个体道德发生学说…………………………………… 274
　　　　三、建构主义学习理论…………………………………… 276
　　　　四、现代教学论的基本观点……………………………… 277
　第三节　思想品德探究教学的基本程序………………………… 278
　　　　一、生惑：德育探究问题的形成………………………… 281
　　　　二、解惑：思想品德问题的解决………………………… 286
　　　　三、无惑：确立信仰……………………………………… 290

第四节　实施思想品德探究教学的基本要求 …………………… 294
　　一、初中思想品德课探究教学对教师的要求 ………………… 294
　　二、初中思想品德课探究教学对学生的要求 ………………… 295
　　三、实施探究性教学过程中必须要处理好几种关系 ………… 297
　　四、初中思想品德课探究教学应注意解决的几个问题 ……… 300

第八章　教师在探究学习中的作用 ……………………………… 303
第一节　探究学习中教师引导作用的缺失 ……………………… 310
　　一、包办代替 ……………………………………………………… 312
　　二、放任自流 ……………………………………………………… 314
第二节　教师引导是探究学习的内在要求 ……………………… 319
　　一、探究学习是一种建构性活动 ………………………………… 321
　　二、探究学习是一种情境性活动 ………………………………… 324
　　三、探究学习是一种社会性活动 ………………………………… 325
第三节　探究学习中教师引导作用的表现 ……………………… 327
　　一、引导学生理解学科性质 ……………………………………… 328
　　二、引导学生实现最大发展 ……………………………………… 333
　　三、引导探究活动顺利进行 ……………………………………… 336
第四节　探究学习中教师引导的策略 …………………………… 342
　　一、提问 …………………………………………………………… 342
　　二、讲解 …………………………………………………………… 346
　　三、演示 …………………………………………………………… 349
　　四、讲故事 ………………………………………………………… 352

参考文献 …………………………………………………… 355
后记 ………………………………………………………… 358

前　言

　　自古以来就有教育家一直呼吁，教师应当引导学生探究发现知识，而不是通过灌输让他们被动地接受知识。古希腊教育家苏格拉底要求人们不要被事物的表象所迷惑，而要追究它内在的不变本质，教师应当做知识的产婆，采用问答法帮助学生"回忆"真知。我国古代教育家孔子提倡"乐学"，要求把学习与思考结合，寻求对知识的理解与融会贯通，教师应采用启发式教学促进学生思考。近代法国教育家卢梭强调培养儿童获得知识的能力，主张顺应儿童天性，培养儿童探究知识的兴趣与方法。他在《爱弥儿》一书中写道："问题不在于教他各种学问，而在于培养他有爱好学问的兴趣，而且在这种兴趣充分增长起来的时候，教他以研究学问的方法。"德国教育家第斯多惠认为："不好的教师是转述真理，好的教师是叫学生去发现真理。"主张通过启发性谈话激发学生的智力，使学生能够"探求、考虑、判断、发现"。此后，美国教育家杜威、施瓦布、布鲁纳等更是明确倡导探究、发现学习，并通过学校教育改革大胆尝试这种学习，他们的探索成为教育史上的里程碑，对世界其他国家的教育理论与实践产生了重大影响。

　　但从历史与现实来看，探究这种应然或理想的学习方式却从没有在哪个国家的学校教育中普遍实施过，至多是局部、一时的探索或点缀。其中的原因有很多，就内因而言，诸如偏重知识掌握的教学目标，强调知识获得而非知识形成的行为主义与认知主义学习理论，忽视知识内在联系的课程内容以及以甄别为目的终结性评价等,都不利于探究学习的开展;就外因而言,学术界普遍持有的普适真理知识观与守成性的人才观,使学生缺少开展探究学习的外部动因。20世纪末这些阻碍探究学习的内因与外因都得到了极大的改善,新的课程观、教学观、知识观、学习观、人才观、评价观等,都强调或有利于创新人才的培养,从而把探究学习推向学校教育的前台。就我国而言,21世纪初期掀起的新一轮基础教育课程改革,明确要求改变过于被动地接受学习,开展自主、合作、探究学习,尤其是新教材采用模块课程,加强知识的整合以及与学生生活的联系,为学生围绕基础知识开展探究学习提供了广阔的时间与空间。正是在这种有利时机下,广大教师努力尝试开展自主、合作、探究学习,使学校教学出现勃勃生机。

  从新课改涌现出的探究教学案例来看,课堂上的探究学习在形式、内容、方法上多种多样,不拘一格,其中有的相当精彩,堪称范例,充分展现出教师参与教学改革的热情与开展教学创新的智慧。当然,尽管探究学习在我国基础教育中取得史无前例的进展,但仍存在以下三方面的问题:(1)问题泛。探究始于问题,为形成探究问题,教师鼓励学生质疑,而且为尊重学生意愿,由他们自己决定要探究的问题。学生热烈响应,积极提出问题和选择问题。但学生提出的问题并非都适合探究,其中有的太难、太大、太开放,超出他们的能力水平;有的太易、太封闭,通过回忆或查资料即可直接作答。由于学生对此缺乏认识,教师又不加以分辨与引导,结果在这些问题的导向下,探究学习或成为简单问答,或半途而废,或信马由缰。(2)方法泛。探究过程中学生提出多种看法与假设,为表明自己的看法合理,他们基于日常思维,探究时不分学科,不辨求真、求善、还是求美,都自然地用实际经验去证明。最典型的莫过于语文课上学生文理不分,置语文的特性于不顾,基于常识或经验一味求真,结果课上的语文不像语文,科学不像科学。(3)结论泛。鉴于学生的结论基于原有经验,出自内心所想,可谓持之有据，言之合理，因此为尊重学生的建构，教师不参照教学目标，不考虑教育立场，不分析学生的视角局限，对学生的结论要么不置可否，要么一律作出肯定、积极、鼓励性评价。即使牛唇不对马嘴，教师也肯定学生"有想法"、"会动脑筋"，以致语文课上出现"林则徐禁烟缺乏环保意识"、"司马光砸缸破坏公物"等似是而非的答案。

上述泛化现象表明，学生对不同学科采用不同探究方式缺乏认识，对探究过程缺乏反思与调控，是随兴所至，随意而为，即使产生学习也很低效。我们认为，学科教学中的探究学习应模拟专业探究，类似学科知识的再发现，本质上讲仍是一种文化继承过程，应体现学科的文化特性。它不同于好奇心驱使下的自发探究，而是一种有目的、有计划、有组织的学习活动，学生不是天生就会，而是需要学习才能掌握；它也不同于以掌握知识为主的接受学习，而是旨在获得学科素养的建构性学习，即在探究过程中将学科的知识、方法与精神有机地内化为自己的素养。

正是出于这种考虑，本书从宏观着眼，从微观入手，基于学科的基本结构，结合优秀的探究教学研究与实践，建构不同学科的探究教学模式。行文既注重理论分析，又注重实例说明，以便读者能在深刻理解的基础上，灵活应用这些策略。除概述第一章外，其他各章涉及不同学科的探究教学，无内在逻辑联系，广大读者既可逐章阅读又可挑选自己感兴趣的章节阅读。

我与我的研究生许应华、林云、张璐琳、姚丽、李萍、杨志英等就本书的主要观点和内容进行过多次交流、反复研讨，他们负责收集和整理相关资料，这里对他们的努力与付出表示衷心的感谢。

徐学福
2017年2月

第一章　探究学习概述

2001年，我国颁布实施《基础教育课程改革纲要（试行）》，要求改变过于被动的学习方式，倡导积极开展自主学习、合作学习与探究学习。为响应新课改的号召，学者们积极开展有关探究学习的研究，一线教师也逐步掀起了开展探究教学的热潮，取得了大量理论与实践成果。尽管这些成果不乏精彩和亮点，展现出我国教育理论与实践工作者的智慧和努力，但仍存在一些有待深入探讨的问题，不解决这些问题就难以把探究学习与课程改革推向深入。

第一节 探究学习的内涵辨析

明确界定探究学习的内涵，是开展探究教学研究与实践的前提。然而，综观现有探究教学研究文献，其中大多数要么只讲什么是探究或科学探究，以为探究学习不言自明，要么干脆对这个概念避而不谈，而是直接讨论某学科领域探究教学的具体模式或方法，因而读来使人感到如同雾里看花，不甚明了。再加上探究式学习、探究性学习类似提法的出现，以及问题解决学习、发现学习与研究性学习的存在，使得人们的这种模糊认识更加严重。这种状况阻碍了探究学习的研究和运用，对实施和推广我国新颁布的各门学科课程十分不利，因而亟待改变。由于探究的主体是学生，教师的教要以学生的探究活动为基础，因而弄明白什么是探究学习后，更容易理解什么是探究教学；又由于探究学习是舶来品，而且主集中在自然科学学科，因此为澄清认识，这里主要围绕科学领域的探究学习及相关术语展开分析。

一、界定探究学习的两个维度

探究学习的界定不可避免地受界定者个人观念的影响。探究学习不同于自然界的各种现象或事物，是一种客观存在，对其本质特征加以抽象，然后就可以概括出定义来。它是一种有待我们根据对探究学习的认识去创造的实践活动，即人为实在。就是一个业已存在的探究学习实践，不管实践者理论如何薄弱，或事先根本不知道什么是探究学习，它也总是在一定观念或想法的指导下进行的，只不过实践者的想法与探究学习观恰巧相符罢了。一个人要判断某种学习是否是探究学习，同样是以其头脑中的探究学习观念为依据，只是存在着这个依据是否可靠的问题，不然会导致轻信盲从。因此，一方面，从理论上说，人们对探究学习的看法不可能完全一致，不同的人尝试界定这一术语时会得出不同的定义。另一方面，从客观上讲，个人界定概念时又不能随心所欲，所持的观念应当有根有据，言之成理，务使所下的定义全面、合理。

可从以下两个维度出发界定探究学习：一是思想层面，二是操作层面。所谓思想层面，是指应首先把探究学习看作是一种学习观念或指导思想，而且这种思想观念还要与体现时代精神的现代教学思想相符合。换言之，如同其他任何形式学习一样，探究学习也必须以现代教学理论为指导，并结合自己的特点从整体上形成独具特色的探究学习思想。所谓操作层面的探究学习，是指还要把探究学习看作一种操作模式或方法，反映探究学习是如何进行的，以便人们能从实践中去把握它。探究学习的思想层面与操作层面是紧密联系、相互依存的，其中前者要通过后者体现出来，而后者也必须接受前者的指导。忽视思想层面，探究学习就会走向机械、僵化、固步自封；而忽视操作层面，探究学习只能是纸上谈兵，无法落到实处，二者都是片面的。然而，无论国内还是国外，现有探究学习研究多从操作维度出发，主要把它当作一种模式或方法来探索、研究或实践，而对于指导具体操作的思想则重视不够或认识不清。这不可避免地导致理论上进展缓慢，实践中举步维艰的局面。难怪即使在探究学习开展较早的美国，仍有学者在20世纪90年代初期感叹说："如果非要用某个词语来描述近30年来美国科学教育工作者所努力追求的目标，这个词一定是'探究'。"然而，"时至今日，探究教学所面临的挑战仍很明显，从传统讲授向探究转变的步伐仍十分缓慢。"[①]

那么，探究学习应有什么样的指导思想呢？至少或主要包括以下三个方面。主体学生观：探究是学生的探究，不能由教师安排好途径和方法，牵着学生顺路直达终点——要掌握的概念或原理，更不能为完成教学任务把答案直接告诉学生，让他们被动接受，探究学习时学生要独立思考，自己作出决定或选择，在探究活动的各阶段都要充分发挥主动性、能动性和独立性。合作思想：根据最近发展区理论，学生需要利用外在的物或人的帮助才能取得最佳发展，因此，必须把探究学习置于合作的背景下来考虑，不能误以为强调学生的主体地位，就可以对学生放手不管，让他们孤立地开展探究学习。探究学习中的合作有多种形式，可以是生生之间，也可以是师生之间。但无论采用哪种形式，彼此都应当通过平等的对话来实现合作。尤其是开展师生合作时，教师的作用不能是过去的那种直接传递式，而应当是间接启发式，即启发学生思考，以促进学生从探究学习的一阶段过渡到另一个阶段。模拟思想：科学家的认识与学生的认识既有区别又有联系，既相异又相同，关于这一点已有大量讨论。二者的这种关系要求我们既不要把科学学习与科学探究混为一谈，又不要把它们对立起来。既要认识到学生不是科学家，学生的探究也不是真正的科学探究，其目的不是为了发现人类新知，而是要更好地理解科学，学会像科学家那样思考和认识世界；又要认识到科学探究有巨大教育价值，可转化为科学学习，即根据学习目的与学生发展水

---

① L. W. Trowbridge, R. W. Bybee, J. C. Powell, *Teaching Secondary School Science*, Columbus, Ohio: Prentice-Hall Inc. 7th ed, 1996, p.206.

平对科学探究进行模拟，使科学学习成为科学探究的简约复演。简言之，探究学习是对科学探究的模拟，而不是等同。上述三方面中模拟思想是关键，因为学生探究学习时能否开展合作、主观能动性能否得到最大限度的发挥，主要看模拟是否得当。它们相互依赖、相互制约，共同形成探究学习思想：从参与科学知识获得过程的合作学习中，达到最佳发展。

　　至于操作层面的探究学习，研究者们提出了许多目标各有侧重、程序有多有少的探究学习模式，如美国学者兰本达（Brenda Lansdown）提出的小学科学探究教学模式只有"调查研究（Investigation）、讨论（Colloquium）"两步，而另一名学者施瓦布（Joseph Schwab）提出的生物科学探究模式则有"明确探究范围或对象、形成调查研究的问题、确认调查研究的症结、思索排除困难的方法"四步。事实上，实际的探究学习在模式上也不可能存在普遍适应的或最佳的，而应该随着学生发展水平、具体教学目标、学科性质等因素的不同而不同。然而无论具体模式怎么变化或不同，都必须是探究式的，学生经历的应是探究活动而不是别的。换言之，具体开展探究学习时首先要有典型形式，然后才有适应不同情况的变式，否则面对众多的探究模式，人们难免不感到杂乱、不得要领，也难以断定某种学习是否是探究学习。因此，对于具体层面的探究学习，把握其典型模式十分重要，而这又要以对科学探究的认识为前提。

二、探究学习的界定

　　尽管中文原本就存在着"探究"与"学习"的说法，但二者结合起来形成的"探究学习"一词，最初由英文"Inquiry Learning"翻译而来。我国有少数研究者其中包括一些中小学教师在讨论探究学习的含义时，一般都借用施瓦布的定义，即探究学习是指这样一种学习活动："儿童通过自主地参与获得知识的过程，掌握研究自然所必需的探究能力；同时，形成认识自然的基础——科学概念；进而培养探索未知世界的积极态度。"① 这个定义实际上说明了通过探究学习，是要实现当今所说的科学素养教育目的，即让学生在获得科学知识的同时，掌握探究技能和形成科学态度，并未明确揭示探究学习的内涵。换言之，这个定义虽提到"主动地参与获得知识的过程"这一探究学习的重要特性，但并未说明这个过程到底是从哪里来的，因而很难对探究学习实践起明确的规范或指导作用，需要进一步完善。

根据上述思考探究学习的两个维度，我们提出如下定义：所谓探究学习，是指学生在教师指导下，为获得科学素养以类似科学探究的方式所开展的学习活动。这个表述说明：尽管是探究学习，学习过程中的师生关系仍要体现"教师主导、学生主体"这一基本精神。只有这样，它才能有别于学生在好奇心驱使下所从事的那种自发、盲目、低效或无效的探究活动。事实上，学生探究活动过程所涉及的观察、思考、推理、猜想、实验等活动是他们所不能独自完成的，需要教师在关键时候给予必要的提示。可见，有学者为突出学生的主动性，偏爱使用"探究学习"，对"探究教学"一词则避而不谈，好像教师一旦介入学生的探究之中，探究就不是学生的或不会发生探究学习，这是不必要的。

探究学习是通过对科学探究的模拟来实现的。科学探究，又称科学研究，是人类认识自然的一种方式，它遵循一定基本程序，采用一系列方法，通过发现问题、提出和检验假设、表达和交流等活动，来提示大自然的奥秘，推动科学发展。在探究学习时，学生模拟科学家采用的探究程序和方法，通过提出和解决与他们生活经历有紧密联系的各种科学问题，积极地参与到知识的获得过程中去。与科学探究相对应，探究学习遵循以下典型程序或模式：形成问题、搜集数据、提出假设、检验假

---

① 钟启泉编译：《现代教学论发展》，教育科学出版社1998年版，第363页。

设、交流结果。① 因此，不管探究学习呈现哪种形式，活动种类如何多样，其本质特征是：教师不把构成教学目标的有关概念和认识策略直接告诉学生，取而代之，而是创造一种适宜的认识和合作环境，让学生通过探索发现有利于开展这种探索的学科内容要素和认知策略。②

探究学习的目的是获得科学素养。科学探究有多种教育功能，将科学探究引入教学可服务于不同的教育目的。如布鲁纳（Jerome J. Bruner）倡导的发现学习、我国现行的研究性学习等，都要求学生像科学家搞研究那样来学习，但各自的目的是不同或不尽相同的，进而也引起实施上的差异。而且谁也不能断言这种情况将来是否还会发生，再次提出一个类似科学探究的其他学习来。因此，把科学素养目的反映到定义中十分重要，否则就会引起认识上的混乱，甚至使人产生玩弄术语的嫌疑。至于科学素养学习目的中，科学知识、科学探究技能和科学态度三者孰先孰后，孰轻孰重，要视不同教育阶段的学生发展水平而言，不可一概而论。如小学生可考虑重在培养热爱科学的态度，中学生重在掌握科学知识，中学以后重在培养探究技能。故这里不像施瓦布那样在定义中分开表述它们，以避引起僵化的科学素养观。

总之，上述定义既指明了探究学习赖以类似的"原型"，又渗透着当代重要教学思想，有利于人们从"形"和"神"两方面把握探究学习，因而对实践有较好的规范和指导作用。由于新一轮基础教育课程改革所倡导的探究学习不限于自然科学学科，而是学校所有的课程科目，因此可以把囊括全部科目的探究学习定义为：所谓探究学习，是指学生在教师指导下，为获得学科素养以类似学科探究的方式所开展的学习活动。前面对定义所作的分析说明，同样适用于其他学科的探究学习。

---

① National Research Council, *Inquiry and the National Science Education Standards*, Washington D. C. : National Academy Press, 2000, pp. 24 – 27.
② L. W. Anderson, *National Encyclopedia of Teaching and Teacher Education*, Elervier Service Ltd., 1995, p. 109.

三、探究学习与探究式学习、探究性学习

尽管自 20 世纪 80 年代初期美国学者兰本达来我国举办探究教学讲习班,并出版《小学科学教育的"探究——研讨"教学法》一书后,以及受后来被介绍进来的美国其他学者对探究学习研究的影响,我国遂有人开展探究学习的研究与实践,并取得一定成果,但总体来看,新课改以前探究学习的研究有限,而且提法也比较统一。从学习角度来说,虽然也有少数人提"探究教学"或"探究法",但大多使用"探究学习"一词。只是教育部审定的新课标出台后,为响应"科学学习要以探究为核心"的号召,才有越来越多的人投入到探究学习的研究中,并出现了不同的提法,其中与探究学习类似的还有"探究式学习"和"探究性学习"两种提法。那么,它们是否真有什么不同,还是所指相同提法不同而已?

虽然单从字面看这三种提法都有"探究"一词,似乎没有什么差别,但细加分析不难发现,它们各自所突出的侧面是不同的,不管使用者意识到与否。从用语角度来看,探究学习更强调探究活动过程本身。说得明白点,它从个体感受出发,强调个人经历的是探究活动,而不管受什么样探究思想指导,采用哪种探究活动形式,只有那种能使学生获得探究体验的学习才是探究学习。美国《国家科学教育标准》中的科学探究定义便体现出这种倾向:"科学探究指的是科学家们用以研究自然界并基于此种研究获得的证据提出种种解释的多种不同途径。科学探究也指的是学生们用以获取知识、领悟科学的思想观念、领悟科学家们研究自然界所用的方法而进行的各种活动。"① 它说明从个体感受的角度来理解,学生学习科学的探究经历类似科学家的探究经历,二者无本质差别。而且也只有从这种角度出发,才能正确理解上述科学探究定

---

① [美]国家研究理事会:《国家科学教育标准》,戢守志等译,科学技术文献出版社 1999 年版,第 23 页。

义。否则会产生该定义将学生视为科学家、科学学习等同于科学探究的错误认识。

探究性学习突出的是探究活动的可行性。由于传统的接受学习不能或不完全能使学生获得科学素养，因为科学知识、科学方法和科学精神从根本上说是在科学家的实践活动中产生和发展的，因而与此呼应，我们希望学生能以类似科学探究的学习方式来获得。然而如果这种学习不能在实践中贯彻实施，那就不会发挥它的优越性，进而也无存在的必要，而探究学习恰恰就存在这方面的问题。表现在探究学习与接受学习在实践中并非绝然对立，相反要以接受学习为基础，由接受向探究逐步过渡，学生在刚开始从事探究学习时尤其如此。结果是探究中有接受，接受中有探究，而纯探究学习是很难做到或不存在的。换言之，如果把纯探究与纯接受看作是两极，那么从接受到探究，探究性越强，反之则越弱。这样，两极之间的学习都可以看作是探究活动。由于探究性一词包容了不同程度的探究活动，因而探究性学习这一提法更加切实可行。

与上述两种提法不同，探究式学习则侧重于探究的方式或程序，即探究学习的模式或基本程序。从某种意义上说，把探究学习与其他学习直观区别开来的是程序，如能体现启发思想的学习方式有多种，而它们之间的明显差别就在于基本程序。而且只有程序明确，实施起来才有章可循，不致使广大教师茫然不知所措。很多研究者都采用探究式学习这一提法，并致力于探究学习模式的建构，其意即在于此。也许正因为如此，国外的许多探究学习研究也特别关注具体操作层面，提出许多探究学习模式。

由上可见，探究性学习、探究式学习这两种提法是事出有因，的确都有合理之处。但它们也存在明显不足，表现在：探究式学习会使人过分关注具体操作，而忽视其背后的思想基础，弄不好会导致生搬硬套，产生不良后果；探究性学习则容易使人置探究的基本规范即典型模式于不顾，借"符合实际"之名，行泛化探究学习之实，出现新瓶装旧酒、换汤不换药的情况。这绝不是危言耸听,这两种情况在一直就有不良教育研究与实践习惯的我国很容易变成现实:要么照葫芦画瓢,不思进取和创新,用一种模式打天下;要么搞齐上马,争取"雨后春笋",让各种名目的探究学习纷纷出笼。事实上,为赶时髦目前已有人用启发式学习冒充探究学习。因此为防止这种误导作用,本文使用"探究学习"一词。

四、探究学习与问题解决学习、发现学习、研究性学习

科学探究的教育功能早在 20 世纪初期就被杜威所提倡,此后一直有人主张把科学探究引进课程与教学,提出了与探究学习既相似又有别的其他学习。美国教育家杜威(John Dewey)对 20 世纪以前科学教育那种只重视科学知识,而忽视把科学作为一种思维方式和认识态度来对待的做法提出强烈批评。他指出,科学不仅是学生需要学习的知识体系,同时也是一种学习过程或方法。他以对科学思维过程的分析为依据,提出了众所周知的五步问题教学法,要求学生通过解决问题来学习"做"科学,而不是被动地读科学。20 世纪中期,为应付科学知识的迅猛激增和苏联军事竞争的挑战,美国教育家布鲁纳带头掀起世界性的课程改革运动。他主张精简学科内容,突出学科结构,要求把学生当作"小科学家"来看待,广泛采用发现学习去掌握学科结构。与此同时,受当时科学哲学的影响,芝加哥大学的施瓦布以"科学的结构是不断变化的"为前提,主张把科学的可变性渗透到课程中,并采用探究教学来教授"作为探究的科学",以便让学生更好地理解科学的本质。"探究学习"一词便是他于 1964 年首次提出的,此后,如何在学校开展探究学习便成为美国科学教育工作者所努力追求的目标。20 世纪末期,面对我国长期以来一直存在的"高分低能"现象,有学者提出开展研究性学习,让学生以类似科学研究的方式主动获取和运用知识,并提高他们解决实际问题的能力。现在它已成为我国高中的一门正式课程,得到越来越广泛、深入的研究与实践。

上述四种学习虽然提出的时间不同，但从世界教育这个大舞台来看，较早提出的问题解决学习并没有销声匿迹，而是随着后人的研究发展成为极为复杂的领域，并且对与其有关的其他学习产生巨大影响，这在我国有关教育和心理书籍中有大量介绍。更值得注意的是，尽管各自的名称不同，但由于它们都是要把科学认识方式或科学探究引进课程与教学，而各种学习的典型操作程序实际上也基本相同，以致人们认为它们并无什么区别，只不过是因时和因人而异的提法差异罢了。

我们认为要正确区分这四种学习的关系，就不能停留在笼统的解释上，否则难以看到其间的微妙差异。因为当今这四种学习几乎在各学科领域都存在着，因而笼统说它们本质致上无区别是不确切的，如很难想象我们能把科学探究运用到文学或历史学科中，或者说这些学科的探究学习与自然学科的探究学习无差别。但就自然学科来看，可以说它们在本质无差别，都是要以类似科学探究或研究的方式来学习科学，都属于问题解决学习。然而说它们本质相同，并不等于它们没有差别，更不等于这种差别不重要。事实上，它们之间的非本质差别会对教育实践产生巨大影响，忽视这些差别，开展探究学习时会产生重大偏差。这些差别主要表现在：其一，从这些学习提出的时代背景来看，各自要达到的目的不尽相同。问题解决学习是要提高学生解决将来社会生活所遇复杂问题的能力，所以它主要围绕学生所经历的与社会职业有关的各种"作业"问题来开展；探究学习强调培养学生的科学素养，它主要围绕与学生经验有关的科学学科问题来开展；发现学习是要培养未来的科学精英，它主要围绕学术性问题来开展；研究性学习是要提高学生运用知识解决问题的能力，它主要围绕涉及各门学科与日常生活的综合型问题来开展。简言之，这四种学习都要以问题为出发点，但问题的性质和来源是不一样的，这不可避免地影响到学习活动过程。其二，各自侧重点不同。问题解决学习从问题获得解决出发，强调问题获得解决，而不管用什么方法、规则或程序，或者是否有方法、规则与程序，只要解决问题就行；探究学习从探究过程的无穷性出发，强调领悟科学探究的无穷性和科学的相对性，它以科学概念或原理为基础，但不一定非要取得某个答案，有时也许有多种答案或根本没有答案；发现学习从发现结果出发，强调通过探究过程亲自发现科学概念和原理，理解学科的基本结构。也就是说，发现学习总是按照书本中的知识结构来设计的，有待发现的是学科结构，它总是指向某个特定结果的；研究性学习从熟悉科学研究基本形式出发，强调提高研究能力，与结果相比更重视研究过程，颇有点历史上的"形式训练说"。简言之，它们虽都要求以类似科学探究的方式来学习科学，但却强调过程的不同方面。

因此，当今兴起的探究热潮既不是在玩弄术语、与其他有关学习没有什么差别，又不是 20 世纪 60 年代探究学习的机械翻版，而是在新时代赋予新内涵。

第二节 探究学习的基本理念

理念是行动的指南，探究学习如果没有正确理念的指导，实施时就会成为探究方法、模式的奴隶，导致生搬硬套和固步自封。探究学习在 2001 年掀起的基础教育课程中被大力倡导，因而需要接受课改新理念的指导。学者对课程的理论基础与假设开展大量讨论，提出许多新课程理念，我们认为对于探究学习而言，面向全体学生、全面真实学科、回归生活世界是指导其开展的三个基本理论。这三个理念是对所有学科探究学习的要求，但为论述的集中与清晰，我们仍主要以科学学科的探究学习来说明。

一、面向全体学生

科学教育应面向全体学生，这一思想的形成有一个过程。20 世纪中期以前，科学（指自然科学）主要是某些人的研究领域，只受到少数人的关注。科学教育奉行的是精英模式，目的主要在于把少数天赋较好的学生培养成科研人员或其他科技工作者。20 世纪中期以后，科技发展更加迅猛，并开始向社会各领域大力渗透，出现所谓科技社会化、社会科技化的态势，科学、技术与社会之间形成了紧密的互动关系，致使人类生活方式和工作方式的科技含量不断增加，每个社会成员因而面临着前所未有的挑战。正如过去读书识字是人适应社会所必需一样，一个人只有具备相当的科学素养才能适应当今科技化社会的要求，"科盲"必将像过去的文盲一样被社会所淘汰。精英教育模式显然已不合时宜，科学教育除了要培养发展和运用科学所需的各种层次和各种规格的专业人才外，还应当广泛传播科学技术的基本知识、基本技能和基本精神，使学生具有基本科学素养，进而提高整个国民的科技文化素质。正是在这种时代背景下，1985 年 10 月在巴基斯坦伊斯兰堡召开了科学课程国际研讨会，与会专家们对科学教育的内涵、目的和内容等问题进行讨论，一致确立了科学素养教育目的，要求使学生获得改善社会生活质量所急需的知识、技能和态度。科学为大众的思想遂成为 20 世纪末期以来许多国家改革科学教育的一个基本理念。

为融入这一世界性的科学教育改革潮流，我国学者在制定小学和初中《科学课程标准》（简称《标准》）时也尽力渗透这一基本理念。《标准》强调"科学课程要面向全体学生"，[1] "全面提高每一个学生的科学素养是科学课程的核心理念。"[2] 要求通过科学课程的教学使每个小学生都知道与周围常见事物有关的浅显科学知识，逐渐养成科学行为习惯和生活习惯；了解科学探究的过程和方法，逐步学会科学地看问题

---

[1] 中华人民共和国教育部：《科学（3—6 年级）课程标准》，北京师范大学出版社 2001 年版，第 2 页。

[2] 中华人民共和国教育部：《科学（7—9 年级）课程标准》，北京师范大学出版社 2001 年版，第 3 页。

和想问题；保持和发展对周围世界的好奇心和求知欲，形成大胆想象、尊重证据、敢于创新的科学态度和爱科学、爱家乡、爱祖国的情感；亲近自然、欣赏自然、珍爱生命，积极参与资源与环境的保护，关心科技新发展。使每个初中生都保持对自然有较强的好奇心和求知欲，养成与自然和谐相处的生活态度；了解或理解基本的科学知识，学会或掌握一定的基本技能，并能运用它们解释常见的自然现象和解决一些实际问题等。为方便科学素养目的的实现，《标准》还分别从科学知识、科学探究和科学态度三个维度制定更加具体的分目标，以指导科学课程的编制与教学。

我国小学自然课和初中物理、化学、生物课虽然也强调多方面教学目标，可归纳为：（1）掌握基本科学知识、基本概念和原理；（2）培养科学兴趣和科学态度；（3）培养运用科学解决实际问题的能力，通过科学方法的训练培养观察、实验、分析和解决问题的能力；（4）了解科学在生产和生活中的运用。但它们显然偏重认知方面，不太重视态度、情感和价值观的培养，远不如《标准》中的素养目标那样基本和全面，而且这些认知目标又主要是通过分科课程来完成的，常出现偏深偏难的情况，实践中很难兼顾每个学生，实际上只有少数人能够真正接受，因而谈不上面向全体学生。

为在科学课程的教学中落实"面向全体学生"这一理念，广大教师必须进一步端正以下几点认识。首先，正确认识科学素养的基本特征。《标准》中所描述的总目标和分目标是科学素养的不同方面或层面，它们具有以下几个基本特征：（1）整体性。即科学知识、科学探究和科学态度有机联系在一起，共同构成统一的科学素养，缺少任何一个方面都不完整。（2）基础性。它们是每个小学生和初中在科学方面所必须具备的基本素养，否则就不能适应高一级学习和未来社会生活。（3）普遍性。它们为社会生活和各行各业所必需，具有普遍适应性。正因为它们具有这样几个特征，每个小学生和初中生都必须具备，一方面也不能少。其次，要明确科学课程的性质。小学科学课程是以培养学生科学素养为宗旨的科学"启蒙课程"，初中科学课程是以培养学生科学素养为宗旨的科学"入门课程"。这要求小学科学课程的教学重在把儿童与生俱来的好奇心转移到对科学的兴趣上来，初中科学课程的教学除继续维持儿童对科学的兴趣外，还要使他们掌握基础科学知识和基本探究技能，不可因某种原因随意加大教学难度或提高要求，致使大多数学生虽掌握了一些基本科学知识和技能，但却对科学望而生畏，丧失学习科学的兴趣和热情。第三，领会实施建议的精神实质。《标准》在实施建议中鼓励课程、教材、教学和评价具有多样性和灵活性，如要求树立开放的教学观念，打破常规教学的地点和时间限制，延伸到教室以外和课堂铃声之后；要求采用多种多样的教材编写和呈现方式、教学方式和评价方式等。这些都是为了充分照顾学生在性别、天资、兴趣、生活环境、文化背景、民族、地区等方面存在的差异，尽量为每个学生提供公平的学习机会和最有效的指导，而不是说教师教学时不要计划，随心所欲，临场发挥。恰恰相反，它对教师提出了更高要求，要求教师观察学生、研究学生、了解学生，并以此为基础精心设计与开展科学教学。

二、面向真实科学

面向真实科学指的是科学教育要与现实中的真正科学相接近，力求反映科学的本来面目。其核心是让学生在教师指导下以类似科学研究的方式学习科学即开展探究教学，以便他们在积极参与科学知识的获得过程中掌握科学探究技能，形成科学态度与科学精神。之所以主张如此，根本原因在于科学素养是在科学研究过程中产生和发展的，教师不能或不完全能通过讲授把它们传递给学生。尤其是探究技能、科学态度与科学精神，与科学知识相比，它们更加隐蔽，渗透在科学研究中，通过科学研究过程体现出来，学生更不可能从教师那里直接获取，而必须从参与知识的获得过程中去领悟。因此，《标准》强调："科学学习要以探究为核心",要求科学课程给学生提供充分的探究活动机会,使小学生在像科学家那样进行科学探究的过程中,体验学习科学的乐趣,提高科学探究能力,获取科学知识,形成尊重事实、善于质疑的科学态度,了解科学发展的历史;使初中生通过手脑并用的探究活动,体验探究过程的曲折和乐趣,学习科学方法,发展科学探究所需的能力,增进对科学探究的理解。为促使探究在教学中得到足够的重视,《标准》明确指出探究既是科学学习的方式,又是科学学习的目标,并把探究作为一个基本的课程内容,还具体说明了探究活动的基本程序和方法。

尽管科学教育界在 20 世纪中期以后就开始特别强调探究教学,但重视科学方法的呼吁自从科学进入学校课程以来就一直没有停止过。事实上,大力倡导科学教育的斯宾塞(Herbert Spencer)就反对教条式的科学知识教育,反对学生单纯根据权威接受真理。他要求:"给他们(学生)讲的应该尽量少些,而引导他们去发现的应该尽量多些。"[①] 后来杜威也对 19 世纪末 20 世纪初科学教育中存在的问题提出尖锐批评:"在大体上,科学只作为一套现成的知识和技能来教的。它的教学不能在方法上提供一切有效的明智行动的榜样。"[②] 杜威认为,对于科学学生要掌握的不只是知识,还应当包括方法。为此,他根据对科学思维过程的理解,提出了众所周知的"五步"问题教学法,并实验让学生动手做科学,而不是被动地读科学。到 20 世纪中期探究教学的呼声更加高涨。布鲁纳要求用发现法教授学科的基本结构,施瓦布则指出科学即探究,主张用探究教学去教作为探究的科学。然而由于受教师、课本、课堂三中心的传统教学观念的巨大影响,这些主张和呼吁并没有引起普遍的响应,有的学校即使实施了也没能持久。长期以来,科学实际上被当作不变的真理来教、背和考,很少考虑科学发现的方法、途径与本

---

① [英] 斯宾塞:《教育论》,胡毅译,人民教育出版社 1962 年版,第 62 页。
② 赵祥麟、王承绪编译:《杜威教育论著选》,华东师范大学出版社 1981 年版,第 401 页。

质，学生学到的科学与真实科学大相径庭。正所谓"传统的科学教学很少致力把课堂知识和科学实践联系起来"。[①] 20 世纪末期，建构主义学习观在西方日渐兴起，它认为知识不可能原封不动地由教师传递给学生，而必须由学生自己去建构。这种学习观促使更多的人把注意力投向探究教学，遂在科学教育界引发新一轮"探究热"，使得人们面向真实科学的理念更加坚定。可见，开展探究教学首要问题是转变教学观念。

面向真实科学的理念，对我国教学过程"特殊认识说"是一个巨大挑战。这种学说忽视科学教学与科学研究的共性，特别强调其差异性。认为学生的科学学习，是在教师指导下有目的有计划地掌握间接科学成果的过程。在这种学说的指导下，我国科学教学重视知识的记忆，轻视知识的获得过程。结果学生虽掌握了一些科学知识，却未形成相应的科学技能、科学态度和科学精神。难怪在科学素养调查和国际对比中，我国学生和公民在科学方法和科学态度方面的素养水平尤其低下。面对根深蒂固的传统教学观念和深入人心的应试教育，实施科学课程，开展探究教学，需要承受巨大的内外压力，消除各种不利因素。

要把科学课程的探究学习落在实处，固然有许多问题需要解决，但关键还在于选择和建立恰当的探究教学模式，因为它是使探究教学与科学探究相似的机制。没有它，实际开展探究教学时教师难免感到茫然不知所措，失去基本的教学规范。但这里需指出的是，《标准》中所描述的探究程序如提出科学问题、猜想和假设、制定计划和设计实验、收集证据、检验与评价、表达与交流，是从过程的角度对探究所作的解说，目的是增进课程编者和教师对探究的理解，而不是可以直接套用的探究教学模式，更不是说探究教学都必须遵循这样几个步骤。教师需要根据学生发展水平和具体教学目标等因素，在对《标准》中的探究程序进行改造的基础上，建立切合实际的探究教学模式。这当然对教师提出了

---

① 联合国教科文组织国际教育发展委员会：《学会生存》，华东师范大学比较教育研究所译，教育科学出版社 1996 年版，第 94 页。

较高的要求。

国外尤其是美国在探究教学研究与实践方面起步较早，提出了许多探究模式，我们可从中加以借鉴。如"学习环"（The Learning Cycle）模式便是一种在西方中小学影响较大、实践证明相对易行而又有效的探究教学模式。该模式包括探索、引入概念、运用概念三个基本阶段：在探索阶段，教师向学生呈现一个任务或问题，这个任务或问题既要开放到足以鼓励学生采用不同的活动策略，又要具体到足以给学生提供某种指示。其目的是要让学生在强烈动机驱使下积极参与活动，以便为掌握某个具体概念及有关术语打下基础。它也使教师有机会探索学生的现有知识与观念，确定他们对将学概念的不正确或不准确的看法；在引入概念阶段，教师从学生那里收集到他们的有关探索经验后，运用这些经验引入本次课所要学的主要概念以及与其有关的新术语。像课本、录像以及其他书面材料等都可用来促进概念的引入；最后阶段即运用概念阶段，是学生学习主要概念的其他具体事例的时间，一般是给学生布置一项新任务，要求他们以前面的探索和引入概念活动为基础来完成这个新任务。这些额外的例子或新任务最好与学生的日常生活有直接联系。在我国广大中小学教师对探究教学既缺乏理论认识，又缺乏实践经验的情况下，学习环模式有助于他们尽快进入角色，规范课堂探究教学。但达到熟练程度后，教师就应当变通和创新，最后达到超越固定模式的境界。创建新的探究教学模式有多种途径和方法，但要注意遵循一个总原则，那就是尽可能在给学生提供科学探究机会与适应学生现有能力水平之间保持一定张力，不可过于强调与科学探究的共性而使探究教学缺乏心理基础，落得徒有形式；也不可过于强调学生现有水平或与科学家的差异，而使探究教学失去基本规范。

《标准》倡导开展探究学习为核心的教学，绝不是说中小学生就是科学家，能从事真正的科学研究，也不是要把他们都变成未来的科学家。而是要表明不通过探究学习，学生就无法形成基本的科学素养，那么使科学面向全体学生的理念也就成了一句空话。

三、面向生活世界

《标准》指出:"科学课程内容要满足社会和学生双方面的需要。"也就是说,选择的内容要贴近儿童的生活,符合现代科学技术发展的趋势,适应社会发展的需要,并且是他们一生建造知识大厦所必须。为此,在阐述内容标准时,《标准》研制人员用充满生活气息的"生命世界"、"物质世界"、"地球与宇宙"取代充满学术气息的生物、物理、化学与地理,并在初中新增加科学、技术与社会这部分内容;强调科学课程不限于课本,还应把家长的阅历与职业背景、家庭饲养与种植,把科技工作者、工厂、农场、田园、科技实验基地、高薪企业、植物园、动物园、科技馆、大专院校、科研所等作为重要的课程资源来开发和利用;要求教学时放弃那些陈旧、过时的内容,吸收和反映科技发展新成果、新话题,以及社会生活中人们共同关注和亟待解决的问题,尽力为学生创造一个真实的学习环境。此外,《标准》还提供了一系列如何围绕现实生活中的某个问题开展探究教学的案例。所有这些都旨在强调这样一个理念:让科学教育面向生活世界。

面向生活世界的含义是科学教育应与生活世界保持密切的联系,一方面它要超越生活世界,另一方面又不能与生活世界完全脱离。因为等同于现实生活的科学教育,很难打破日常生活的种种局限,从而失去自身存在的价值。而脱离现实生活的科学教育,必然失去它赖以存在的意义基础,变成空洞乏味的教条。打比喻说,科学教育犹如一架迎风飞舞的风筝,其拉线人就是生活世界。它既要超越现实生活,高于现实生活,在空中飞舞起来,又不能割断与现实生活的联系。因为若不超越现实生活而获得相对独立性,科学教育这架风筝就只能贴在地面上,永远飞舞不起来。但若完全挣脱与生活世界的固有联系,不能与生活世界相联结,就会从空中跌落下来。

说到底，面向生活世界是科学教育为学生个人和社会生活服务的必然要求，而这要以在现实生活的基础上学习科学为前提。因为经过科学家的努力，科学从现实生活独立出来变成一种专业领域后，具有高度的精确性和抽象性，成为杜威所说远离平常经验的高度完善的知识形式。尽管这是科学发展所必须，也是科学发展的必然结果，但却也导致了这样一种后果，那就是"科学与常识、科学活动与人类基本活动、科学理解与平常理解的连续性被打破了。"① 这种断裂需要在科学教育时通过加强与生活世界的联系来连接，否则会带来种种不良后果。传统科学教育片面强调课本中科学事实、概念、公式、定律和原理的灌输与记忆，结果使学生丧失学习兴趣，体验不到科学发现的乐趣，动手和解决问题能力低下，主动性和创造性被扼杀，真正成为德国哲学家卡西尔（Ernst Cassirer）所说的"符号动物"。这已是不争的事实。实际上，很多学者早就对这种科学教育提出批评。赫胥黎（Thomas H. Huxley）曾指出，假如科学教育被安排为仅仅啃书本的话，最好不要去尝试它，因为这样"学生养成只会通过书本学习知识的习惯。这种习惯不仅使他们不懂得何为观察，而且导致学生厌恶观察。迷信书本的学生宁可相信他在书本上看到的东西，而不愿相信自己亲眼目睹的东西。"② 杜威也批判说，科学是学生要达到的一个理想知识形式，而不是出发的起点。但是"在学校的教学实践中，常常从经过简化的科学入门开始。必然的后果是把科学和有意义的经验隔离开来，学生学习一些符号，但没有掌握了解它们意义的钥匙。他获得专门的知识，而没有追溯它和他所熟悉的事物和操作的联系的能力，他往往只获得一些特别的词汇。"③ 因此，

---

① ［美］瓦托夫斯基：《科学思想的概念基础——科学哲学导论》，范岱年译，求实出版社 1989 年版，第 33 页。
② ［英］赫胥黎：《科学与教育》，单中惠译，人民教育出版社 1990 年版，第 166 页。
③ ［美］约翰·杜威：《民本主义与教育》，王承绪译，人民教育出版社 1990 版，第 233 页。

在科学、技术与社会的联系日益密切的当今时代，人们感到科学教育更应该也更有条件面向生活世界。这在美国 1996 年出版的《国家科学教育标准》中体现尤为明显。

在科学课程的教学中贯彻这一理念时，必须澄清两点认识。第一，要注意面向生活与理论联系实际区别。不可否认我国一向强调科学教育要理论联系实际，重视知识的运用，但这种实际多指社会生产实践活动，它虽是生活世界的一部分，却远非生活世界的全部。而且对学生来说，生产实际属于未来，远离他们的现实生活，有很大的模糊性，用所学科学来联系这种实际，很难使学生对科学有深刻的感受和理解。再说知识的运用也往往是在虚拟环境中进行的，学生做的各种习题、模拟题和考试题越多，真实生活世界的图景在他们的视觉中也越模糊。另一方面，我们过去强调的理论联系实际往往是单向的，一般是学生掌握科学知识后，再用它去解决实际生产中的问题。面向生活世界则不同，它要求科学教育既立足于学生周围的现实生活，又指向未来；既要用所学知识去解决现实生活中的问题，又要从现实生活中寻找有趣的、需要探究的问题或主题。简言之，面向生活世界要求科学教育与广泛的现实生活建立一种双向互动式的联系，是对理论联系实际的发展。第二，要认识到面向现实生活，其目的并不是像有人所认为的那样是彻底回归生活，搞杜威所主张的教育即生活，而是要通过加强科学教育与生活世界的联系，使学生在趣味盎然的科学学习过程中，理解科学的本质以及科学与社会的紧密联系，以便更好地利用科学改善生存环境，提高生活质量，为人类谋福而不是贻害。

第三节 探究学习的研究与实践问题

针对学生的探究活动，有学者偏爱使用"探究学习"一词，另有学者则使用"探究教学"一词，鉴于学生的探究学习无论是在课堂内还是课堂之外，都需要教师的引导作用，探究教学包含教师的教和学生的探究学习，故而这里根据阐述问题的需要交替使用"探究学习"与"探究教学"。

一、探究教学研究的"四多"现象

通观现有探究教学文献，总体而言还存在以下突出问题：理论创新方面上看，从国外借鉴、移植的多，基于本土原创的少；研究方法方面上看，定性研究多，定量研究少；研究内容方面上看，经验总结及重复研究多，缺乏高水平、全方位、多角度的整体研究。这些不良现象制约着我国探究教学研究水平的提升，正视和反思这些现象产生的深层原因有助于我国探究教学研究的科学发展。

（一）移植研究多

国内探究教学的理论研究中，学者们主要以国外的已有理论为基础来挖掘探究教学的理论生长点和创新点，对理论的研究主要以引进介绍为主，方法运用逻辑演绎的多，在研究中始终摆脱不掉国外理论的文化制约和视野束缚。例如，就探究学习的理论基础而言，国内普遍都以建构主义理论为主；探究教学的模式研究无法跳出国外的几种基本模式，即卡普拉斯（R. Karplus）的学习环模式、兰本达的"探究—研讨"教学法和萨其曼（Richard Suchman）的探究训练模式。这些成果很少关注我国探究教学的实践境遇，主要是在国外理论的基础上架构新理论，基本停滞在对理论的理论研究。因为较少关注本国实践，实践不能为理论提供鲜活的第一手资料，使得理论创新的空间受到了极大的压缩。这种空洞的理念研究既不进行文化反思，也不关注实践教学，使研究者们在忽略本土教学问题的研究中进一步淡化了本土意识。

探究教学研究中出现移植研究多的原因是多方面的，但主要原因不外乎以下两点：一是和我国探究教学理论和实践准备方面存在先天不足有关。二是和我国的移植研究传统有关。探究学习始于国外，自 1961

年美国学者施瓦布大力倡导探究学习后，美国一直把探究教学作为改革的目标，开展大量理论与实验探索，而我国长期以来盛行的是"应试教育"，无论在理论还是实践方面都相当滞后。尤其在研究的起步阶段，迫于研究基础薄弱、研究水平低下的现状，关注国外的研究，翻译和介绍国外的先进成果无疑是一条捷径，而且在新课改之初，实践迫切需要理论引领的情况下，这样的研究无疑是非常必要的。但时至今日，探究教学在我国已经开展了十年之久，仍然没有本土特色的探究教学理论形成，这和研究者对本土探究教学实践落后的认同有很大的关系。在一些研究者的思想中，探究教学的根在国外，国外的探究是原汁原味的探究，国内的探究不是真正意义上的探究。轻视甚至忽视本国探究教学中的实践问题，造成了认识上的偏见，从而限制了研究者们的研究视域，阻碍了探究教学理论在本土文化中的生根发芽。其次，我国历来就有引进外来教学理论的研究传统，中国近代教学理论的发展可以分为三个阶段：1901—1919 年，主要从日本引进赫尔巴特为代表的传统教育教学理论，这是日本化了的教学论；1919—1949 年，主要从美国直接引进以杜威为代表的进步教育教学论及与之相联系的桑代克学习律；1949—1966 年，全面引进前苏联的教学论。可见，在整个教学论研究领域，我国有比较深远的移植研究传统，作为教学论研究领域的一个主题，探究教学研究也在所难免地继承了这种传统。客观而言，移植研究仅仅是研究一个思路，但若将其作为产出新理论的主要源流，则难免失之偏颇。

从长远来看，大量的移植研究对探究教学的整体发展极其有害。过分强调外来资料的翻译和介绍，不顾现实一味引进，易使研究者对国外研究成果形成依赖心理，从而泯灭了结合本土文化开展研究的信念和激情。一个国家的教学方法改革，与民族历史文化传统有着密切的关系，国外的教学方法可能在其本国很好，但移植到中国不一定就好，这就需要中国化、本土化。因此，理论移植很重要，但本土化是关键。简单移植引发的更为严重的后果是对我国探究教学理论和实践双向的危害：一方面，移植来的理论轻视对国内现状的反思和质疑，使得研究成果无法应用到实践当中去，探究教学实践中失范现象的层出不穷也就不难理解。在大量教学实践的检验中，这些理论只能沦为华而不实的泡沫理论。另一方面，大量的借鉴和移植使探究教学研究丧失了从实践中吸收新鲜养料的生命活力，从而使得本土理论的创新举步维艰。探究教学理论的研究应以实践教学为理论的生长点，密切结合实践问题和实践事件，以研究发生在中国本土教学环境中的探究教学活动为着眼点，生发和构建新的理论体系，形成理论研究为实践教学服务、实践教学为理论创新提供新思路的良性循环，而不是以国外理论的翻新和演绎为基本关注点。

（二）定性研究多

从研究方法来看，当前探究教学研究中定性研究远多于定量研究。定量研究指在研究中采用了搜集数据资料或信息，并对数据进行量化处理、检验和分析的方法，主要包括问卷、测量和实验法的使用等。定性研究主要以哲学思辨为主，还包括理论推演、教育叙事、案例分析等。

定性研究泛滥是多方面因素相互作用的结果。从国际研究的发展趋势来看，20 世纪 60 年代后，伴随现象学、建构主义、解释主义为哲学基础的质性研究方法范式逐步发展，代表者如曼海姆、伯格、纽曼、克罗蒂等，他们假设个体知识来源于他们所生活和工作的环境，这类研究是要创造或归纳性发现一项理论或意义模式，而不是像实证主义那样从具体理论出发进行研究。同时，各种人种志研究、扎根理论、编码技术不断成熟，也促使教育研究方法发生了"定性革命"。受国际大环境的影响，我国探究教学研究也表现出明显的定性趋向。从国内研究传统来看，长期以来，受传统文化中"形而下者为之器，形而上者为之道"的影响，我国形成了重定性研究的传统，这是导致我国探究教学定性研究多的一个主要原因。在一些研究者的观念中，实验乃低水平的操作，理论思辨才是学术水平高的象征。这种传统深刻地影响着我国的研究生教育，整体上的轻视量化研究，致使部分研究者欲开展定量研究，但由于本身缺乏定量研究方法的训练，对调查统计、实验方法、结果总结等方面的知识了解甚微，因此在研究中也显得力不从心。

定性研究多的另一原因是功利主义的驱使。许多研究者迫于评职称、科研指标的压力，急于多出成果、快出成果，而操作周期比较漫长、程序又繁琐的定量研究显然不及以梳理文献和纯粹思辨为主的定性研究简便易行，故避难就易地选择定性研究。定性研究多并没有促进探究教学理论水平的提升，相反，长期重理论轻实证，会使整个研究陷入纯粹的逻辑推理和空洞的哲学思辨之中，所取得的成果也只能"大"而"空"、"广"而"泛"，不利于探究教学研究的科学化。事实上，研究方法由特定的研究问题来决定，由于教育现象的复杂性，在研究的具体过程中整合定性、定量方法可以更加科学、深刻、有效地解决教育问题。因而，在探究教学定性研究汗牛充栋而量化研究凤毛麟角的当前，开展高水平的定量研究迫在眉睫，思辨的高度和数据分析的广度相结合是将探究教学推向进步的必要条件。只有研究方法多元，才能较好地处理研究者和被研究者之间的价值冲突和矛盾，更加全面、科学地理解和阐释探究教学。

（三）经验总结多

经验总结，是人们通过对实践活动中的具体情况进行归纳与分析，使之系统化、综合化，上升为理论的一种方法。总结经验本是一线教师常用的研究方法，然而，要保证总结出来的经验具有科学性、创新性和推广性并非易事。

中小学教师因其理论基础薄弱，在所发表的探究教学文章中，虽然增加了情境性、实效性，但很难将经验上升到理论水平。这些文章的主要内容是关于教师探究教学实践经验的总结。其中，科学、生物、化学、物理方面的文章偏重实验的设计与实施，而语文、历史、地理方面的文章偏重问题情境的创设，基本格式为：以课堂案例的形式描述教学过程的设计或实施，再对不足之处加以反思。不可否认，有些经验研究的确体现了一线教师的匠心独具，对探究教学作了可贵的尝试，但总体而言尚存两方面问题：一是趋同性严重，很多成果大同小异，探究过程几乎都是提出问题、形成假设、实验验证、得出结论四个阶段。二是随意性大，对经验主观加工的痕迹比较明显，其成果令人感到可望而不可及。

毫无疑问，经验总结是必要的，总结得当可以促进整个探究教学研究的发展。经验事实需通过两种方式才有可能上升为科学：一种是用大量的实验反复验证经验的科学性；另一种是运用理论的思维能力对经验进行辩证的反思和提升。探究教学方面的实验在国外早就开展了很多，我国却只是部分学校在尝试，理论引领下的大规模实验还很少见，这也是导致探究教学理论研究枯竭的一个方面。此外，将探究教学经验进行理论升华也是一种可取的研究方式。这就需要教师和专业研究人员的相互合作，专业人员运用自己优厚的专业知识来为教师的探究教学带来新思路，教师则通过教学实践来检验理论的可操作性，及时发现缺陷和不足来修正理论。当然，对教师经验的理论升华不一定强调高度概括，只有把握教学事实的来龙去脉，才可以促进教师进一步反思、重组经验和构建新的教学意义。

（四）重复研究多

所谓重复研究，是指在科学研究中出现的对于研究内容、目标相同的课题进行多次研究的现象。在特定环境和条件下，为了提高结论的可靠性，开展适度的重复研究是必要的，但大量盲目的重复研究也会影响到整个研究的质量和水平。往往是一项研究中已有明确的研究结论，另一项研究又对其进行重复说明，理论创新的空间非常狭隘，如有关探究教学的模式、设计及实施等方面的研究就是如此。相对而言，探究教学其他方面的研究却受到研究者们的"漠视"，如探究教学中教师的作用、学生的探究能力水平现状与发展、学科探究教学的差异、探究教学效果的评价等问题则很少有人深入研究。

出现重复研究现象的原因是多方面的，如实践的迫切需要、信息不畅与侵权意识淡薄等。首先，由于新课程大力倡导探究教学，如何在实践教学中开展探究显得尤为迫切，因此，有关介绍或归纳操作性强、简便易行的探究教学模式的文章便大量涌现。其次，许多研究者甚至是学位论文，由于不在同一单位，无法及时了解选题情况，因而出现重复研究，有的甚至选题完全相同，这种情况在同一年份出现的情况较多。再次，我国对知识产权保护的力度不够，尤其在人文社会科学领域，不尊重知识产权、不恪守学术规范的现象极为普遍，"借鉴"或抄袭现象严重，主要观点或结构不变，只调换顺序或填充不同的内容，这样的研究成果比比皆是。

重复研究将大量的资源集中到了部分内容或主题上，不仅造成了研究资源的极大浪费，而且也导致了探究教学各个方面研究的不协调和不完整，不利于读者对探究教学的全面理解。对模式、方法问题的过分强调淡化了对探究教学真实内涵的理解，给人留下的印象只是探究教学的形式，而不是精神。探究教学不仅涵盖了"探究"的本质和特征，同时还涵盖了"教学"的一切特质和要素。若只从探究教学的某个环节去做局部的重复研究，势必会影响到对整个探究教学系统的认识和把握。更严重的会养成因循守旧、不求创新的陋习。因而转变探究教学研究中的单一思维，拓宽探究教学研究的视野，关注探究教学的整体发展是当前探究教学研究中应该正视的基本问题。

反思上述探究教学研究中的四种不良现象，根本目的在于匡正探究教学的研究方向和研究重心，实现研究内容、研究方法、研究资源的恰当整合。要实现探究教学研究的科学化发展，就必须注重本土理论的构建，研究方式、方法的多元，研究内容的广泛和充实，研究资源的合理配置。研究的问题归根结底是人的问题，研究者如何摒弃追赶时髦的陋习，如何克服学术研究领域的急功近利，如何正视作为一名研究者的时代使命感，这些才是最重要的决定因素，只有解决了人的问题才能杜绝研究中不良现象的发生。

二、探究学习实施存在的问题

长期以来，我国基础教育主要采用的是接受学习，探究学习的研究与实践才起步不久，广大教育工作者对探究感到陌生，甚至不知所措或心存疑虑，教学中出现了这样那样的问题，对这些问题不进行澄清，将影响探究教学的顺利实施。关于探究学习实践方面存在的问题，前面曾有提及，但缺乏详细的分析，再加上近些年来，我们也较关注这方面的问题，故这里再作专门分析，以便读者进一步了解。

（一）探究学习形式化

综观现有探究学习教学实录论文和汇集的案例集，不管是人文社会科学学科还自然科学学科，其所体现的探究学习过程，很多情况下都是学生遵照教师设计的探究计划，按照探究教学预设的步骤，获得书本中已知的答案。许多探究学习所体现的基本要素与环节都是大同小异，从问题的提出到获得结论的过程，经历大致相同的程序：提出问题，建立假设，收集与分析数据，获得结论。有时，连探究学习所需要的资源也被直接提供，以致缺乏探究赖以进行的环境与条件。这种严格遵循一定步骤的形式化的探究学习，实际上是为探究而探究，失去了探究的蕴味与内核，是一种异化的探究教学，一种"驯服了的探究学习"。这种他主的探究学习，也常被称为"结构化"的探究。如果说在开始尝试探究学习时，学生需要这种帮助或指导，那么随后就应当逐步放手，让学生开展自主的探究学习。下面让我们来看一堂小学科学探究课（三年级《观察水》的教学片段）。

教师：同学们已经注意到了，老师面前有3杯水，请大家看一看，它们是一样的吗？

学生：（齐声）是。

教师：对了。那么，（指着一个墨水瓶）你们再看看这个瓶子里是什么？

学生1：是墨水。

学生2：好像是红墨水。

教师：对了，是红墨水。（指着一小包食盐）我接下来请一位同学上来看看这包白色的粉末是什么？（教师看了看举手的同学，从中点了一名）

学生3：（走上台，看了后）白糖。

教师：不对，你再仔细看看。

学生3：老师，是不是家里做饭用的盐？

教师：对了，你真聪明。好的，（指着另一小包面粉）我们再请一位同学上来看看另外这包粉末是什么？（教师看着举手的同学，从中点了一名）

学生4：（上台仔细看）我觉得是干粉。

教师：你说得不对，再仔细想想。

学生4：是不是奶粉？

教师：也不对，有哪位同学愿意帮他？

学生5：老师，我来。（教师允许，学生走上讲台，经过观察后）是面粉。

教师：对了。这就是老师今天带来的3种实验材料——红墨水、面粉和盐。今天我要给大家做的实验就是把它们分别融入水中，然后看看每个烧杯中的水有什么变化？现在，我请一位同学上来帮我将这些材料放入水中。（一名学生举手，经老师同意后，小心地将3种材料分别投入3个烧杯中）。

教师：好的，我们来看看烧杯中的水有没有变化？

学生6：有，那杯水变红了。

学生7：那杯水变浑了。

学生8：有一杯水没变色。

教师：同学们说对了。这就是我们今天要讲的内容：有些物质可以溶解在水里，比如：食盐；有些物质不能在水中溶解，比如：面粉。下面，我们就请每个小组的同学利用桌上的实验材料，按照老师刚才的步骤进行实验。

这堂科学课似乎也要让学生经历了科学探究的过程：研究"不同物质在水中溶解情况不同"的问题，采用3种不同的实验材料，通过实验操作，验证了这个结论。而且，学生在这个过程中也动了手，亲自经历了操作的过程。但是，在这种所谓的探究课中教师依然扮演着知识传授者的角色，提出问题、设计实验、得出结论，这些科学研究的重要过程都由教师取而代之，学生仅仅掌握了观察和操作的技术，缺乏对研究过程的思考，学生们仍然不明白研究问题是如何提出的，也不懂得怎样通过实验来验证猜想，更不懂得科学结论是如何得出的，只是走走探究的过场而已。

导致探究形式化的原因很多，其中之一便是教师主要让学生从事一些结构良好问题的探究。由于结构良好问题一般都有固定或明确的答案，而且按照某种程序或方法就能有效地获得这个答案。不可否认，让学生从事这类问题的探究也是有价值的，有助于学生掌握解决常规学科问题的方法。但是，按照一定步骤机械地进行，让学生在事先设计的框架里探究，不能充分激发学生的学习兴趣，也不利于培养学生的创新思维。所以，教师也应当引导学生围绕结构不良的真实问题来开展探究学习。由于结构不良问题的解决过程及结果具有开放性，没有现成的思路或方法，学生必须经过自己的大胆假设，创造性提出解决问题的方法。结构不良问题能深深激发学生的探究欲望，引起学生的探究兴趣，并促进学生理解与新知的建构。

另一个原因是机械模仿探究学习的教学模式。虽然学者对国外的探究教学模式做了大量介绍，如卡普拉斯的学习环模式、兰本达的"探究—研讨"模式、萨其曼的探究训练模式以及施瓦布的生物科学探究模式，它们看起来名目不同，但实际上都是自然科学学科的探究学习模式，严格说来，这些模式大同小异，都是基于对科学研究过程的理解，并根据学生的年龄水平对这些过程作调整。我国科学课程标准也对科学探究下了类似的操作性定义：提出科学问题、进行猜想和假设、制订计划和设计实验、获取事实与证据、检验与评价、表达与交流。很多教师开展探究教学时，总想照着这些步骤进行设计和引导，甚至连语文等非自然科学学科的探究教学也是如此。然而，实际的探究学习远非如此简单，应根据学生的水平、知识点的特征以及所具有的教学条件灵活实施，生搬硬套不可能有效。更何况，科学与人文的学科性质不同，科学注重去主观干扰的实证，人文重主体参与的体验，科学探究学习模式并不适合人文学科的探究学习。关于这方面的问题，后面还将多次涉及与讨论。

（二）思维含量低

在很多教师看来，探究学习离不开学生的活动，甚至将探究活动等同于"动手做"的过程。尤其是对于小学低年级学生，只要给他们提供相应的材料，学生只要通过操作，就可以得出结果。例如，有些教师对动手做或学生的亲身体验是如此迷恋，以致出现在教学《乌鸦喝水》一课时，教师要让学生通过往装有少量水的瓶子里放石子，以体验乌鸦聪明的做法，结果石子卡在瓶口，下不去也上不来，耗费大量课时。事实上，虽然动手操作能让学生获得直接经验，符合学生的好动心理，有助于他们对抽象内容的理解，但它并不是探究学习所必须。而且，如果只有做，只动手不动脑，做的过程中缺乏思考，操作与思维严重脱节，做就会变成盲目活动，不仅不能促进思考和理解，反而会阻碍探究学习的进行。事实也的确如此，学生在课堂上动手做得热闹非凡，兴趣高涨，但过后头脑却空空如也，思维没得到锻炼与提高。

例如，在《认识人民币》的数学课上，教师课件演示"小兔当家"的动画故事：妈妈不在，小兔当家，先到超市买食品，付钱；又去菜场买菜，付钱；投币乘公共汽车回家；最后把剩下的零钱放在储蓄罐里。接着教师问学生：看完刚才的动画片，你想干什么？这种与生活紧密相连的问题情境，虽然能提高学生的学习热情，达到让学生充分体验人民币在生活中的作用之目的，但这样的探究活动并不具有挑战性与数学性。从学生已有的知识和生活经验来看，他们已经学习过100以内数的读写、大小比较，认识各种面额的人民币并不会感到困难，况且有关人民币的功能和作用，学生也并不陌生，买东西要付钱是生活中司空见惯的现象。所以毫不奇怪，围绕上述问题情境进行活动时，学生始终停留在已有的知识和经验上进行简单操作活动，许多问题不动脑筋就可以回答，并没有在数学思维上得到进一步的发展。

探究学习时对动手的过分强调也有两个原因。其一，受动手做（Hands on Science）探究模式的影响。要求通过动手做来开展探究学习，是西方倡导低年级儿童开展的一种重要的学习方式，兰本达的"探究—研讨"探究模式实际上就是动手做。新课改后，学者在倡导研究性学习与探究学习时，对国外的动手做作了大量介绍，由于它看起来很容易实施，对我国一线教师有较大影响。我们观摩到的科学探究课，最常见的做法是，教师简单讲了基本要求后，紧接着就让学生分组用材料、仪器做试验与实验，教师只是在小组间来回转与看。其二，受"回归生活"这一教育理念的影响。新课改倡导教学要回归学生的生活世界，反对进行书本知识的空洞灌输，探究学习自然迎合这一理念，从学生亲身经历中选择探究的问题，或让学生获得亲身经历后再从事探究。

根据心理学的研究成果，技能可分为两类。一类是外部活动，或称动作技能。如用直尺测量书本的长度就是属于典型的动作技能。另一类是内部心理活动，或称心智技能。心智技能属于认知活动范畴，可以高度简略与省略。如应用概念所进行的判断与推理。动作技能需要动手操作，心智技能需要动脑思考，两种技能相互制约，相互作用，密切配合才发挥最大效果。探究活动过程不是盲目的试误，不仅仅是动手做的过程，实际上是动手与动脑相结合的过程，二者缺一不可。正因为如此，《美国国家科学教育标准》指出：只动手不动脑的科学活动无法达到探究的目的，探究需要明确假设，需要运用判断思维和逻辑思维，需要考虑可能的其他解释。① 毫无疑问，学生探究学习时应当加强动脑对动手的指导。

（三）师生缺乏有效配合

探究学习要求教师在教学过程中不把现成的结论告诉学生，而是引导学生去自主获取知识。在探究教学中，师生的角色都会发生一系列的改变，教师不是知识的灌输与领导，而是学生的指导者，是促使学生自主探究、建构知识的促进者。学生是主体，教师是主导。但是，目前由于对探究教学理解的偏颇，认为探究活动是学生自己的事，教师要让出"平等中的首席"，不加以引导，这样探究教学被异化为"放任自流"。学生说什么就是什么，学生想探究什么问题就探究什么问题，想怎么探究就怎么探究，教学没有组织，没有计划与引导，还美其名曰"让学生充分探究，给学生充分探究的权利与自由。"

例如，在学习《9加几》时，教师设置问题情境：课件演示运动会场的情境图。然后问：同学们，看了这幅图你发现了什么？上述问题情境具有宽泛性，它把学生的思维放到了广阔的背景之中，符合学生的现实起点，具有一定的吸引力。从理论上分析，学生可以根据自己的生活经验提出有关加法的数学问题。可事实上，刚入学不久的一年级学生提的问题往往是从简单的入手。当一个学生先提出有人在跑步时，其他学生就会抢着回答：我发现了有人在数饮料，有人在踢毽子……甚至有些学生会提出"我发现了地上有小草，有毛毛虫"等与数学无关的问题。

---

① ［美］国家研究理事会：《美国国家科学教育标准》，科学技术文献出版社1999年版，第26页。

究其原因，就在于此问题情境缺乏定向性，结果是"问题千个，离题万里"，造成看起来很热闹，却达不到目标的局面。事实上，当教师出示课件演示主题图、提出"你发现了什么？"这一问题后，待学生思考一会儿，就可补充一个具有引导定向作用的问题：你能提出哪些数学问题？这样，问题情境既具有宽泛性，又能培养学生对所收到的信息进行加工处理的能力，还能使学生的活动紧紧围绕"9加几"这一主题展开。可以说，探究教学的各环节都需要教师的引导。

探究学习的倡导者施瓦布提出：仅仅向儿童提供刺激并指望他们自己去发现与学习是不够的。探究学习虽然强调学生的自主性，但是，由于知识结构、思维能力等的差异，学生尚不能独立思考，缺乏分析和解决问题的能力，加之探究的不可预见性，故需要教师的参与和指导，以动态生成的目标为导向，启发学生进行自主探究。在进行探究教学时，何时指导，怎样指导，要作深入思考，而不仅仅是提供探究的环境与探究的条件，一堂富有成效的探究教学，教师的引导与组织是不可缺少的，只有把开放性与指导性相结合才是顺利开展探究教学的关键。教师有目的、有计划地进行教学设计，有的放矢地进行教学，学生才有目标去发现问题、探究未知。在教师的引导下，学生的主体地位也得以体现，探究更加有目的，能够主动提出问题与解决问题，合理有效的师生配合使探究获得有效的成果。

（四）问题情景设置障碍

探究始于问题，问题激发探究。然而，并非所有问题都能引起探究。对于任何具体的探究活动而言，引发探究的问题都不是信手拈来的，它有一定的特性和要求。有学者把问题分为呈现型、发现型和创造型三类：呈现型问题指由他人提出的，有现成的答案，也有现成的求解思路和方法，问题的解决者只需通过回忆就能得出与标准答案一样的结果；发现型问题是自己发现的或由自己提出的某种"疑难"或"疑点"，问题的答案有的已知，有的却可能没有现成的解决办法或答案；

创造型问题是不存在的和全新的,此前还没有被人类发现出来。我们认为,引起探究学习的问题在性质上属于发现型。因为通过回忆就能解决的呈现型问题不需要学生探究,也无法使学生产生探究的愿望与动力;而全新的创造型问题则超出中小学生的能力水平,他们即使碰巧形成这样的问题也难以深入下去,或者即使偶尔解决了这样的问题,也不具有代表性。事实上,成功的科学探究教学表明,那些引起探究的问题往往隐含着业已发现的科学概念或原理,而不是创造型问题。

但是在实际的教学中,要么缺乏真正值得探究的问题,要么所提的问题不能够激发学生的探究激情,或者一连串提许多的问题,令学生无所适从。比如一位老师引导学生探究物体在水中的沉浮问题时,先问:同学们,看看老师今天给大家准备了那些材料?生:……。师:假如把这些物体放到水里,会怎样呢?生:有的会沉,有的会浮。师:我们的预测对不对呢?让我们用实验来验证吧!(学生实验,发现有的沉下去,有的浮起来,猜对了同学发出了欢呼……)①。很明显,可以看出,老师所提的问题对于三年级的孩子来说,并不是探究的真问题,生活的经验告诉我们物体放入水中,有的会沉,有的会浮。哪些下沉呢,这也仅仅是个表面问题,没有探究的实质,学生在进行了这样的探究学习后,除了动手感受了热闹的氛围外,并没有多大的收获。

有时为吸引学生的注意,教师设计的问题情境过于罕见,情境中的现象与学生的已知和预期大相径庭,会令他们感到诧异不已,甚至难以置信。学生会在情绪的支配下无法作正常的思考活动,从而提不出要探究的问题。这种情况在实际教学中时有发生。如在探究"空气"时,为让学生明白空气有阻力,教师用真空管设置问题情境,当看到真空管中羽毛与石头下落速度一样时,学生感到这"很神奇"、"很奇怪"、"有点吓人",得出"没有空气,羽毛就变得与石头一样重"的结论,

---

① 许飞:《关注科学本质,引领科学探究》上,《科学课》2008 年第 2 期。

根本想不出与空气阻力有关的问题，以致教学无法进行。①

皮亚杰认为学生在学习某种新的概念，某个新规则的过程中，新的知识总会与内部认知结构有差异甚至有矛盾，就会产生疑问和困惑，即引起了认知冲突。问题的情景是学习内容与学生的认知水平不和谐、不平衡而又急需解决的心理状态。这种引发认知冲突的问题情景便激发了学生的学习热情，调动了学生的学习动机。好的问题情景是能够引发学生的认知冲突的，因此，教师要创设能够引发学生认知冲突的问题情景，从冲突的不平衡中去激发学习的欲望，进行探究学习。当然，问题情景的创设是多种多样的，比如通过生活实际创设情景；通过观察创设情景；通过小故事创设情景；通过实验创设情景等。教师应该根据具体的教学目标、教学内容、自己教学风格、学生的特征，不同的情形创设不同的教学情景，使探究教学有效地实施。

（五）缺乏适合探究学习的教材

过去，教材的编制主要是从学生掌握系统知识的角度出发，有利于教师采用讲授的方式让学生进行接受学习。探究学习与接受学习不同，故而按传统思路编制的教材是不适合开展探究学习的。关于以什么样的方式编制教材才适合学生的探究学习，施瓦布作了独到的探索。他认为科学探究学习必须将科学内容与获得这些内容的研究方法紧密结合起来，而达到这个目标的有效方法是研究科学家的原著。施瓦布为生物教师主持编写了《中学生物教师手册》，以指导高中生学习生物。在编制过程中他们运用了如下一些技术来突显科学的探究特性：第一，使用对科学本质作尝试性说明的论述，如"我们不知道"，"我们还未能发现这是怎样发生的"，"关于这一情况的证据是矛盾的"等。这些描述意在传达，随着时间的推移，当前的理论会被其他理论所取代。第二，采用"探究记述"来代替浮夸的结论。"探究记述"描述了生物学主要思

---

① 上海市静安区教育学院课题组：《让儿童直面生活中的科学》，《人民教育》2003年第15、16期。

想的历史,叙述了生物学知识的探究过程。第三,用探索性实验代替验证性实验。实验室实验的安排是为了诱导学生研究问题,而不仅仅是为了举例说明或验证教材中的结论。第四,精心设计实验教学计划,提供"诱导探究"活动单元,以便学生进行一种真实的生物学问题的研究。即给学生提供一组围绕某个关键概念组织起来的数据,而略去科学家发现这个概念的某个环节,希望学生能够在分析、解释数据的基础上,得出力所能及的结论。[①] 显然,按施瓦布的要求来重编教材,对教材编写者是个巨大挑战,非学科专家不能胜任。

  教学要以教材为中介,探究学习显然也不能完全脱离教材,天马行空。尽管并非教材中所有内容都适合开展探究学习,但根据施瓦布的研究,用来开展探究学习的知识内容,在编写方式上,知识性的陈述应是引导性的话语,是为探究做铺垫的知识,而不是将现成的知识结论呈现在教材的后面,思维与独立能力发展未成熟的学生,受先前知识经验以及在探究前就知道答案的影响,探究学习的兴趣会减弱,可能会被结论牵着鼻子走,为了书上的结论而探究。由此说来,现行教材不适合探究教学明显体现在以下两个方面:首先,现行教材基本是介绍知识在前,实验验证在后。对于可以探究的问题,实施演示性实验,而演示性实验主要是验证性的,学生是为了结论而探究,难免学生会说"老师,你别叫我们探究了,书上都有答案"。这样的教材内容主要适合学生开展验证的探究,不能真正体验探究的曲折过程。其次,对学生的探究意识培养不够。教育具有潜移默化的作用,教材的安排要促使教学能够培养学生的探究意识、创新精神。现行教材明显没有渗透这种意识。例如,我国高中化学教材对甲烷分子的结构是这样描述的:"经过大量的科学实验证明,甲烷分子里的一个碳原子和四个氢原子不在同一个平面上,而是形成了一个正四面体的立体结构。"用施瓦布的话,其话语方式是结

[①] 徐学福:《杜威与施瓦布的科学本质观与科学教育观比较》,《外国教育研究》2004年第7期。

论性、浮夸式的。相比而言，美国教材《现代化学》（它是美国著名的教材，在众多的教材中，它占有了50%的发行量）中对甲烷分子结构样描述则更具有不确定性："通过大量的科学实验，目前科学家们认为甲烷分子里的一个碳原子和四个氢原子不在同一个平面上，而是形成了一个正四面体的立体结构。当然，这仅是一种模型。"

在探究教学的实施中，还存在许多的问题。例如，如何对探究的过程和结果进行评价，就是值得我们进一步思考的问题，如果采用传统的考试来评价，很可能不能反映探究学习的真实效果，甚至得出探究学习的效果不如接受学习的结论，势必影响师生对探究学习的信心，不利于课改的深入。因此，应澄清与正视探究教学中存在的主要问题，让更多的教育实践者关注与重视这些问题，避免自身在教学实践中也出现类似的问题，从而促使探究教学的顺利展开，获得实际的效果。

第四节 探究学习的学科文化品位

探究学习不能脱离学习内容空洞地开展，它是在某门学科里进行的。由于不同的学习科目具有不同的性质以及不同的知识检验标准，形成了所谓的学科文化传统，因而探究学习要符合学科的性质、思想与方法，体现学科文化品位。

一、两个探究学习案例

［案例1］ 在学习小学六年级语文课《鹬蚌相争》时，学生对课本的内容产生了疑问。这虽出乎教师的意料，但他认为这是生成课程资源的好时机，于是抛开原计划，决定让学生围绕自己的疑问展开讨论。全班同学正在兴高采烈地读课文，突然有个学生说："教师，我觉得课文有问题。你看，书上写鹬威胁蚌说：'你不松开壳儿，就等着瞧吧。今天不下雨，明天不下雨，没有了水，你就会干死在这河滩上！你想

呀，鹬的嘴正被蚌夹着呢，怎么可能说话呀？"受此启发，其他同学认为蚌也不能对鹬说："我就夹住你的嘴巴不放，今天拔不出来，明天拔不出来，你也会饿死在这河滩上！"因为蚌一开口，鹬就会趁机拔出嘴巴逃走。教师鼓励学生谈谈自己对这个问题的看法。同学们议论纷纷：有的认为课文这样写的确不妥；有的认为课文是根据古文改编的，没什么问题；有的反对说，改编也要古为今用，不正确的要修正；有的认为课文是寓言，是在借个故事说明道理，这么写没什么问题；有的坚持认为尽管是寓言，也要符合实际，总不能说鹬夹住蚌的嘴巴吧。

最后教师鼓励学生把教材改一改，并给编辑叔叔写封信。下面是其中一个小组写给编辑叔叔的建议："鹬用尽力气，还是拔不出来，便狠狠瞪了蚌一眼，心想：哼，等着瞧吧，今天不下雨，明天不下雨，你就干死在这河滩上吧。蚌好像看透了鹬的心思，得意洋洋地想：哼，我就夹住你的嘴巴不放，今天拔不出来，明天拔不出来，吃不到东西，你就会饿死在这河滩上！"

正当教师要结束讨论时，又有一个学生说刚才的讨论有问题，因为鹬的嘴巴被夹住了确实不能说话，但蚌就不一定了。蚌的嘴巴在壳里，也许不用开合壳就能说话。对于这个问题，学生提出可通过上网或去图书馆查资料、请科学教师、观察蚌来解决。[①]

[案例2] 两位教师均以初中化学《质量守恒定律》为课题执教，他们的教学思路均为：先让学生猜测化学反应前后物质质量是否改变，然后引导学生设计出实验的思路和原理，教师再配合学生共同演示课本实验来证明猜测，最后师生共同得出结论。

A教师首先执教，由于实验目的明确，学生也熟悉实验的具体操作细节，师生配合完成实验也比较成功，但在演示课本上"镁带燃烧前后质量不变"实验时却出现了问题，经师生反复做了多次，天平仍然发生

---

① 周益民：《无法预约的精彩》，《人民教育》2004年第1期。

偏转，无奈之下，教师只好对学生说：由于实验仪器等原因，这个实验无法达到我们的实验结果，不过大家要记住，化学反应前后物质的质量是不变的。

第二位上课的 B 教师听了 A 教师的探究教学课，意识到 A 教师探究过程中存在的问题。由于 B 教师的上课思路与 A 教师一样，因此 B 教师吸取了 A 教师的教训后，在课前准备时特别重视这一实验。他在课前亲自就实验操作了几次，但是实验得出结果与 A 教师一样。最后，B 教师决定课堂上由自己亲自演示这个实验，以免出现问题。课堂教学进行得很顺利，最后 B 教师演示的"镁带燃烧前后质量不变"实验天平也没有出现偏转。

可以说，B 教师的整个实验都非常"成功"，探究过程开展得非常顺利，整节课一气呵成，行云流水，得到了听课教师与学生的一致认可。

在对两位教师的课进行教学研讨中，大家才知道 B 教师在演示"镁带燃烧前后质量不变"实验中特意在天平上做过手脚，以致出现完美的实验结果。

二、对上述两个案例的分析与反思

在上述两案例中，学生都积极参与教学过程，从事自主建构活动，结论也都是学生自己得出，可以说，都是探究学习。案例 1 是语文探究学习，属于文科，而案例 2 是化学探究学习，属于理科。那么，上述两个案例是否在学科探究教学方面都属于成功的课呢？

（一）案例 1 分析

在案例 1 中，由于教师因势利导，打破常规，鼓励学生解决自己发现的问题，课堂上气氛活跃，争论激烈，甚至联系到生物学知识并提出了修改教材的建议，因此，本节课开放性非常强。与传统的那种从文字到文字、从符号到符号、从公式到公式的枯燥学习相比，这样的课堂无疑更有生气，更受学生欢迎，更有利于学生个性的张扬和发展。这是本节课的优点。

然而，过分强调学生开放思维也带来了消极的后果，最突出的表现是：学科特性彰显不足，学科规范丧失。换言之，与学科文化相背离。这种背离主要表现在以下几个方面。

1. 随意生成毫无学科文化的规范。如在本案例的教学中，学生从认为鹬和蚌都不能开口说话，到建议把"说话"改成"心想"，再到后来追究蚌的嘴巴是否在壳里，原因在于课文中的情景与常识相悖。因此，他们的追问与修改，不符合寓言的理解规范，即不符合文学文化规范。寓言是文学的体裁之一，它借事说理，重要的不是追究是否真有其事，或是否与事实完全相符，而在于从中悟出道理。本案例大多教师认为是一堂精彩的探究课，可见，大多数学生甚至包括教师对寓言及其理解方式缺乏认识。

目前，学术界一般把学科分为科学和人文两大阵营，分别代表着两种文化，这两种文化的思维方式、价值观、行为规范、语言系统等都有所差异。总的来说，科学求真，强调理性，注重实证；而人文求善，讲究整体体验和感悟，不一定追求实证，有时还可以采用夸张、拟人、虚幻等手法。本来《鹬蚌相争》就是采用拟人、夸张等手法来说明道理，如果从生物学知识上去探究"鹬蚌是否能开口说话"则违背了人文学科文化规范。

本来，在探究学习中，由于不同人知识经验不同，看问题的视角不同，对同一问题的体验和生成也不相同，基于这个道理要求学生大胆发散、自主生成、集思广益是一种进步，但是如果探究学习中所有的"生成"，尤其那些脱离了学科文化规范的"生成"，教师也给予盲目肯定的话，则势必把探究教学引入误区，导致学生不能品味学科文化。造成学生提出这些"假生成"的主要原因是学生不懂学科思维方式，而是根据自己的生活经验，未经提炼和思考就笼统直觉地提出一些个人的见解。在科学教学中也存在这种情况，如在小学三年级学生对蜗牛的探究中，观察记录有：蜗牛真有毅力；蜗牛胆子很小；蜗牛破坏植物，我们恨它等。可以说这些记录就不符合科学文化对"客观证据"的要求，因为通过观察还不能获得蜗牛是否像人一样有毅力、胆小的证据，科学文化的对象是客观实在而非虚幻，这与语文、艺术文化不同。因此，探究学习并不是让学生自己基于经验去盲目摸索，而需要教师的有效引导，使学生的学习符合学科文化。所以在《鹬蚌相争》的探究教学中，当学生去追求课文内容的科学性时，教师应该给予纠正和引导，要告诉学生这是文学的一种写作手法。

2. 过于注重知识细节的探究而忽视学科文化内核。从另外一个角度看，在本案例中，师生把探究的中心集中在"鹬和蚌能不能开口说话"这些知识细节上，而没有引导学生从整体上去感悟文本所蕴含的情思。因此，本节课的探究学习脱离了人文学科文化的内核。

英国科学哲学家拉卡托斯（Imre Lakatos）把一门学科、一种理论分为由核心知识构成的"硬核"和由细节性知识构成的外壳性"保护带"。从学科知识的这种分类来看，学科文化也有广义和狭义之分，广义的学科文化泛指学科中的一切知识，而狭义的学科文化仅指学科中的核心知识，即学科的基本观点、思想方法、态度等。学生只有掌握了学科的核心知识，即学科文化的内核，才算具备了这门学科的文化素养。然而，很多教师喜欢把教材知识分成一个个具体知识点，然后让学生对这些具体知识点进行探究学习。殊不知，如果不从学科整体文化的视角去体验、感悟这些知识点所蕴含的学科思维方式、价值观念的话，那么学生所学的知识充其量也就是一些表层性的知识，而未能触及学科文化的内核，即使学生掌握了这些知识，也很难说具备这门学科的相应素养。因此，本课教学不是把重点放在去探究"鹬和蚌能不能开口说话"上，而应该是让学生理解本寓言如何借助语言文学的特点来描述鹬蚌相争的情境，了解相争的起因，想象相争的结果，从中悟出两败俱伤、他人得利的道理。这才是符合文学的思维方式。同样在理科探究学习中也存在这样的情况，如在化学学习中，很多教师引导学生对具体物质的性质进行探究，关注的是宏观层面的现象，而没有从化学学科的思想方法、微观层面去探讨这些物质为什么会出现这些性质、现象，导致学生只是机械记忆物质的性质而难于迁移，这也是脱离化学学科文化内核的表现。

（二）案例 2 分析

在案例 2 中，A、B 教师的探究教学都有问题。在实验探究中师生遭遇到"麻烦"时，A 教师不去引导学生寻找原因，而是匆忙把问题归为外在因素。而 B 教师为了不让学生在掌握知识的过程中遭遇"不必要的麻烦"，在实验中采用"造假"行为，显然更不应该。

虽然学生的探究学习与科学家或学科专家搞研究有所区别，但其中所蕴含的学科文化却是一样的，即要求学生在探究过程中掌握学科知识的同时，去学习学科的思维和研究方法，在经历学科知识产生的过程中领会学科文化的价值观念。因此，学生的探究学习必须是真实的，即模拟学科专家的研究也要模拟"到家"。显然，A、B 教师的教学都与真实的探究学习不符。主要表现在以下几个方面。

1. 它不符合学科的伦理价值规范。在学科伦理价值规范方面，自然科学求真，而人文科学求善。科学文化的重要伦理原则是诚实第一，即绝不能造假。[①] B 教师的"造假"显然与科学文化的伦理价值规范相背离。试想，如果我们的科学探究学习都按 B 教师这样做，将可能产生两种结果：第一，一旦某一次教师在"造假"中动作不够隐蔽，被学生发现，会让学生对教师、对从前学过的知识产生无法挽回的不信任感，甚至使他们从此丧失学习兴趣；第二，即使教师的"造假"因为其"娴熟"的技巧而从未失败，也会因此使学生永远只能品尝成功的滋味，毫无疑问会让学生体会到一个不该误会的结果："科学，原来只

---

① 李醒民：《科学的文化意蕴——科学文化讲座》，高等教育出版社 2007 年版，第 39 页。

要探究就有正确的结论了。"而无法尝试科学探究过程中的失败、艰辛，经过多次失败后仍然再坚持的科研品质，以及在无数次亲历失败后才能体验到的精神上的愉悦和兴奋，学生也就无法品味科学文化的价值观念和精神气质。如此，表面上看学生似乎得到了知识，但实际上不懂科学文化。因此，B教师正确的做法应该是课前做好充分的实验准备工作，认真找出原因，如果是课本实验设计本身有问题应该由师生在共同探讨中得出，而不应该造假。

同样，在人文学科探究学习中，也存在脱离学科伦理价值规范的现象。如在语文《孙悟空三打白骨精》的探究学习中，某学生提出个人的见解：白骨精也有令我佩服的地方，她遇到困难和挫折不灰心，善于动脑筋，想办法。结果教师大加赞赏地说：你想的和别人不一般，敢于发表与众不同的见解，很了不起。人文教育的目的之一是通过学生的感悟和情怀，使学生情感丰富和思想境界得到提升，虽然这个学生也是对文本的自我感悟，但是这种感悟并不符合人文教育提倡的"善"，而教师也没有从价值观方面对学生给以引导，反而加于赞扬，上述探究学习不但不能提升学生的思想境界，反而可能培养学生的"恶"，这也就脱离了人文学科的伦理价值规范。

2. 脱离了科学文化中的怀疑和批判本质。怀疑和批判是科学文化的生命，是科学进步和发展的内驱力。而本案例中A、B两位教师的做法显然与科学文化的怀疑和批判的本质相背离。当实验的现象与课本的描述不一致时，A教师"含糊"过关，也不要求学生事后去寻找原因，而B教师则弄虚作假。科学史表明，科学知识并不是一成不变的真理，它们常常出错，科学知识是在不停的纠错中逐渐接近真理，而不能达到真理。就质量守恒定律而言，它是通过归纳大量的正例而得出的，但事实上，不管有多少正例都不能保证相应的普遍性真理，因为只要有一反例就可以推翻这种普遍性。因此，课本上设计的实验与质量守恒定律不相符，教师就应该引导学生去批判，去思考"本实验是否是质量守恒定律的一个反例"或是"课本上设计的实验是否有问题"。还可以进一步追问,"如果课本上设计的实验有问题,那么又有哪些问题呢?"在科学探究学习中,教师引导学生进行合理的怀疑和批判才能使学生领会到科学的本质。

3. 与学科文化的共同建构特征相背离。任何学科都有自己特定的文化传统,要求本学科的专家群体(学科共同体)遵守本学科文化传统的规范。即学科文化并不是某些个体或学科的伟人单独创造出来的,而是学科共同体共同建构和约定的,即使人文学科也是如此。探究学习是学生自主建构的活动,但绝不意味着学生或教师个人说了算,而是师生组成的探究共同体共同建构的活动,是意义协商的过程,同样要符合学科文化共同建构特征。在本案例中,A教师未经探究共同体的讨论而独断地认为是"实验仪器出了问题",显然不符合科学文化的共同建构特征;B教师明知实验有问题而"造假"过关同样不符合这种特征。

探究学习和其他方式的学习一样也是一种文化继承活动,之所以采用探究学习是希望让学生通过这种学习方式更好地继承学科共同体的活动方式、价值观念。就科学文化而言,它其实是见解和诠释多元化的竞技场,是争论和辩驳制度化的语境,科学共同体是个争论的好领域,探究者应围绕彼此结论的意义唇枪舌剑地展开争论。因此,学生的科学探究学习应该继承科学文化共同体的这个特征,在探究过程中,要引导学生不断进行争论和辩驳,不断排除错误,接近真理,从而实现共同建构。显然,本案例的两位教师都没有让学生这么做,本来"镁带燃烧前后质量不变"这个实验是非常值得学生争论和辩驳的,只有通过探究共同体的争论和辩驳,学生才能体会实验中控制变量的重要性,体会近代科学家得到这个定律时的建构性。这也使学生更加理解质量守恒定律的内涵。

科学文化和人文文化一样,都是通过学科共同体建构起来的,都要求讨论和争论,但是科学文化更追求结论的一致和普遍性,而人文则追求多元诠释。这也是学术界把自然科学称为硬学科，把人文科学称为软学科的缘故。因此，这里还需要指出的是，科学探究学习要求学生见解多元，争论和辩驳并不是追求多样化的结论。就质量守恒定律的探究学习而言，学生完全可以在实验设计、猜想和假设等方面有不同的见解，甚至也可以对"质量守恒定律"进行合理的怀疑，当然限于初中生的知识水平，还无法找到"反例"。因此，"质量守恒定律"的探究学习得出的结论应该是一致的。

然而，一些自然科学教师受后现代主义科学观的影响，在科学探究教学中盲目地强调科学知识的不确定性，对学生得出一些似是而非的结论也加以赞赏，这与科学教育的应有要求格格不入，甚至可以看成反科学教育。理想的科学教育应该是在科学知识的确定性和不确定性之间保持一种必要的张力，任何走向极端的做法都是错误的。

同样，受科学主义影响，很多人认为探究学习也就是"科学探究"。这使得文科探究教学也追求自然科学实证主义思路，探究的结果追求统一的、普遍化的结论。如在小学语文《小马过河》的教学中，有学生就得出"要听妈妈的话，妈妈让试才去试"的结论，结果教师给以否定，最后总结出课文统一的中心思想（结论）。其实，文学作品一经发表就有了生命，学生可以根据自己个性建构作品的意义，如果对学生灌输所谓的公认的价值观念，则不符合人文学科的文化规范。

三、探究学习品位学科文化的途径

（一）教师深刻理解本学科文化内涵是探究学习"品位"学科文化的前提

我们一直提到学科文化，那么学科文化又是什么呢？首先我们必须先了解何为文化。应该说，文化的定义非常复杂，但目前比较流行的文化定义是，由各种因素（地域、民族、职业等）联系起来的各个群体所特有的行为、观念和态度等，即指各个群体所特有的"生活"方式。

由于各门学科都有特定的专家群体,因此,从这个意义来说,学科文化也就是指某学科群体所拥有的生活方式,它表达了这些人认知世界的方式。学科文化是包含多种要素组成的整体,至于这些要素是什么,人们的认识还不统一,但一般包括以下五种:学科的价值观、学科的思维方式、行为规范、语言系统、学科偶像。由于不同学科群体在上述要素的表现并不相同,因此,不同学科文化也有一定区别。

我国基础教育大多采用学科课程,而各学科都有自己不同于其他学科特定的文化传统,因此,应用在各学科中的探究学习就绝对没有一套通用的模式或标准,或者说,我们应用科学方式教科学,用人文方式教人文,彰显学科特性。[①] 这就要求教师深刻把握本学科文化的内涵,这也是师生实施探究教学的前提。

教师要理解学科文化的内涵,就必须掌握这门学科文化的内核,也就是要把握本学科最根本性的东西。学科文化的内核一般指学科中特殊的意识、观念、态度、情感,在自然科学中还表现为学科的基本概念、原理、方法论。正是因为有了这种独特性,才有了数学文化、语言文化、科学文化等分类。教师只有掌握学科文化内核,才会在探究教学中加以融入。比如理科教学就不能停留在学生的日常经验,而应该上升到抽象概念的层次;在语文探究学习中,就不能迷失于字、词、句、文法、中心思想等细节知识中,而应该引导学生去感受、体验和理解语言、文字、语文材料的价值,领悟、把握语文。

教师理解本学科文化并不意味着只看到它与其他学科文化的区别,而没有看到不同学科文化之间的联系。其实,不同学科的文化正在互相渗透,特别是人文学科文化已经融入各个学科中,因为,任何学科归根结底都是为人服务。因此,我们在科学探究学习中,不能只注重理性和实证,更应该结合具体的情境,探讨科学对社会的影响,激发学生学习

---

① 徐学福、宋乃庆:《新课程教学案例引发的思考》,《中国教育学刊》2007 年第 6 期。

科学的热情；在人文学科探究学习中，虽然提倡感悟，但也要把握感悟的方法，也就是讲究一定的科学方法，而不能盲目体验。

（二）教师具有把学科文化融入探究学习中的能力是"品味"的保障

仅仅理解探究学习和学科文化的内涵还不够，教师还需要具有把学科文化融入探究学习的能力，也就是说，要把学科中的思维方式、观念、语言规范等贯穿于探究学习的各个环节，这需要教师具有丰富的教学经验和较高的学科素养。教师要获得这种能力，必须经常分析教学内容所蕴含的学科文化要素，了解在探究学习中学生易出现的各种学科文化失范现象并分析其原因，思考处理这些现象的办法，并努力把这些方法外化为自己的教学行为，同时在探究教学实践中不断进行反思和改进，这样经历较长时间的训练，才能具备这种能力。

（三）从学科文化的视角对探究学习各个步骤进行定向、规范和提升

探究学习虽无固定步骤，但还是有一定程序可循。一般情况下，探究学习都是由问题引入，学生根据问题要经历提出假设、查阅资料、制订计划、得出结论、交流和评价等一些程序。学生在这些程序中都必然有各种"生成"，因每个人的知识经验和认知特点不同，这些"生成"可谓五花八门。这些"生成"并非都符合学科文化，这时，师生应通过三个步骤对这些"生成"进行处理。第一步是定向，定向的作用是清除那些远离文本或问题的，或者一些与学科文化各个要素都不符合的"生成"，也就是说，通过定向作用的"生成"至少是符合学科文化部分要素的，同时也没有脱离文本或问题。第二步是规范，这一步是用学科文化的思维方式、语言系统、价值观等各个要素对这些通过定向的"生成"进行再次纠正和过滤，如用学科语言系统对那些用日常生活用语来描述的生成进行规范，清除那些不符合学科伦理道德价值的生成等，通过规范的"生成"要符合学科文化要素的各个方面。第三步是提升，通过学科文化定向和规范的"生成"也不一定是合理的或是对文本的正确解读，或者说，这些"生成"或许还比较零散，还需要上

升到更高的知识层面，达到观念层次，即触及学科文化的内核，这就要对这些"生成"进行提升，如对一些科学认识经过科学抽象上升到概念和原理，对一些文学解读上升到一定的思想境界高度等。

无论是学科文化对探究学习的定向、规范环节，还是提升环节，都是学习共同体的协商（合作）、多方面的交流和评价过程。这时，学科共同体扮演着本学科专家群体的角色，其思维方式、行为习惯、语言规范等都应符合本学科的文化。如化学学习共同体的每个成员都可以看成一位化学家。这样，新知识在个体的独立思考和学习共同体合作等因素互相作用下才得以建构。这时，教师的作用是引导学生提出符合学科文化规范的"生成"，并促使学生的"生成"上升到更高知识水平，同时，教师还需对学习共同体的活动进行必要指导和示范，使其行为符合学科文化规范。

（四）对规范进行内化

通过学科文化不断地对学生探究学习的定向、规范和提升，学生在此过程中反复地体验、练习、感悟以及和学习共同体交流，逐渐达到对学科的语言、规范、标准的掌握和运用，并在不知不觉中受到了学科文化的熏陶。学科文化中所包含的伦理道德、价值标准等，也以潜移默化的方式，渗入学生的心灵，内化为他们的思想道德修养和学科素养。

第五节 探究学习的模式方法

最早提出"教学模式"一词的是美国学者乔伊斯（B. Joyce）和威尔（M. Weil），他们于 1972 年合作出版的《教学模式》（*Models of Teaching*）一书被认为是教学模式理论研究开始的标志。该书对教学模式进行了系统分类研究和阐述，试图探讨教育目的、教学策略、课程设计和教材，设法考察一系列可以使教师行为模式化的各种可供选择的类型。迄今为止，他们的研究深度和广度仍居于领先地位。

一、教学模式的内涵

"模式"的英文是"Model",也称作"模型"、"范例"等。它将不能直接观察的现象转换为较具体化的东西以便观察,试图说明整个结构或过程的主要构成要素及其各要素之间的关系。对于教学活动这个复杂的系统,人们很难对其进行全部直接的观察,也很难在自然状态下把握其要素与关系,故而有了教学模式这一概念。人们可以利用教学模式,抽取出教学活动中的主要因素和环节,降低其复杂性,以使我们在一个较为简化的框架内对该现象进行探讨和研究。

那么,什么是教学模式?乔伊斯和威尔认为,教学模式是"一种可以用来设置课程(诸学科的长期教程)、设计教学材料、指导课堂或其他场合的教学的计划或类型"。[①] 国内学者从不同角度对教学模式做出了不同的解释,如教学模式"是在一定的教学思想指导下围绕着教学活动中的某一主题,形成相对稳定的、系统化和理论化的教学范型"。[②] 从教学结构的角度讲,教学模式是"人们为了特定的认识目的对教学活动的结构所作的类比的简化的假定的表达"。[③] 不管怎么定义,一般认为,教学模式主要包含以下基本成份:

(一) 理论依据

理论依据是支撑教学模式的基石,是一定教学理论或教学思想的反映。它背后的教学思想,是其深层内隐的灵魂和精髓,反映了教学模式的内在特征,决定了教学模式的方向,显示了它的独特性。例如,程序教学模式的理论依据是行为主义心理学,非指导性教学模式的理论依据是人本主义心理学。

[①] [美]乔伊斯、威尔:《当代西方教学模式》,丁证霖等译,山西教育出版社1991年版,第1页。
[②] 李秉德主编:《教学论》,人民教育出版社1991年版,第256页。
[③] 熊川武:《教学模式实质说》,《教育研究》1993年第6期。

（二）教学目标

教学目标是学生通过教学活动所要达到的预期学习结果，是教育者对教学活动在学生身上产生什么样的结果和多大的效用所作的预先估计。任何教学模式都是为达到特定的教学目标而设计的。比如，德国范例教学模式的教学目标在于使学生从基本概念和基本知识中选出示范性材料，培养学生独立思考和独立工作的能力。在教学模式中教学目标对其他因素有制约作用，是教学评价的标准。教学目标的实现程度以及人们对教学目标认识的发展，可以作为反馈来帮助人们调整或重组结构，使教学模式得以日益完善。

（三）操作程序

任何教学模式都有一套独特的操作程序，它能具体说明教学活动的逻辑步骤，以及各步骤所要完成的任务，如师生先做什么，后做什么等。它是为了实现特定的教学目标而形成的，目的是处理好师生针对教学内容在时间序列上的实施。它具有明显的时间性、顺序性和可操作性等特点。由于在教学过程中，教材内容的展开顺序、教学方法的交替使用顺序和师生内在的心理活动顺序等复杂性，人们可以从多侧面提出教学活动的基本阶段及其逻辑顺序。因此，教学模式的操作程序是相对稳定的，而不是一成不变的。

（四）运用要求

教学模式只有在特定的条件下才能发挥效用。不同教学模式需要不同的支持系统，它是促使教学模式发挥效力，完成一定的教学目标所需的各种条件的最佳组合。在不同的教学内容和教学情境下，它可以为教师正确选择和运用合适的教学策略提供建议。实现条件通常有人力、物力和动力条件，包括教师、学生、教学内容、教学手段、教学的时空组合、教学内容等。忽视实现条件，难免生搬硬套，达不到教学目标。

二、探究学习的模式策略

"教学有法，教无定法"，这已是人们对教学活动的共识。对于探究教学来说，同样不存在一种普遍适用的探究教学方法，它的开展要受学科的性质、教学内容、学生年龄特征、教学目标、教学条件等因素的制约，采用同一种方法不可能获得理想的效果。当然，探究教学也不是瞬息万变，不可捉摸，令人茫然不知所措或穷于应付，它仍有规律可循，仍需要遵循基本的教学规范，把握其规律与规范，有助于教师有效设计和实施探究教学。为让教师既领会探究教学的基本理念，又把握探究教学的基本规范，以使学生的探究学习与专业探究既"神似"又"形同"，本书采用教学的模式方法，给教师介绍不同学科中相应内容的探究教学模式及运用要求，以促进教师对探究学习的理解与实践。前述已及，教学模式是为完成特定的教学目标而设计的、具有规定性的教学策略。说它是规定性的，是因为它明确规定教师在教学的计划、实施与评价等阶段的基本职责与要求。本书介绍的模式主要是为那些有志于开展探究教学的教师而写的，当然它们也可以用来改进课程，选择和组织教材。

有些学者或教师认为，教学模式具有机械僵化的一面，对教师具有束缚作用，不利于教师创造性的发挥。我们认为，使用教学模式与"教无定法"的主张是一致的。为了说明这个道理，这里姑且将使用模式的教师与工程师作对比。工程师在考虑一项工程时，首先要确定建筑物的结构类型，如楼房、桥梁或道路等。之后，需要选择恰当的设计方案或建筑要遵循的蓝图。蓝图的规格决定建筑工人将采取的行动和要造的建筑物的类型。选择什么样的蓝图或模型，要看建造什么样的建筑物。同理，教师考虑教学模式时，首先要确定教什么，达到什么样的目标，然后才按目标选择教学模式。所选模式是专门设计出来用以达到特定目标的，它在很大程度上制约着教师的行动。然而，蓝图并不能代替施工技能，教学模式也不能代替教学技巧。模式代替不了教师的基本教学能力，相反它的运用效果取决于教师的教学能力，如教师对学科的理解、对学生的了解、教学审时度势的应变能力等。因此，确切地说，探究教学模式能使教师的探究教学更规范、更有实效，是一种帮助教师更有效开展探究教学的工具。探究教学模式并不要求教师机械地开展探究教学，而是允许教师灵活机动地有效运用，发挥自己的创造性，正如建筑者在施工时需要发挥他们的创造性一样。总之，同建筑蓝图一样，探究教学模式是对探究教学的设计，教师在自己的教学工作中设计与运用时，可以自由地发挥自己的全部知识与能力。

对于各种探究教学模式，我们主要从教学目标、理论基础、基本程序、运用要求四个方面进行介绍与说明。由于教学模式是为达到特定的目标而设计的，因而它不是万能的，不可能同样有效地实现所有教学目标，教师学习和运用这些探究教学模式时，首先需要了解模式的基本目标，并在明确自己教学目标的基础上做出恰当的选择。任何教学目标都需要通过一定的教学过程或程序来达成，而对于学习的最佳程序不同的理论尤其是心理学理论有不同的看法，因此教师需要对模式的理论基础有清醒的认识，要深刻理解理论基础所持有的学生观及教学本质观，如此开展探究教学时才有可能避免机械遵循某种程序，教学时亦步亦趋，不敢越雷池半步，才能使探究学习过程真正成为学生的"历险"，而不是徒有形式的走过场。由于教学环境与教学条件的差异对探究教学会产生影响，因此教师还需要了解探究教学模式的应用要求，充分考虑自己开展探究教学的有利与不利因素，并积极创造条件以有效运用探究教学模式。

第二章 科学探究技能训练教学模式

新课改呼吁改变被动的学习方式，提倡学生在教学过程中的自主、合作与探究。响应新课改的号召，广大教师业已开发出大量探究学习案例，发表在杂志、书籍与网络上。探究学习对于适应讲授的教师和学生来说是一个巨大挑战，它的成功开展有赖于学生对探究技能的掌握，因而要开展探究学习，必须先学会探究。从现有探究学习实践来看，成功的探究学习无不重视学生探究技能的培养，忽视学生的探究能力必然导致探究学习的失败。下面的小学科学探究案例很好地说明了这个问题。[①]

教师以实验演示开始教学。实验装置为玻璃管下连一圆底烧瓶，即在烧瓶口紧塞的胶塞上插入一根筷子粗的玻璃管。烧瓶内充满红色液体（教师告诉学生是在水中加了红墨水），并上升到玻璃管中。教师要学生猜测当他将烧瓶放到热水中会出现什么现象。在学生做出"烧瓶变热""烧瓶里的东西也将变热"等回答后，教师将烧瓶放入热水中。当学生看到红色液体沿玻璃管慢慢上升时，感到十分惊奇。于是，有学生说烧瓶中的水增多了，依据是玻璃管内的水面上升了。接着教师希望学生说出到底是水的什么增加了，尽管教师极力引导，但学生似乎都只知道水增多了，而不能说出是水的体积还是水的质量增加了，最后教师只好对学生说，是水受热体

---

① 赵光平、罗星凯：《一堂"失败"的好课》，《人民教育》2002年第10期。

积增加了。得出这一结论后，教师又将烧瓶从热水中取出，放入与室温相同的凉水中。当学生看到玻璃管中的水位下降，面对教师"为什么"的提问时，有学生解释说，玻璃管中的水之所以下降，是因为烧瓶变大了。教师对学生的回答感到既惊奇又无奈，只好又对学生说，因为水受冷，体积缩小，玻璃管中的水面才下降。接着，教师又用酒精做实验。烧瓶中的水换成酒精后，实验结果相同。至此，教师与学生总结到：水、酒精能热胀冷缩，水、酒精是液体，所以液体都有热胀冷缩的性质。

随后，教师又用煤油做实验，实验前问学生煤油是否有热胀冷缩的性质，令教师想不到的是，学生毫不含糊地回答："没有！""因为它不是红色的液体。"当实验表明，煤油也有热胀冷缩的性质后，教师又出一道判断题："菜油、酱油都有热胀冷缩的性质，对还是错？"全班同学又异口同声地回答："错！""因为菜油、酱油是可以吃的。"教师很失望地给出正确答案后，便下课了。

对于上述案例，读者会有自己的看法。但不管怎么看，有一点可以肯定，学生受年龄特征的限制，缺乏"假设"这种抽象思维能力，尽管亲历实验，他们的判断仍然受事物外部特征如颜色、可吃与否的制约，从而不能做出教师所期望的回答。科学探究学习是在运用观察、分类、测量、假设、实验、交流等技能的基础进行的，探究学习中教师必须有意识地培养学生掌握这些探究技能，提高探究能力。那么，怎样才能有效培养学生的探究技能呢？这里我们介绍美国探究学习专家萨其曼的探究训练模式。萨其曼通过对创造性科研人员及其科研活动进行多年的悉心观察与仔细研究后，弄清了这些科研人员探究过程的基本要素，形成了对科学探究过程的独到理解，并应用于他所设计的独具特色、旨在培养学生探究技能的探究训练教学模式。

第一节　探究训练的基本目标

1957年苏联人造卫星成功发射，加剧了美国人对教育的危机感。美国政府曾派遣考察团出访苏联，考察结果是：美国科技的落后是因教育的落后所致。美国一位前参议员曾惊叹道："俄国的教育、图书馆、实验室和教学方法，对我们的威胁可能比他们的氢弹还要厉害！"确实，科学家与工程师对于此时的美国而言，就像1900年的熟练技工一样迫切需要。一时之间，科学教育及科学教学方法成为美国国内最为关注的话题。为了培养训练有素的心灵与科学精英，美国国内掀起了一场规模空前的教育改革。许多资深的科学家与教育家纷纷投入到这场改革大潮中，从不同的方面着手改革，有的在谋求课程的重新设置，有的在探寻新的教学方法。伊利诺大学的萨其曼就是后者中具有代表性的人物。他认为要提高美国公民的创造能力，培养科学精英，就不能再把课程内容的掌握置于学生发展之上。因为对知识和成绩的优先关注，必然忽视获得知识的方法，从而最大限度地降低个体潜力的开发和创造力的培养。而要防止学生仅仅成为知识的消费者，就必须认识到知识是探究活动的结果，教学必须为学生开展富有成效的探究做准备，让学生积极参与探究活动过程，使学生把大胆的想象、创造性思维与严密的逻辑思维结合起来。

萨其曼认为良好的探究不是天生的，而是不断学习与练习的结果。幼小婴儿饥饿时，会自发地寻找母亲的奶头；遇到新奇事物时，会不由自主地想去捕捉它。这些行为在某种程度上而言，都是一种探索行为。但是，这些行为缺乏一定的自主性与目的性。因为它们的产生很大程度是因人的生物性所致。随着儿童年龄的增长，其探索行为受生物性的影响会逐步减弱，而受经验的影响会日益增强；探索行为的有效性也随着试误学习的减少与有指导学习的增加而逐步加强。当儿童提出第一个问题时，他已经具备一些促使其自主发现的技能。可以说，儿童具备开展探究训练的基础。但是，在传统的教学模式中，儿童缺乏自主开展探究的机会。当他们遇到疑惑时，习惯于从教师那里获得解释。他们已经学会依靠他人为自己建构概念，而且不加批判地接受这些概念。儿童在学习中很大程度上是依赖于他人的思维，并没有开发自己的思维能力。而儿童思维能力的培养，有赖于更多探究机会的提供。因此，对儿童进行探究训练也就成为必然之选。

另外，在萨其曼看来，解释是在概念体系里用一般的原理对具体事件做出合理的分析。它须以广泛的概念为基础。即使是简单的物理事件，它所涉及的基本概念也是相当广泛的。而探究中的数据收集与加工活动有助于分析活动的开展与概念的增长。分析活动只有以概念为基础才有意义，概念的增长与重组恰恰又是分析的结果。这个双重过程实际上就是用已有概念图式接纳新信息、修改已有概念图式来顺应新信息的过程。也就是皮亚杰所说的：同化与顺应。这两种活动密不可分地交织在一起，它们是概念发展的核心。在探究过程中，探究者不断往返于这两者之间，同化信息、重组信息、顺应新信息，然后再同化更多的信息。萨其曼指出，探究者若要在同化与顺应间进行有效的转换，不仅要对探究的结构、目的以及策略有一定的认识，而且还要掌握一定的技能。因而，让儿童了解探究、学习探究是必要的。

为此，他着重研究了那些富有创造性的物理学家所采用的研究方法，弄清楚了他们探究过程的基本要素，并将这些要素应用到他所设计的探究训练教学模式中。他深信通过探究训练，儿童会不断地意识到自己的探究过程，也就能进一步分析自己的思维过程。从而，帮助儿童形成用以调查研究事件因果关系的一系列技能。探究训练的根本目的包括以下三点。

一、发展儿童收集与加工数据的认知技能

探究训练注重以富有诧异的问题情境来激发和延伸儿童的好奇心，

以实现对儿童观察能力的培养；让儿童在提出只能用"是"或"否"回答的问题来收集资料的过程中，培养儿童的提问、猜测、解释、交流等技能。儿童通过提问分离相关的变量和形成关于因果关系的直觉想法（假设），通过问题检验他们假设的实验，来为令人费解的事件构成一种解释。最后，教师引导儿童分析他们自己的思维过程。萨其曼始终坚信，既然科学探究是调查研究因果关系的一种方式，那么无论调查研究的对象是什么，或是已处于什么样的调查研究水平，期间肯定有基本相同的思维过程，也就是数据收集、数据加工、发现与验证这些过程。如果儿童熟悉探究的这些思维过程，了解它们之间的逻辑关系，当新的问题出现在他们面前时，他们就知道该怎样进行逻辑推理与创造性地思考，也就知道该如何去解决它。

二、使儿童探究学习方法

在传统的教学模式中，儿童缺乏自主开展探究的机会。当他们遇到疑惑时，习惯于从教师那里获得解释。他们已经学会依靠他人为自己建构概念，并不加批判地接受这些概念。儿童在学习中很大程度上依赖于他人的思维，并没有开发自己的思维能力。而儿童思维能力的培养，有赖于更多探究机会的提供。探究训练恰恰给儿童提供了自主探究的机会，给儿童提供了一种全新的学习方式。

探究训练试图教会儿童如何收集和组织数据，区分和控制变量，阐述并验证假设、做出推论。通过这种训练，儿童能更加独立地同化自己的经验，从而促进对感知现象的分析和概念系统的发展，来实现概念系统的扩展。

三、充分利用好奇心，激发儿童发现的喜悦

儿童通常渴求知识，爱问为什么，希望去探索问题的底蕴，无论在哪里，只要伴随着发现，有伟大的富有真理的宝库被打开，就有一个新

的活动领域出现，或者就有新的动机被激发出来。萨其曼设计探究训练旨在充分利用儿童好奇的天性，将探究问题设计得富有诧异性，使儿童见到之后就难以无动于衷。萨其曼相信这样的问题情境能打破儿童的认知平衡，引发认知冲突，是引起儿童的好奇心和激发儿童探究欲望的最佳途径。

另外，在萨其曼看来，探究训练在很大程度上是用来加强儿童在探究过程中对数据分析过程和各种变量间关系的推导过程；让儿童在探究训练中自由、自主地搜集数据、检验假设；在自己认知需要的驱动下，通过言语化的实验来搜集数据和加工数据，在没有任何外部压力或是奖赏的环境下收获发现带来的喜悦与兴奋。

第二节 科学探究的结构与功能

20世纪50年代，西方心理学家打破了传统行为主义的束缚，更为关注人的内在心理历程研究。受结构主义影响颇深的皮亚杰，在广采现代科学如控制论、信息论等新成果的基础上，于1950年初步建立了发生认识论。到了20世纪50年代的中后期，他的发生认识论日趋成熟。皮亚杰认为知识的形成既不是外物的简单复本，也不是主体内部预成结构的独立显现，而是主体与外部世界间的相互作用中建立起来的一系列不同水平的认知结构，而认知结构的发展又表明儿童智慧水平的提高和逻辑范畴以及科学概念的深化；认知结构的发展得以发生的主要机制被称为平衡，是指认知结构与环境需要之间达到的平衡。皮亚杰认为平衡可以通过同化与顺应这两个过程来获得。同化与顺应都涉及个体的认知图式或认知框架的改变，前者是个体以其既有的图式为基础去吸收新经验的历程，后者是个体改造已有的图式以适应新的情境，这些改变为个体提供了了解和组织新知识的途径。皮亚杰日益成熟的认知理论为萨其曼探究训练的产生提供了理论依据。

"二战"后，心理学对知觉的研究也改变了过去偏重于影响知觉的客观变量的状况，进一步涉及需要、心向、动机、情感和价值取向等对知觉的影响。布鲁纳在前人的基础上提出了内部动机论。他认为学生学习动机的形成取决于内部动机。在他看来，内在动机就是一种不依赖于外在的报偿，便能促成某种行为的东西。报偿本来就存在于学习活动结束时的成功之中，或者，甚至存在于学习活动本身之中。内部学习动机主要由好奇心、胜任力、自居作用、互易性四个方面构成。好奇心是人类所共有的，儿童有好奇的天性；胜任力是人与外界交往中具有的能力、才干、技能等的心理需要；自居作用是指个人学习模范人物的意向；互易性是指人先天与他人交往并为一共同目标而结合在一起的心理倾向。布鲁纳认为教师在教学活动中要激发儿童的内在学习动机，积极引导学生的内在兴趣，使学生养成自动、自发学习的态度，使学习真正成为内在导向的而非外在导向的。布鲁纳的动机理论为萨其曼探究训练的产生提供了理论支持。

当然，萨其曼之所以强调开展探究训练，源于他对科学探究结构与功能的独到认识。20世纪初美国著名的教育家与哲学家杜威，在批判传统认识论中的"知识旁观者"的过程中，指出知识的获得不是个体旁观的过程，而是"探究"的过程。杜威认为探究是"对任何信念和假设的知识，按照依据的理由和得出的结论，去进行主动的、持续的和周密的思考"，是主体在与某种不确定的情境相联系时所产生的解决问题的行动。对杜威而言，任何信念的依据的产生往往会经历诸如：诱发动机、推理、归纳、证实的探究过程。具体而言可分为五个步骤：（1）设置一种真实的不确定的情境。（2）提出能促使思考的真实问题。（3）收集和获取有关解决这问题的材料。（4）制定关于这一问题可能性的假设和解决问题的方案。（5）对提出假设和解决问题的方案进行检验。

萨其曼虽然与杜威一样认为新知识的获得是探究的结果，但是他从信息加工的角度对探究的逻辑结构与功能作了更为详尽、合理的分析。

为了弄清何为探究，萨其曼对创造性科研人员（尤其是物理学家）及其科研活动进行了多年的研究。多年的悉心观察与研究，使他对探究究竟是什么，有了自己独到而深邃的理解。他认为当新奇事物展示在人的面前时，人们会很自然地问"它是什么""由什么构成""有何用途"等问题，而且深感迷惑。为了解疑释惑，人们会本能地去近距离地观察它，或是与之跟其他事物进行比较（尤其是与相似的事物进行比较），或是通过请教他人等等活动，来达到拨云见日的目的。而这一调查事件因果关系的过程，就是由数据搜集、数据加工、发现与验证这一系列的活动构成的一个探究过程。他在1962年所著的《小学科学探究训练计划》一书中也明确指出：探究是调查因果关系的一种方式。它可由数据搜集、数据加工、发现与验证四种主要活动构成。当然，它们中的任何一个对探究而言，并不是唯一的，但却是必需的。只有它们之间有机结合，才能构成一个完整的探究过程。

一、数据搜集

数据是形成概念与观点的原材料。萨其曼指出，人们常通过感官无意识地记下周围的现象或事件，从而获得一定信息。但由于这类感知活动极大地受到事物外部明显特征的影响，缺乏自主性与可控性，往往不能搜集到所需数据，因而不是探究中有效的数据搜集活动。他强调探究中有效的数据搜集活动应该是探究者有计划、有目的、自主地获取数据的过程。其目的是把所需要的最有价值的、能促使概念形成的资料信息，在特定的时间，以特定的顺序获取。数据搜集体现了探究者认知的主动性与积极进取性，它不仅能丰富探究者的信息库，为探究者提供形成新观点时所需的信息源，还能使探究者对所获取的数据进行一定的组织，使之系统化，以备概念形成过程中对信息的随时之需。

在萨其曼看来，有效的数据搜集活动应具备以下三个特点：一是主动性与灵活性。也就是说，在数据搜集活动中，探究者不应拘泥于某种活动,要不断地转移自己的注意力,努力使自己接触到足够广泛的数据源。萨其曼曾说:"不断地转换注意力是我们定义数据搜集这一概念最为基本的东西。"① 因为注意所涉及的范围越广,所获得的数据的机会才会越多,发现的可能性才会越大。比如探究者面前放着一个报纸夹,如果他对报纸夹毫不留意,而是等着该物体出现在他的视野之内,那么他将收获甚微。如果他具备数据搜集的主动性与灵活性,他就会迅速地四处观看,主动地发现报纸夹,并记住它的颜色、大小、形状和位置,进而触摸它,感受它的重量、质地、温度等。此时,探究者根据自己原有的经验,就能够从刚才所获的数据中对报纸夹的特征与构造做出一个简单的推测。

二是可操纵性。即指探究者可在一定程度上控制环境中的条件,并且能改变事件的条件,然后观察条件改变后的结果,这样可使探究者在同一数据源中获取更多的数据。就拿对报纸夹的探究而言,探究者可根据其颜色与质地推测出它是由金属制成的。而金属在人们的经验中往往是可锻的,探究者可据此假设该报纸夹能弯曲而不易折断。为了证明这个假设,探究者须观察报纸夹因承受足够压力而变弯的情况,此时操纵是实现这一目的的最好途径。探究者只需创造理想的条件,并仔细观察其结果,便会有新的数据出现。

三是有一个可引导探究者的选择过程、可使探究者根据自己的搜集目的来辨别与评价数据的认知图式。认知图式包括感性与理性两种水平,它能引导人们的选择过程。任何动物都能使其感觉器官与神经系统有选择地注意某些刺激,而忽略其他的刺激。换言之,它们能把感知到的变量减少到那些它们在数据加工中能运用自如的数量。于低等动物而言,诸如此类的选择主要取决于感觉器官本身所固有的特性。但是于人类而言,调整这种选择的可能性却是无限的,是后天习得的。当然,对

---

① J. Richard Suchman, *The Elementary School Training Program in Scientific Inquiry*, Vrbana: University of Illinois, 1962, p. 5.

刺激的选择性注意并不是认知图式的全部。它还能提醒人们注意抽象概念，而它对抽象概念的快速反应能力能使数据搜集过程变得更为灵活。而且，如果能不断地调整与改变认知图式，对同一个数据就可以进行反复地加工，新的数据就有可能会出现。另外，认知图式的丰富性与多样性也能大大提高数据搜集的成效。如果只需寻找单一的数据，所需的认知图式则是非常明显与单一。如在一个大的停车场寻找一辆停放的车子，驾照上的号码就足以解决问题。但是如果要找出一支球队输球的原因，那么则需要获得许多的数据，并且这些数据需要根据不同的假设进行反复的检验。显然在这种情况下，多样的认知图式与丰富的数据同样重要。

萨其曼指出，以上三点是数据搜集的必要条件，但不是充分条件。在他看来，一个可供搜集的范围，以及在此范围内有自由活动的权利，和一个指导搜集活动的完整计划都是数据搜集必不可少的。他进一步指出，整个数据搜集活动要根据检验假设的需要而作不断的调整。因为，数据搜集不仅是搜集到多少数据以及以多少种方式来看这些数据的问题，而且是要看能否在需要时获得所需数据。

二、数据加工

萨其曼认为数据搜集活动虽然能为随后的发现提供原始材料，但是这些还不足以最大可能地引发发现。在他看来，若想利用已有的概念图式最大限度地来同化数据、引发发现，更大程度上有赖于对数据的整理与组织。也就是说，探究者必须对数据进行加工。它的主要目的是使数据更为简化、系统化，使数据间的联系清晰可辨，它是探究者进行探究活动的一个十分关键的环节。萨其曼把数据加工活动分为四种：分析、比较、分离变量和重复。

分析是把复杂的数据分解成组成成分，通过普遍的和熟悉的来理解具体的与不熟悉的，从而发现数据间的相互关系。萨其曼认为没有分析就难以理解感知到的事物或现象,因为人们的知觉往往习惯于从整体来感知刺激,而被感知的刺激只有与大脑中已有的概念图式相匹配时才会被理解。如果大脑中没有跟它相匹配的概念图式,被感知的刺激就很难以理解。在这种情况下,除非对知觉进行分析,否则就很难获得进一步的理解。只有把笼统的知觉分解成组成成分,通过一般的与熟悉的来理解具体的与不熟悉的。这样,就可以把一件事与另一事件相联系,并且从中发现它们间的因果关系。

　　萨其曼指出,分析某事件有赖于对该事件有关的概念与变量的掌握。如果对相关概念与变量不了解,分析活动就很容易受整体知觉的支配。相对于掌握的概念较少且又不懂得分离变量的儿童而言,情况尤为如此。以水中形成气泡这一物理现象为例:年幼的儿童多次见到水中的气泡之后,如果这一现象再次出现,他能立即认出气泡来,也可能知道气泡是从水中向上升起,到水面时会破裂。气泡的这些特性都是他通过知觉而得,并非通过分析而得。儿童如果不了解"力"或该事件所涉及的"压力",就不能对这一事件做出分析,也无从知道气泡在水中是怎样形成的。如果儿童要探寻气泡的形成,是由水中向上的压力大于水中向下的压力造成的这一原因,他必须了解水中压力的增加与水的深度是成正比的,或至少要知道水压是一个变量。否则,他就缺乏对此事件进行合理分析的前提,只能是对它做出描述,归纳出气泡在水中会上升,但这显然不是一个合理的解释。可见,分析是对整体知觉的分解,它需要从事件的各个维度、变量以及类别着手。因此,萨其曼强调在教学中要帮助儿童形成这几方面的概念,这样不仅会有助于提高儿童的分析能力,还能为其分析元知觉提供方法,从而指导其数据搜集活动。

　　比较是指把可比较的因素放在一起以突出它们的异同。由于时间与空间上相近的刺激,比时间与空间上相分离的刺激更易形成某种联系,所以把彼此类似的事件放在一起进行比较,会有助于发现事件各变量间的关系。萨其曼指出,在数据加工的过程中不仅要善于决定比较的维度,而且要注意改变比较的维度,维度越多发现关系的可能性就越大。因此在数据加工中,如果能决定比较的维度,并把所获数据并置在一起,就更有可能识别变量间的各种关系。他用了一个标准的物理演示对此加以详细的说明。

演示实验中有铜环和铜球各一只,室温下铜球很容易穿过铜环。当铜球被火焰加热后却不能穿过铜环,但当铜球与铜环接触一会儿后,铜球又能再次穿过铜环。对于还不了解物质的温度与体积间关系的儿童而言,这些事件真是难以理解。然而,如果儿童能够分别在铜球加热前、加热后以及再次穿过铜环时,测量铜球与铜环的温度,并对所获数据进行加工,把数据排列成下面的形式,那么发现的可能性会增加。

铜球与铜环的温度

	加热前	加热后	铜球被卡之后再次通过铜环时
铜球	75°F	150°F	95°F
铜环	75°F	75°F	95°F

如上的数据排列方式能促使儿童发现:当铜球比铜环的温度高时不能通过,当它们温度相等时才能通过。但是,如果只采用这种数据的比较方式,还不能发现温度与体积间的关系。假如儿童能改变比较维度,分别在铜球加热前、加热后以及能再次穿过时,测量铜球的温度与铜环的直径,并排列成下面的形式,那么温度与体积的关系便清晰可见。

铜球的温度与铜环的直径

	加热前	加热后	铜球被卡之后再次通过铜环时
铜球的温度	75°F	150°F	95°F
铜环的直径	2.0cm	2.2cm	2.1cm

在萨其曼看来，每种新的组织方式都能提高发现数据间新关系的可能性，而有利于数据的反复重组和产生新比较方式的数据加工方式，将会更有利于提高发现的可能。总之，变量间的比较能提高发现因果关系的可能性。

分离变量是指有选择性地确定出要集中注意的少数变量。它在数据加工中是不可或缺的。因为即使是简单的生物或物理事件，其产生的条件也十分复杂，所涉及的变量非常繁多，而各变量之间又以错综复杂的关系彼此纠缠。萨其曼曾经感慨道："要一次性弄清与某事件相关的所有变量之间的关系，除非它们的关系可以简化为数学公式，否则大多数科学家对此也是无能为力。"① 因而，他认为数据加工必须集中在有限的变量上，每次只应处理一两个变量。当操纵某个变量时，其他变量保持不变，以便观察其影响。如果一次处理多个变量，其结果只会因注意力的分散而无法准确地获取所需数据。换言之，一个人在同一时间里注意的变量越多，发现这些变量间关系的可能性就越小。为了说明分离变量的重要性，他以其著名的双金属片实验为例。

例如，儿童试图找出为什么一金属片在本生灯上受热后会变弯。这条金属片是由两种不同金属（通常是钢和黄铜）焊接在一起组成的一个薄片。它的一端安有把柄，看起来像是一把狭窄的小刀。当它被加热时，其中的金属就会膨胀。但是两种金属的膨胀率并不同，于是，一片就比另一片变得稍长了一点。由于这两片金属彼此被焊接在一起，所以内部张力使得这条金属片弯曲起来，使得膨胀系数较大的那种金属向外部弯曲得更多。

儿童遇到这个问题，必须处理以下变量：金属片的温度、金属片的形状、金属片的构造以及金属片的长度。因为这些变量跟眼前的事件都是极为相关，探究者必须在事件演示中的不同时间里把它们分离出来。

---

① J. Richard Suchman, *The Elementary School Training Program in Scientific Inquiry*, Vrbana: University of Illinois, 1962, p. 15.

但是，于儿童而言，在他未能确定事实之前，金属片的受热部位、把柄的构造、热源等跟金属片弯曲无关的变量都有可能是他所考虑的。如果儿童一开始就试图在所有的变量中假设出其中复杂的关系，他可能会一直这样漫无目的地猜想下去而没有明显的进展。然而，如果儿童能把变量分离出来并且逐个加以检验，就能够排除掉无关因素，发现存在于每个自变量（例如，金属片的温度）与因变量（金属片的弯曲）之间的关系。

重复是指把数据反复并置在一起，以减少忽略某种关系的可能性。萨其曼指出，数据中的某些关系即使显而易见，也不可能一下子被发现。系统地操纵某个自变量一次，也许还是不能发现它与因变量的联系。当这种联系是非线性的，或者当两个自变量之间存在着相互作用时，情况尤其如此。在这种情况下，重复对于发现来说就是必要的。如果探究者刚开始难以发现关系，在搜集数据时可以多次涉及同一数据源；如果他已经把数据加以组织或储存，他可以根据需要经常审查这些数据，直到弄清楚关系模式为止。

总之，萨其曼认为分析、比较、分离变量以及重复作为数据加工的四种主要方式，有利于个体在探究中的同化与顺应活动。尤其是对那些容易受自己知觉影响，并倾向于用整体知觉来支配自己思维的儿童来说，自主的数据加工活动有助于他们分解自己的整体知觉，并从数据的分析中归纳出新的概念，实现顺应；而获得的新概念反过来又促进同化活动，最终促进发现的发生。

三、发现

萨其曼称探究过程中突然领悟到事件某种联系的心理体验为发现。在他看来，发现往往产生于如下情况：当前的感知和已有的知识观念不协调，不能被纳入已有的认知结构中，但这种不协调随后又被认知活动所克服，于是便产生发现的体验。换言之，发现往往产生于数据的重组或是概念的整合过程中。

萨其曼指出，促使发现的途径有三条：一是对感知的分析。当探究者缺乏合适的概念，不能对整体知觉进行同化时，而通过对感知的分析，则可以揭示整体知觉中的熟悉成分。这些熟悉成分就有可能被探究者原有的概念系统所处理，同化便开始发生。二是概念间的匹配。数据的搜集与加工使数据间的某种关系模式（概念）明显显现出来。有时探究者能发现这些关系模式跟以前从经验中获得的关系模式间的匹配关系。而这种对匹配关系的重新认识也能使探究者有发现感。三是概念的转换。当探究者无法用自己原有的概念系统来解释感知，即使经过分析也是如此时，这就表明他的概念系统不充分。如果他人提供一个更为充分的概念系统（假设是通过语言交流），或者他自己调整原有的概念系统使其充分，或者建立一个新的概念系统，结果会产生同化，使得"发现"得以发生。

以上三条途径虽是促使发现的主要途径，但是萨其曼反复强调"发现"是不存在可教授的固定程序，只存在着促进"发现"的种种条件，如搜集数据、检验假设的自由，从数据搜集和发现过程本身产生的内在动机等。

四、验证

验证是指检验所作的发现是否可靠。萨其曼认为新联系或新概念系统的建立，需要通过检验来确定它的可靠性。为此，需要借助具体事例来弄清楚该概念是否能同化它应当同化的数据。比如，能够用它做出可靠的预测吗？它能毫无例外地解释所有相关事件吗？不能经受验证检验的概念系统，必须经过重建直到能够全面解释数据。在探究过程中，重建概念，用实际经验加以证明，一旦发现它们需要作进一步修改，这个过程就应当再三重复，循环往复。总之，在萨其曼看来，验证是对理论的检查，以防止它离现实太远。

第三节　探究训练的基本程序

萨其曼以科学研究人员探究过程的基本要素为依据，结合小学生心理特点和小学科学这门课程的实际，认为探究训练应包括以下四个基本探究阶段。

一、展示问题情境

萨其曼坚信人有一种天生的好奇倾向，这种倾向促使人们在面对陌生现象时尽力想找到其发生的原因。但一般来说，人们总是把"好奇心"以一种原始的方式保存着，未能意识到这是一种进行科学研究的可贵的动力和心理资源。这样，人们就很难对自身的思维方式加以分析和改进。因此，他认为探究训练的第一步就是激发儿童的好奇心，并积极地引导儿童进行探究的欲望。怎样才能有效地激发儿童的好奇心呢？在萨其曼看来，设置一个令人备感困惑与诧异的问题情境是激发儿童好奇心的有效途径。因而，探究训练的起始阶段就是向儿童展示一个令其备感惊奇的问题情境。如我们上文所提到他采用的双金属片例子：在日常生活中，金属经过加热，并不一定会导致弯曲。但是在探究训练中，把一个带柄的双金属片置于火焰上，不久金属片居然成弧形。这对于并不了解金属片的物质结构与特性的学生而言，就对他们现有的知识构成了挑战，产生了认知冲突。他们会好奇地想知道"为什么会这样呢？"从而激发出他们的探究兴趣，开始寻找其发生原因的探究活动。另外，萨其曼强调问题情境最终必须是儿童经过一定的探究可以解决的，只有这样，才能让儿童体验到理智探险的愉快，提高他们探索未知世界的兴趣与勇气。

萨其曼认为展示问题情境可以采取多种方式。在探究训练中，他选择用教学影片来展示问题情境。但是，他强调展示问题情境的教学片与传统的教学片是截然不同的。传统教学片的设计旨在对某一事件做出说明与解释，为儿童直接建立概念与原理，学生可直接从影片中获得结论。在这样的教学片面前，儿童丧失了学习的自主性，完全是处于被动的地位。因为，整个学习过程中，儿童只能是机械地按照影片的播放顺序来了解事件、学习原理、获得概念。萨其曼认为教学片不能仅局限于说教，类似于教师、教科书的作用，探究训练中可充分利用教学片呈现信息的生动性与连续性，向全体儿童展示一个清晰的、富有诧异的问题情境。它的作用在于激发儿童的探究兴趣，给儿童的探究指定一个范围与方向，激励儿童自己做出解释。而且，随后的学习活动都得交给教师或是儿童自己。这样既没有教授原理或概念，也没有剥夺儿童学习的自主性，相反可确保儿童探究的自主性，以便儿童集中精力来解决问题。

在展示问题情境之前，萨其曼要求教师应该根据儿童的人数进行一定的分组，以便在随后的探究中，每个儿童都能积极地参与探究训练。探究训练中，每个小组应轮流参与一个完整的探究训练活动。当一个小组在进行探究活动时，其他小组成员负责记录探究小组所采用的策略，并试图从所搜集到的数据中做出自己的解释。另外，在这一阶段里，教师还需把探究的程序与收集资料的方式向儿童进行说明，要提醒儿童在决定各变量间的关系或检验复杂的假设之前，要注意对问题情境的特性进行分析。

二、建立假设与搜集资料

一般而言，根据科学的探究程序，假设一个可能的解释应在收集资料之前，以用于指导资料的收集。在萨其曼看来，这也符合一定的逻辑顺序。但是，在探究训练中，他认为根据问题情境的特点与难易程度，解决问题可以从先建立一个假设开始，也可以从搜集资料开始。从搜集资料开始的探究活动，往往适用于问题对儿童太复杂而不能立即进行假设推理的情况，同样也是适用于那些刚开始进行探究训练的儿童，因为他们不熟悉探究的逻辑结构，也没有较好的探究技能，要瞬息之间对问题情境提出一个假设比较困难。在探究训练中，提出假设与搜集资料几乎是同时出现的，二者实际上很难分开。

萨其曼在探究训练中采用的资料搜集方式显得独具匠心。他抛弃了让儿童直接通过动手做实验来搜集资料的方式，别出心裁地设计出一种特殊的提问方式，以帮助儿童获取信息、建立假设。该方式要求儿童向教师提出只能用"是"或"否"来回答的问题，以避免学生要求教师对问题作解释，从而自己承担起解决问题的责任。比如，在双金属片的实验中，儿童不能问"热是怎样影响金属的？"但可以问"是不是加热使得金属变成了液体？"因为，在第一个提问中，儿童没有表明他需要什么信息，而是要求教师帮他确立热与金属之间的关系。而第二个问题则是在以假设的方式搜集信息，表明儿童自己在思考加热、金属、液体之间的关系，教师只是提供相应的数据罢了。萨其曼曾经说，"这样的问题在某种程度上几乎就是一个假设，它不仅可以避免由教师来为学生建构与发展概念，而且让学生自己承担了分析问题的责任。"[①] 他认为这样的提问有许多优点：可避免实验室实验因操作复杂仪器引起的分心；使诸如一些"如果把一杯水放在太空轨道上使它失重，木塞会浮出水面吗？"或"如果把仪器放在纯真空中将会发生同样的事情吗？"等课堂上难以做到的实验成为可能，扩大数据搜集的空间；教师也可充分参与儿童的探究过程，因为儿童通过提问获取资料时，就把自己的思维更多地展现在教师的面前，他的整个探究活动在教师面前变得更为"可见"，教师因此知道何时该给予儿童相应的指导，以提高儿童的探究技能。

萨其曼认为，儿童通过提问来搜集资料时，最理想的就座形式是教师与儿童在黑板前面围成一个半圆形，用来记录探究过程的录音机放在中间挨着教师。同时，他强调儿童提问的顺序不应受到限制，不能让儿

---

① J. Richard Suchman, *The Elementary School Training Program in Scientific Inquiry*, Vrbana: University of Illinois, 1962, p.15.

童问了一个问题后，要等到其他人提问后，才有第二次提问的机会。儿童可以在获得提问的机会后，连续问多个问题直到他自己放弃为止。因为一个问题还不足以检验一个假设。再者，儿童可避免因过分关注自己再次获得提问的机会，使自己的思绪中断。这样，儿童就可以在自己先前提问的基础上更好地组织新问题，做出合理的假设与推理；同样，更有利于儿童提问的连贯性，也便于更好地储存与加工源于自己或同学提问的信息。

三、获得解释

在这一阶段中，萨其曼认为儿童须组织自己所获的资料并对问题形成解释。从理解收集到的信息到从信息中获得一个清晰的解释，这其间不仅存在着其概念系统的调整，还存在着其思维的符合。如果收集的资料能证明假设，那么这个假设就成了问题解释的一部分。如果收集的资料与假设相反，就需要重新提出假设和重新收集资料加以验证。当所有的假设都被证实而不需要作进一步修改后，综合这些假设，问题的解释就产生了。如对双金属片的弯曲可以作如下结论：看似一把小刀的金属片是由两种不同金属焊接在一起的双金属片。由于这两种金属的膨胀系数是完全不同的，当它们同时受热时，它们不同的膨胀速度构成的内部张力就使得金属片弯曲成弧形。

在探究的这一阶段，萨其曼指出教师可要求儿童回顾所开展的探究活动，促使儿童得出结论。当儿童回顾其探究活动时，教师要注意两种情况，第一种情况是儿童可能对一个他们认为能说明所有资料的解释感到满意，但实际上并非如此，可能有些重要因素尚未分离出来。面对这种情况，教师应设法让儿童搜集更多的资料，或进一步分析已有的资料。第二种情况是儿童可能对所作的结论感到不满意，要求教师证实他们的解释。这种情况多出现在年龄较小的儿童身上，他们很可能因为教师没有确认他们的解释而感到灰心丧气。虽然，教师在探究训练中肯定儿童的解释会削弱儿童的独立探究精神，但为了避免儿童产生失落、灰心等消极情感体验，萨其曼认为教师有时做出这种确认也是必要的。当儿童逐渐从探究过程中获得经验和信心以后，他们会更愿意接受自己的结论，进一步发展成为真正的探究者。

四、反思探究过程

萨其曼曾说，如果想让一个人理解与调整自己的探究过程，那么必须把他的注意力从他吸收与加工的信息中移开，并且指向吸收与加工这些程序本身。在他看来，只有这样才能真正实现让儿童熟悉探究过程的逻辑结构，并且获得探究技能的探究训练目标。为了使儿童集中注意于过程，但又不阻碍他们正在进行的探究，萨其曼采用的技巧是插入一段所谓的"评论"，以反思和指导儿童的探究。儿童每个时间段的探究活动都被录制下来，教师可在儿童获得解释后或是稍后某个时间向全班同学重播。每遇到一个提问就停播，教师与儿童一起讨论这个问题的作用及其优缺点。这时，儿童不再专注于搜集数据和寻找解释，而是通过回顾来反思过去的思维活动。萨其曼认为这一过程的作用类似于足球教练向运动员播放其比赛的录像一样。当运动员远离赛场的兴奋时，他们能更客观、更理性地分析自己及队友的行为，也能更好地接受教练的批评与建议。如果教练设法在比赛时向运动员说教，永远也不可能达到这一效果。

此外，在这一阶段，教师还要注意引导儿童形成有关因果关系的逻辑结构和探究策略。儿童每次都根据这些策略检查自己的探究行为，通过录音即时再现每次具体经验，儿童便可理解与归纳探究的逻辑结构，明白自己在探究中情急之下所使用的探究策略，以及运用这些策略与否的不同效果。每经过一次反思活动，儿童能更清楚看到，使用系统和有成效的思维所带给他们的成功。

萨其曼强调探究不能程序化，因为有效的探究策略是极其丰富的。

因此，儿童可自由地试验自己的问题、构想和组织探究过程。但是，总的来说，探究训练的这四个基本阶段在他的眼里是按科学探究的逻辑顺序来划分的。各阶段之间相互联系，存在着简单的逻辑顺序。在实际的训练中，忽略这一顺序，将会产生错误的假设、低下的效率以及重复劳动。

第四节　探究训练的基本策略

萨其曼认为，若要很好地实现探究训练目的，按部就班地遵循探究训练的四个步骤是远远不够的，教师还须在整个探究训练中把握以下操作策略。

一、设置富有诧异的问题情境

萨其曼认为探究训练中，儿童的探究始于疑惑，而疑惑又源于问题情境。毋庸置疑，问题情境设置的好坏是决定能否成功开展探究训练的关键。因此，他认为教师应从以下几个方面考虑问题情境的设置。

首先，问题情境要达到使儿童感到诧异的效果，以至于儿童看到问题情境时就很难无动于衷。因为他相信问题情境的诧异能打破儿童已有的认知平衡，使儿童的认知状态由平衡转向失衡，促使其产生认知上的冲突，这样就很容易唤起儿童探究的兴趣与欲望。富有诧异性的问题情境，在萨其曼看来，往往指那些看上去与常识相反的现象或事件，它会有出乎人的意料的结果。

其次，问题情境要涉及一定的科学原理，要使儿童感到这一情境是真实的。也就是说，问题情境中使用的事物应是儿童所熟悉的，足以让儿童感到该问题情境是真实的。但是，要用儿童不熟悉的方式来创设一个包含他所熟悉的事物的问题情境。这样，当儿童看到一个包含自己所熟悉事物的真实问题情境，却又不能根据自己现有的概念对它做出解释与猜测时，这种似曾相识的感觉会使他感到非常的困惑与不安。此时，问题情境就对儿童现有的观念构成挑战，使其思维产生空前的危机感。这样不仅可避免儿童草率地对整个问题情境进行同化，而且还能迫使儿童通过探究去获得更多额外数据。

再次，问题情境的难易程度要适中，一定要跟儿童的认知水平相匹配，只有这样儿童才能开展探究活动。因为，当问题情境过于容易，儿童的认知结构中已经存有它涉及的所有相关概念时，儿童根本就无须探究，只需同化便可。这样的问题情境也就不具备开展探究的价值，更不可能很好地引导儿童开展探究训练。当问题情境过于抽象，儿童对问题情境中所涉及的相关变量一无所知时，儿童便无从找到开展探究的切入点。在这样的情况下，即使是最执著、最坚强的儿童，也会在经历多次不成功的探究后，感到灰心丧气。这样就会使儿童的探究信心严重受挫，探究兴趣也会荡然无存。而难度适中的问题情境不仅有助于儿童顺利地开展探究活动，还有利于最大限度地促进潜在概念的发现。

最后，他认为问题情境的设置要精简扼要，涉及的重要变量相对要少。问题情境的作用在于激发儿童的探究欲望，为儿童的探究指定一个范围，使其明确探究的方向与目的。因此，它只需向儿童提供一些有限的信息，但这些信息又不足以对整个问题情境做出分析，而通常只是使儿童感到异常的疑惑，以唤起他的好奇心为目的。再者，问题情境过于烦琐复杂，不仅会占用大量的时间，而且容易使儿童的注意分散，发现不了问题的相关变量，从而使儿童探究的自主性在一定程度上受阻。

二、提供一个应答性环境

萨其曼认为在探究训练中，当儿童有了一个可探究的问题后，就必须有从周围环境获得数据的自由，必须根据自己对信息的需要来寻找和搜集数据。如果信息的呈现方式和先后次序不能为学习者自己所控制，那么这个过程就不是探究。而一个应答性环境是儿童成功搜集数据的保证，也是促使儿童自主探究的一个重要策略。提供一个应答性环境意味着教师将扮演新角色，他停止"教"，开始应答；停止为儿童建构概念，开始促进儿童自己去发现。教师除了在探究开始时对制定搜集数据的规则进行"教"外，在其他时间里，他的作用通常是应答性的。换而言之，教师可回答或拒绝回答儿童的提问，但要尽量避免对儿童搜集数据、加工数据、建立假设以及随后的检验假设作直接的指导。要做到这一点，萨其曼认为教师可以采取以下策略。

首先，科学地引导儿童的提问。当儿童的提问模棱两可时，教师可以用一种诱导的方式来问儿童所提出的问题，如："你所说的意思是这样的吗？""你可以重新再说一次你的问题吗？"或是"你可以更清楚叙述你的问题吗？"或是"你可以叙述能让教师回答'是'，或'不是'的问题吗？"当儿童的提问过于宽泛时，如在双金属片的探究中，儿童提出"金属片是由钢铸造的吗？"教师就不能简单地回答"是"或"不是"，而应回答"是，部分是钢。"因为这样的回答可让儿童明白他的思路是正确的，但是若要准确地确立变量间的关系，还需提出更为具体的问题。当儿童一次性问两个问题，而这两个问题的答案却又不相同时，教师应要求儿童一次只能问一个问题。此外，儿童经常会在没有考虑事件发生的具体时间的情况下，来确定事件发生的条件。此时，儿童提出的问题往往是不能回答的，因为条件是在不断变化的。如"金属片的温度与室温相同吗？"这一类问题，教师则要儿童明确他所指的具体时间后，才能作答。如果儿童不能清楚表明其提问，在某一具体时间所涉及的事物、事件或是条件，那么他与教师及同学之间的交流将会受到一定程度的阻碍，探究活动也会因此受阻。萨其曼相信严格要求儿童准确提问，会有助于他们更加注意到事件的缘由可能涉及多个变量，而同一时间能考虑到不同变量对其思维的发展有很大的促进作用。

其次，不断地为儿童提供新的信息。一旦儿童熟悉了获取数据的逻辑程序后，教师向儿童提供新的信息不仅是必要的，而且是必然的。但是教师不能直接帮助儿童来熟悉问题情境，或是直接把问题情境所涉及的物理原则告诉儿童。因为，在成功的探究中，儿童对问题情境的熟悉以及它所涉及的物理原则的了解是任何人不可取代的。在探究训练中，当儿童修改问题情境中的条件时，提出实验性问题，教师尤其应该向儿童提供他们所需的信息。如在双金属片的探究中，倘若儿童想知道空气压力是否是一个相关变量时，他也许会问："如果把金属片放在真空中加热，它是否会弯曲？"此时，教师必须以引导的方式把与此相关的变量，以及这些变量是以何种方式影响着金属片弯曲的信息提供给儿童。萨其曼认为教师在探究中的作用是不可取代的，能否为儿童的自主探究提供一个积极应答的环境，关键取决于教师能否像科学家一样，不仅要对科学知识驾轻就熟，而且对探究过程亦是要了如指掌。唯有如此，才能给儿童的探究营造一个良好的环境。

三、聚焦探究过程

萨其曼发现当儿童的探究始于惊奇事件时，他们深深地为"为什么会这样"所吸引，以致把全部精力集中在内容与结果上，而相对忽略了获得这些结果的过程，也很少考虑自己寻找信息的方式与随后的发现有什么联系，他们的探究活动显得受直觉控制，缺乏逻辑性。比如，他们不清楚在决定变量之间的关系或检验复杂假设之前，得先分析出情境中的问题，往往是漫无目的地做出大量的假设，然后直奔实验。在他们的日常经验中，这些假设似乎行得通，但是在探究训练中，它们常把儿童引向死胡同。为了避免这些情况的发生，实现探究训练旨在帮助儿童建立有关探究本身概念的目的，以便儿童能提前计划自己的探究活动，发展颇有成效的探究策略，并且能够使儿童自己来评价与促进探究活动。萨其曼认为聚焦探究过程是不可忽略的策略。他认为若要让儿童聚焦探究过程、获得有关探究本身的概念，教师不能抽象地向他们介绍什么是探究，而是要让儿童在探究的过程中，不断加强自己活动的意识性。也就是说，要使儿童明白自己在探究中的每一活动究竟是在干什么。

首先，教师要使儿童熟知分析因果关系的结构。萨其曼始终认为，对于每一个正在探究事件发生原因的人而言，必须对构成因果关系的结构有一个操作性的定义，必须知道自己正在搜集的信息是什么，以及怎样整合这些信息才能获得对事件的解释。萨其曼对分析因果关系的组成有自己独到的理解。他认为分析因果关系往往会涉及事物、系统、条件、事件以及特性等因素。事物是分析因果关系中最基本的元素，它是指问题情境中所有可以彼此区别开来的物质，如空气、水、一块金属、一个木塞等。事物不一定非是可见或是可直接观测的，但它一定得是由物质构成的。系统是相互间有联系事物的集合体。如双金属片就是一个系统，它的每个组成部分都是一个事物。人们可以分别讨论系统中每个组成部分的特性，也可从整体来讨论系统本身的特性。条件是事物或系统存在的维度，它是可改变的，也可通过观测直接来确定。如，金属片可以是热的或冷的，也可是长的或短的。变量是从一系列变化的条件中抽象出来的。只有通过对变化着的条件的研究，儿童才能学会确定新变量以及它们跟其他变量之间的关系。事件是条件变化的结果。如，双金属片弯曲时，就发生了一系列的事件，也产生了许多新的条件。金属片的整个形状由直变弯，温度也升高，长度也改变了等。如果要引起一个事件的发生，就必须创造一系列新条件，以改变现有条件。进一步而言，每个事件的发生都有一定的必要条件。而这些必要条件都是可从实证的角度来确定。认识到这一点，便可依据现有的和可能有的条件对事件做出猜测，也可通过改变条件引发新事件，以确定特定事件的必要条件。特性是事物或系统的本质属性，是事物或系统存在的必要条件。对某一事物的特性了解得越多，就越有可能对它所涉及的事件做出猜测。例如，如果人们知道空气是很容易被压缩，而且当它被压缩时，它的温度和压力都会增加，那么就能很好地通过控制它的体积来猜测它的压力的方向与温度的变化。儿童也可通过观察和实验，经验性地确定事件或系统的特性。如果儿童能把问题情境中事物和系统的特性制成一个一目了然的图表，那么他离问题情境的解释就越来越近。

萨其曼认为教师可引导儿童在分析问题情境时，学会使用以上因果关系的结构。但是，他极力反对教师抽象地把这些教给儿童，而应该引导儿童通过反复的、有指导的探究训练自己归纳出来。

其次，教师要促使儿童了解与掌握探究因果关系的一般程序。萨其曼认为这个程序通常可分为三个阶段。

第一阶段是分析问题情境。在这一阶段里，为了更多地了解事物和系统的特性，首先得让儿童学会分辨出问题情境中不同的事物与系统。教师可让儿童通过两种途径来实现这一目的：一是儿童可直接问类似于"这是……吗？"的证实性问题。如在双金属片的探究中，儿童可问：类似于小刀的薄片是由金属铸的吗？一旦他能把薄片这一事物分辨为金属，他就可能知道它的一些特性，如长度、可锻性、最高熔点等。二是儿童可直接提出实验性的问题。如"如果我把薄片放在水中很长一段时间，它会生锈吗？""如果我把它稍微弄弯，放手后它会变直吗？"接着，教师要让儿童学会确定事物和系统的条件。儿童不仅需要观测它们的条件，而且还得观测两个不同时间点条件的变化。最后，教师要教儿童制作一个问题情境分析图表来记录自己获得的数据。在图表中，横向排列的条件与事物、系统相对应，纵向排列的条件与每个新自变事件相对应。这样可简化变量的比较，发现新关系的可能性增加。如对双金属片问题情境分析可制成如下的图表。

双金属片问题情境的分析图表

系统 事物	演示开始			演示开始			演示开始		
	温度	大小	形状	温度	大小	形状	温度	大小	形状
双金属片	室温 (A=B)	正常 (A=B)	直	>室温 (A=B)	>正常 (A>B)	弯曲	室温 (A=B)	正常 (A=B)	形状
金属A	室温	正常	直	>室温	>正常	弯曲	室温	正常	形状

续表

系统 事物	演示开始			演示开始			演示开始		
	温度	大小	形状	温度	大小	形状	温度	大小	形状
金属 B	室温	正常	直	>室温	>正常	弯曲	室温	正常	形状
水箱	水温＝室温			水温＝室温			水温＝室温		

第二阶段是确定与问题情境相关的变量。在这一阶段里，第一个目的是确定与事件相关的变量。最好的策略是让儿童每次操纵某个变量时，其他的保持不变。要实践这一策略，可让儿童通过提出问题以引起想象性的实验来完成。比如："如果双金属片的温度没有升高，它仍然会像原来那样弯曲吗？"如果教师给出的答案是"不会。"儿童便可从教师的回答中得知：温度保持不变时，金属片不会弯曲。尽管他还不知道温度与弯曲间究竟是怎样的关系，但他可推断出温度应该是一相关变量。第二个目的是确定问题情境的必要条件。实现这一目的同样可让儿童采用言语化实验的方式。儿童通过向教师提出想象性实验的问题，然后从教师的肯定或否定的回答中获得数据。例如，儿童通过提问可确定：如果温度显著地升高或是降低，双金属片都会弯曲，而且温度的变化越大，它的弯曲度也就越大。那么儿童就可以确定温度变化到一定的程度是金属片弯曲的一个必要条件。这比只是简单地确定温度是一个相关变量又向前迈进了一步，而且也快接近"双金属片为什么弯曲"这一问题的答案了。

第三阶段是引入关系模式。这一阶段里没有任何固定的模式，它是启发探索开始的地方。它的主要目的是要让儿童去发现为什么这些条件是问题情境所必需的。知道问题情境存在的必要条件后，能对它的发生进行猜测与控制。但是，如果要对问题情境做出合理的解释，首先还得发现是什么物理原则或规律在支配着这些变化的发生。儿童可根据自己原有的概念体系对问题情境中所存在的关系模式进行假设。如，双金属片问题情境中金属片的温度与体积间的关系就是这样的一种关系模式。

随后，儿童对自己的假设进行检验。当假设得以证实时，对问题情境的合理解释也就形成了。在这一过程中，儿童的概念体系也会因为同化与顺应这一双重过程而得以扩展。

萨其曼认为在探究过程中，这三个阶段是一环扣着一环，有着一定的逻辑顺序。如果忽略了这一顺序往往会导致探究效率的低下。因而，他要求在探究训练中，教师首先要通过一系列有指导的探究活动让儿童了解这些程序。然后，再让儿童自己在探究中归纳出这些程序来。只有这样，儿童才能真正地获得有关探究本身的概念，了解探究的逻辑结构，懂得怎样才能有效地组织自己的探究活动，从而实现了帮助儿童获得有效探究策略，发展探究技能的目的。

四、评价兼顾探究过程与结果

萨其曼认为对探究进行评价，首先要确定可直接评价的对象。在他看来，数据搜集、数据分析、发现以及验证都是评价的对象。但这四类活动既不具有相同的可见性，也不具有相同的直接可测性。数据搜集与验证是探究过程中可见性最强的，因为探究者在进行这两项活动时，他必须有新的数据入库。相对而言，数据加工与发现主要是一种内部心理活动，可见性不是那么明显。数据加工往往须从变量的分离、控制变量的运用以及数据的比较以突出异同的过程中得以体现。

发现通常发生在探究者用一定的原理对问题情境做出解释说明，或是根据归纳的原则对事件进行猜测与控制的过程中。发现作为一种认知活动，它本身不具有直接的可测性。要确定发现是否发生的唯一途径是测量发现前后概念结构所发生变化。如果两次测量的结果表明概念获得了发展，就表明了这期间有发现活动的产生。

因此，萨其曼强调评价者对儿童的探究进行评价时，必须从探究过程与探究结果两个方面着手，忽略任何方面都是不科学的。而且评价应该在一个标准化的条件下进行，必须有一个标准的问题、标准的数据搜集方法、标准的时间限制，以及教师给探究者提供的标准帮助量。这样，可使儿童的探究行为尽可能地具有可见性，以便评价者可动态地去观察，并获取可供研究与评价的数据。

1. 过程评价

萨其曼专门设计了"提问式测验"，主要侧重于儿童探究过程的评价。这一设计基于两个最基本的目的：一是在标准化的条件下获取儿童的探究样本。萨其曼强调只有测验条件尽可能地趋于标准，测验才有可能更为真实地反映儿童探究技能的变化。否则，将会因测验条件的限制而无法真实地对儿童的探究进行评价。二是为评价探究过程提供数据。要获得有关探究过程这一变量的数据必须对儿童所采用的探究方法进行测量，它包括测量探究的自主性、有效性等。这些测量的结果会有助于叙述儿童是怎样对事件的必要条件、内在关系以及概念进行验证与发现的。

（1）提问的步骤

"提问式测验"是教师跟每个儿童在标准化的条件下单独进行的测验，通常由儿童提问，教师回答。期间，儿童整整 25 分钟的提问探究将被录音机录下来，作为评价儿童探究过程的数据。"提问式测验"主要包括以下三个步骤。

①呈现测试问题情境

测试问题情境既要富有诧异性，又要比训练中的问题情境复杂，是儿童比较陌生的问题情境。测试问题情境将播放两次，一次是在说明测验原则与步骤之前，另一次是在讲清原则与步骤之后，儿童展开探究活动之前。教师要在儿童探究之前，务必确定儿童是否清楚地明白他所要解释的问题是什么。

②说明测验原则与步骤

在儿童开始探究的前五分钟，教师向儿童清楚地说明测验的步骤与原则，使儿童明白什么时候该做哪些事情，以及该怎样去做。另外，教师应把实证性问题与实验性问题介绍给儿童，使儿童在随后的探究中至少要懂得使用其中的一种问题，但教师无须告诉儿童这两类问题的优劣。

③25 分钟的探究

在含有问题情境的教学片播放第二次之后，儿童开始寻求解释问题情境的探究活动。儿童依旧只能向教师提出用"是"或"否"回答的问题作为收集资料的方式。教师的主要职责是与儿童建立融洽和谐的互动关系、强化儿童积极的探究行为、科学回答儿童的提问以及有效引导儿童的探究，但是尽量避免直接给儿童提供问题的解释。萨其曼指出过程分析应从儿童提问的流畅性、问题的相关性、问题的整体计划性、问题的组织策略以及问题的结构与功能等过程变量着手。这样不仅能反映儿童的探究模式，而且更能直接地反映探究训练的效果。为此，萨其曼制订了一系列关于这些变量的评价标准。

（2）提问的标准

①问题的可交流性

在"提问式测验"中，虽然问题的长短不作要求，但是可交流性是必需的。因为儿童搜集资料的唯一途径是通过向教师提出用肯定或否定回答的问题，儿童要想获得自己需要的信息，就必须与教师之间存在着交流。交流主要表现在儿童能否提出教师可以清楚做出肯定或否定回答的问题，它是测量儿童问题形式的一个重要变量。如果教师能清楚地做出肯定或否定的回答，交流就可评定为（+）；如果教师须要求儿童重复提问，交流就被评定为（-）。

②提问的流畅性

在"提问式测验"中，儿童通过提出只能用"是"或"否"回答的问题来开展探究活动。儿童提出一个符合标准的问题之后，直到教师能准确地做出肯定或否定的回答方构成一个操作单元。而儿童在整个"提问式测验"中使用操作单元的总数就是儿童提问流畅性的得分。教师在编制流畅性得分表时，通常不对问题的长度、结构、功能以及内容分别作考虑。因为，流畅性得分测量的是儿童独立完成的操作单元数目，是体现儿童探究自主性的一个指标。

（3）提问的类型与功能

萨其曼指出，在"提问式测验"中，如果要关注儿童获取信息的种类与组织问题的方法，首先须了解问题的类型与功能。他把问题归为互不相同的几种类型。

①证实性问题：通常是用来确定问题情境构成因素（事物、条件、事件）的问题。它可分为两大类：类别证实与分析性证实。

类别证实：确定问题情境中作为整体形式出现事物的名称或是类别，它可进一步分成名称、常规性两个亚类别。名称是根据事物属于哪个类别进行区分。（例如，金属片是一把小刀吗?）常规性则是根据事物跟某一特定类别的标准的相似性进行区分。（例如，那是一把普通的小刀吗?）

分析性证实：这一类别的提问通常用于分析确定事物的组成部分、条件、特性或是关系。它包括四个亚类别，即：条件——描述型：用来证实具体定量或定性条件的问题。（例如，金属片弯曲时是热的吗?）条件——比较型：用于确定两个条件之间的关系的问题。（例如，金属片被加热后比以前长吗?）结构——组成型：用来确定整体结构各个部分之间关系的问题。（例如，金属片一半是金属，另一半是其他物质吗?）特性——检查型：用来确定事物的特性。（例如，本生灯能使铜熔化吗?）

②含义性问题：这一类问题用于区分变量间的关系。它可分为三大类。

抽象——概念型：用抽象的概念提问各变量间的关系。它有两个亚类：散漫型——没有具体说明关系本质的问题。（例如，塞子与水再次沸腾有关系吗?）以及指向型——对关系本质做出一定程度具体说明的问题。（例如，塞子使长颈瓶内的压力增高吗?）

具体——推理型：通过对变量的实验性操纵获得具体数据的提问，儿童便可根据数据做出关系推理。它也有三个亚类：消除型：消除某个物体以确定其对演示结果的影响。（例如，如果不要塞子，水会再次沸腾吗?）替代型：替代某个事物或条件的实验。（例如，倒入冷水时保持长颈瓶垂直而不倾斜，里面的水会再次沸腾吗?）补充型：增加某个事物以确定其对演示结果的影响。（例如，如果你把墨水放入水里，还会再次沸腾吗?）

具体—概念型：直接提出问题，以确定某个事件发生所必需的事物或条件。（例如，要使水再次沸腾就必须往长颈瓶里加水吗?）

萨其曼进一步指出，可从儿童使用某种类型提问的频率中，看出他的目的和采用的策略。例如，如果儿童不事先对问题情境进行分析，就试图同化它，那么他会在很大程度上依赖主观说明、直觉性理解以及相当宽泛的概念体系。这种情况的突出表现是儿童会使用大量的抽象—概念型的提问与证实性提问。相反，如果儿童事先对问题情境的主要构成因素进行过分析，然后再操纵变量以发现它们间的关系，他会更多地依赖分析与归纳。此时，他会更多地使用分析—证实型与具体—推理型提问。可见，对儿童提问的类型与功能的分析是测量探究训练对儿童探究策略影响的一个指标。

在此，我们以萨其曼的一个经典问题情境测验的片段为例，对"提问式测验"进行说明：

用教学片展示下面的问题情境：往一个大玻璃瓶中装水至将满而未满的程度，然后将一个小玻璃瓶装适量的水倒扣在大玻璃瓶中，最后用一块橡皮膜绷紧盖住大玻璃瓶瓶口。当用手下压橡皮膜时，小玻璃瓶就往下沉；当你用手往上拉橡皮膜时，小玻璃瓶就往上浮。

问题：为什么小玻璃瓶下沉后，又再次上浮呢?

E：好的，可以开始。

S：玻璃试管里物质是一种特殊的化学物质吗?（常规性 Nornaive）

E：你能告诉我，你这样问的意图是什么吗？问题的答案是否定的，但我想知道你问题的意图。

S：好的，是不是化学物质使它这样？

E：不是。

S：那么让我想想，小玻璃瓶的底部是打开的吗？（条件—描述型）

E：是的。

S：是压力使它上下浮动吗？（指向型）

E：呃，压力与这有点关系。继续吧。

S：玻璃瓶的瓶口是橡皮膜吗？（名称）

E：是的，橡皮膜就在瓶口。

S：哦，我想压力跟这有关，当你用手把橡皮膜往下压时，小玻璃瓶就下沉，当你把橡皮膜拉开时，它就上浮。（解释）

E：压力跟这是有点关系，但这不是一个完整的解释。

S：由于瓶底是打开的，水就能进到瓶里，是吗？（条件—描述型）

E：什么时候？

S：当小玻璃瓶下沉时，水进入到小玻璃瓶中吗，水必须是热的或冷的吗？（具体—概念型）

E：没有。

S：试管是玻璃的，我想这跟一定量的水有关，是吗？（具体—概念型）

E：我不知道你所说的"一定量的水"是什么意思。

S：我是想说小玻璃瓶是不是必须有一定量的水才能下沉？

E：是的，那会对它有作用。

S：小玻璃瓶的下沉是不是跟橡皮膜的厚度有关呢？（散漫型）

E：橡皮膜的厚度与此没有关系。

S：压力跟这有点关系吗？（散漫型）

E：是的。

S：水是蒸馏水吗？（条件——描述型）

E：不是。

S：除了压力之外，我想不出什么理由来解释小玻璃瓶的上下浮动了。

2. 结果评价

在萨其曼看来，结果测验是间接评价儿童探究技能的测验。他设计了三种不同水平的测验：结果测验 A、结果测验 B、结果测验 C。结果测验 A 是用以测验儿童对问题情境所涉及的物理原理的了解程度；结果测验 B 是用以测验儿童确定问题情境存在必要条件的能力；结果测验 C 用以测验儿童对问题情境各构成因素（如问题情境的事物、系统、条件及事件等）的熟知情况。结果测验 A 通常要在探究活动前后各进行一次，结果测验 B、结果测验 C 在探究活动结束之后进行即可。结果测验以笔试的形式进行，儿童必须独立完成。

（1）结果测验 A

探究问题往往会涉及一系列物理原理。如果儿童的探究开展得足够深入，就有可能发现这些原则，并且能根据这些原则对问题做出解释。结果测验 A 就是通过考查儿童基于一定数据做出猜测的能力，来测验儿童对这些原理的掌握情况。儿童如果能做出大量正确的猜测，那么就证明他能很好地掌握了问题中所涉及的原理。萨其曼要求这一类的测验应避免让儿童直接面对抽象变量做出猜测，而应将抽象的变量放到具体的、可观测的情境中。如考查上文问题情境所涉及的物理原理时，他所采用的结果测验 A 中的一题为：

下面的三个小桶中，桶底都拴有一个大小、形状相同且灌满空气的

气球。每个气球都被紧扎着,外面的空气进不去,里面的空气也出不来。现在,把每个桶都灌满水:

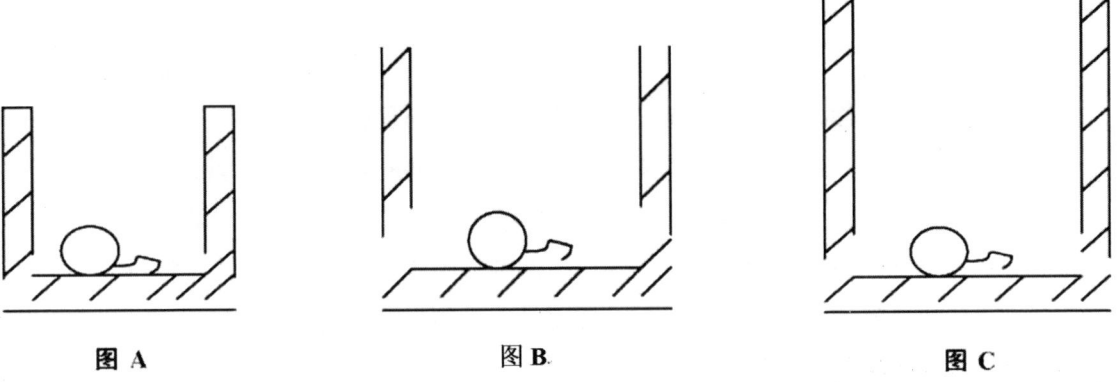

如果我们要测量灌满水之后气球的体积,哪个气球是最大的呢?

A、图中 A 的气球将会最大,它占的空间最大。

B、图中 B 的气球将会最大,它占的空间最大。

C、图中 C 的气球将会最大,它占的空间最大。

D、三个气球将会一样大,它们占有相同大小的空间。

这一题以考查儿童对液体深度与压力之间的关系的了解程度为目的。该题并没有让儿童直接对抽象变量(压力)进行猜测,而是让儿童对一跟抽象变量相关的、具体的、可直接观察的变量(气球的体积)进行猜测,间接地体现了考查目的。如果儿童了解液体深度与压力之间的关系:深度越深,压力就越大,而且他还知道气球所受的压力越大,它的体积就会越小,那么他就会猜测出图 B 中的气球会变得最大。反之,如果儿童对液体中深度与压力间的关系一无所知,他就会做出错误的猜测。

(2)结果测验 B

通常情况下,探究的直接结果是分离相关变量与无关变量,以及确定问题情境发生的必要条件。结果测验 B 用于测验儿童经过一定的探究之后，对问题情境发生的必要条件的确定程度。结果测验 B 中每个测验题目都是针对问题情境发生条件的一方面或多方面的考查。

(3) 结果测验 C

在探究中，儿童不仅要分析与确定问题情境中的事物，如果不能确定它们的名称，至少要确定它们的相关特性，而且还要确定事物依存的条件、事件发生的条件。如果儿童未能确定事件的实际条件，就很难确定事件发生的必要条件。结果测验 C 用于考查儿童经过一定的探究之后，对问题情境中的事物、条件、事件等特性的了解情况。结果测验 C 中的每道题的设计都是针对问题情境各组成部分以及它们的特性。

[案例]

为了使读者更为具体了解萨其曼的探究训练模式，在这里，我们将成功采用该模式的一次教学活动摘录如下：

史密斯是一位生物教师，他在进行关于动物与其天敌的相互关系的自然平衡这一单元的教学时，给全班展示下面的情景作为教学活动的开始。

许多年前，在西南部的山里有很多鹿，它们的数量一直变化不大。山里还有狼。从城镇来的某些人曾目睹狼群咬了鹿群里的两只小鹿，非常震惊，结果人们发动了一场灭狼运动。使人们惊奇的是，在灭狼后的几年里，鹿的数量反而明显地减少了。既然狼是鹿的天敌，为什么会发生这种情况呢？（史密斯教师用讲故事的方式提出问题，能很好地激发学生探究的动机。他用学生比较熟知的狼和鹿作为一般问题的实例，不仅缩小了探究的范围，而且便于学生寻找着眼点，收集资料。）

然后，他继续说："我们能否用一些资料来回答这个问题呢？"于是，进行了下面的对话。（这并非史密斯给学生上的第一次探究课,否则应提出收集资料的方法以及对所提问题的一些要求。)

史蒂文首先问:"看见其他动物在杀鹿吗?"

史密斯教师回答说:"是的,他们看见过,史蒂文。"

史蒂文继续问:"不同的动物吗?"史密斯回答:"是的。"

帕姆大声说:"我有一个想法!"

史密斯笑着说:"很好,帕姆,不过等史蒂文讲完了再说。"

(史密斯教师坚持一个原则,提问一个学生时,就让他尽量地把所有问题问完,以便使他可以获得一个完整的思路,也尽量使他提出的问题少一些遗漏。对于比较冒失的帕姆,史密斯做得也很好,他并没有责怪,反而对他勇于探究的精神给予鼓励和赞扬。)

史蒂文继续说:"动物与其天敌的平衡与这个问题有关吗?"

史密斯问:"你能用一些资料证明这些看法吗?(史蒂文的提问已经违背了规则,因为他的问题并不能直接观察得到。但是史密斯教师并未简单粗暴地打断他的提问,而是鼓励他重新组织问题,以免伤害他进行探究的信心。这一点在探究训练的整个过程中都是十分重要的。)

史蒂文不肯定地说:"我有一个想法。"

他继续说:"在狼被消灭之后,其他的食肉动物如美洲野猫、郊狼、猛禽如鹰,他们就能更有效地捕杀鹿,所以鹿的数目下降了。"(史蒂文是先收集资料,然后才提出自己的假设,显然他的假设所取得的资料并不充分,无法由资料得到验证,这个假设自然需要修改。)

史蒂文看来是说完了。停了一下,史密斯转向帕姆。

帕姆发言:"吉姆和我有另一个想法。"

史密斯赞扬说:"很好,说吧。"(对于学生提出的不同见解,教师如能进行赞许,可以激励学生进一步地思考,增加他们成功的信念。)

帕姆说："在鹿的天敌被消灭后，鹿的数量增加了，以后，那个地区的食物不能供养它们，所以它们可能饿死，它们的数量就下降了。"

"好，"史密斯说，"我们能用一些资料来证实这些观点吗？"（对学生的观点进行肯定或否定，往往会削弱学生的探究活动，因此，除了对于一些初次尝试这种模式或者年纪较小的学生之外，教师一般不应直接评价。史密斯这里的做法虽然也鼓励了学生进一步探究的热望，但也在某些程度上暗示了学生，不利于学生培养学生独立探究的精神。）

罗妮问："狼被消灭后，鹿区的美洲野猫增多了吗？"

"没有。"

"郊狼呢？"

"也没有增多。"

萨利接着问："在狼被消灭后，在这个地区发现了很多无皮死树吗？"

"是的。"

史蒂文问："在狼被消灭后，在这个地区发现了很多鹿的尸体吗？"

"是的。"

史蒂文继续问："在狼被消灭以前也是这样吗？"

"是的。"

"后来更多了吗？"

"是的。"

"那些尸体很瘦吗？"

"是的。"

史蒂文感到奇怪："那些尸体是得过病的吗？"

"有一些是得过病的。"

吉姆问："那个地区的鹿是黑尾鹿吗？"

"是的。"

"猎鹰是违法的吗？"

"是的，在 1905 年就宣布猎鹰是非法的。"

彼里继续问道："这些鹰以壮年鹿为食吗？"

"不，的确不是。"

苏珊问道："那个地区冬季很冷吗？"

"是的。"

然后，史密斯提议："让我们看看你们提出的假设，看看它们是否与资料一致。"

（学生提出假设后，开始以提问的方式收集资料。从学生的提问可以看出他们基本是依照证明假设的需要进行的，中间也有一些学生的思路并不十分清晰。但无论对哪种情况，教师都要认真听取。在学生取得了相当多的证据后，教师作为探究活动的指导者、监督者，应及时提醒他们注意建立起假设和证据间的联系。这样一是可以把学生的注意力集中在证明假设上，提问具有一定的目的性、逻辑性。二是让学生及时由收集资料过渡到得出结论阶段，合理地利用教学时间。）

琼妮主动地说："我认为可以取消第一个假设。"

史密斯问："为什么呢？琼妮！"

"嗯，因为这个假设假定其他食肉动物是鹿的数量下降的原因，但是我们发现美洲野猫的数量并没有增加，只是由于禁止杀鹰，鹰的数量才有所增加。"

史密斯笑着说："很好，琼妮。"

比尔激动地举起手来："我认为我们需要把第二个假设改一下。"

史密斯鼓励说："说下去吧，比尔。"

"我们发现一些鹿一定是饿死的，因为它们的尸体很瘦，一些树的皮被啃光了。同时，我们还发现一些鹿的尸体是得过病的，这也能说明疾病可能是导致一些鹿死亡的原因。"

他继续说："我认为这个假设应该改成这样：在鹿的天敌被消灭以后，它们的数量增加了，以致那个地区的食物不能供养它们，鹿变得很容易饿死。以前狼吃掉了鹿群中最弱小的一部分，所以，鹿群从整体上来说能够保持健康。"

史密斯笑着说："好，比尔。"

（琼妮和比尔一个取消了假设，一个对原有假设进行修改，最后得出了合理的结论。无论哪种情况，一定要让学生建立起证据之间的因果关系，从而很好地利用资料证实假设。在这里，史密斯教师积极引导学生对假设和证据进行深入思考，对于培养学生对事物内在原因的分析和概括是很有助益的。）

本怀疑地说："我们并不知道狼吃的什么样的鹿呀！"

"我知道了，"杰克抢着说："在狼被消灭之前，所发现的鹿的尸体，相对于壮年的时期的鹿来说，一般是幼小的或衰老的吗？"

史密斯微笑着说："是的。"

"那就对了，"杰克断言，"那就证明比尔的观点：狼吃鹿群中较弱小者。"

全班学生都感到满意，因为他们的假设被这些资料证明了。

（对学生并不严密的结论，还要让学生自己提出困惑之处。这样，学生才能不断对自己的结论进行修正、完善，不断提高进行严密的探究活动的能力。如果学生对不严密的结论不能提出疑问，教师可予以一定的引导，比如可以问："有什么资料能证明以前狼吃掉了鹿群中最弱小的一部分呢？"）

从这一成功采用萨其曼探究训练的教学活动可知：探究训练是以探

究技能的训练为其核心。因为，在他看来，学科间是存在着跨越学科界限、具有普遍性的基本探究技能或科学方法。而学生通过这方面的专门训练，是能够获得这些基本技能或科学方法的。另外，探究训练具有相当高的技术成分。无论是问题情境，还是提问的方式，都是经过精心设计，充分保证了学生在探究中的自觉与自主。这些对我们当前日渐高涨的探究教学，无疑具有参考与借鉴的价值。

第三章 科学探究学习"做中学"模式

孩子的教育是一个扣动每个人心弦的问题。孩子是世界、国家、民族和家庭的全部希望和未来。无可否认，良好的教育是他们一生幸福的基石。对于孩子的教育，我们成人有着不可推卸的责任。因为，孩子没有能力掌握自己应该走向哪里，应该如何走等。成人是儿童教育的主导者。

科学技术在迅猛发展，世界正在发生着翻天覆地的变化。贫困和富有，眼泪和微笑，死亡和新生……所有的矛盾都在这个世界上衍生。一方面科技发展，为我们人类带来了福音，人类基因工程的探究使得人类寿命的延长不再是幻想，但是另一方面，我们看到了科技为人类带来的灾难，枪林弹雨，硝烟弥漫，多少孩子成为了战争的牺牲品。科技不是错误的本身，科技滥用才是错误的根源，使用科技的人才是世界命运的决定者。我们应该给这些未来的科技使用者以怎样的科学教育，才能奠定他们未来对科技的积极思考和对社会、人类的积极贡献呢？

本着对社会的责任和对未来的担忧，科学界和教育界在 20 世纪 80 年代就开始了对儿童科学教育的积极探索。目前我国实行的"做中学"，其理念来源于美国实用主义教育学家杜威，而"做中学"项目本身则是脱胎于法国的"动手做"（Learning by Doing）教育项目。"做中学"教育项目是 2001 年我国教育部和科学技术协会共同倡导和推动的一项有重大意义的科学教育改革，即在幼儿园和小学中进行基于动手做的探究教学，旨在促进我国幼儿园和小学的科学教育的发展。

"做中学"是一种学习方式，也是探究教学的一种模式，主要适用于幼儿园和小学的科学教育。当然，如果学生对所涉及的科学现象非常陌生，即使是中学生和大学生，"做中学"都是适宜的教学模式。

"做中学"和传统的科学教育的区别主要在于"科学素养"目标的提出与实践。"做中学"教学过程的基本要素有：提出问题、猜想假设、动手操作、实验记录、交流分享。

"做中学"的本质是一种动态多维的学习方式，是用做科学的方式来学习科学。活动中所涉及的一切因素，包括学习本身，也都是学习的内容。同时，"做中学"也是一种教学方式，是由静态的知识传授向动态的探究学习转变的教育方式。在我国基础教育课程改革的大背景下，它更是一种教育理念，是面向全体学生，以人为本基于科学探究、以改变学习方式为根本点的教育理念。[①] 不难发现，这一理念与我们这些年一直倡导的儿童文化不谋而合。《儿童文化公约》第 29 条中也提道："教育……要尊重儿童自己的文化特性、语言与价值观。"而"做中学"正是一种真正考虑到了儿童文化的教学方式和理念。儿童文化本身就要求儿童是在玩中学，在做中学。所以，"做中学"教学模式无疑是一种适合儿童的科学教育方法。

学校教育最根本的目标是什么？我们认为应该是保持孩子善良和富于幻想的天性，这对于一个人是否拥有终身幸福的精神生活是至关重要的。基于这个学校教育的根本目标，儿童科学教育的根本目标应当是科学素养的综合体现，而非科学知识的倒背如流。然而，针对这一目标的具体实践却不断出现失误。

"做中学"项目引进至今，误区和问题不可避免地在课堂教学中存在着。作为幼儿园和小学的教学工作者，能亲自感受到学校教育与儿童文化之间的冲突。"做中学"由于是"破土"于传统的教学土壤中，并且缺乏科学家的专业支持，当然也不可避免地在探索过程中与儿童的文化发生着种种冲突情况。

---

① 秦旭芳、庞丽娟：《"做中学"科学教育的主要理念》，《湖南师范大学教育科学学报》2004 年第 6 期。

首先，就"做中学"科学教育的认知目标来说，这类目标对于儿童是一把双刃剑。难道认知目标的目的就是要让儿童的生活和认知更加科学化吗？通过对科学家的大量访谈的总结归纳，研究者发现，正是儿童时期的惊奇和困惑才导致了科学家们日后对自然现象的无穷的探究。如果孩子的"惊奇和困惑"都让明明白白的科学知识驱逐得一干二净，那日后对自然现象的无穷的探究就不可能存在。

其次，教师在"做中学"提出问题之后，往往都会先让孩子们自由回答，说出自己猜想的答案，这个环节便是"提出假设"。但是无可否认，在实践过程中，教师为了便于课堂纪律的管理和教学的顺利进行，往往对这些猜想进行着严格的控制。在这个阶段，教师们都想要表现民主和探究的精神。但有一类猜想仍是很多教师不能容忍的，即"天方夜谭"——一种浪漫主义思想的完美体现。在经过长期的抹杀之后，这类"天方夜谭"的猜想在课堂上已经越来越少。其实这才是真正属于儿童的回答，符合儿童文化的思想。所幸的是，这类答案在幼儿园还是比较普遍的。当然，年龄越小，这类答案出现的机率就越大。

另外，"做中学"和一般的探究教学不同，因为它面对的是年龄较小的孩子或者比较陌生的科学知识。在这种情况下，教师为了教学过程的顺利进行，一般都选择由自己来设计实验方案，以便幼儿顺利地得出自己所期望得出的科学结论。

由于实验过程是教师精心设计的，教师对实验过程也就有着足够的控制能力。儿童在学习的过程中也只是按照教师的意图，遵循教师制作的方案，得出教师想要得到的结论。教师虽然给了儿童足够的"做"的时间，但是却没有给予儿童充分探索的心理空间。儿童在整个活动过程中都是被教师的设计安排牵着鼻子走。

类似的窘境经常在"做中学"的课堂中发生，远不止以上提到的三个方面，教师为此而深感困扰。

那么，我们究竟应该如何"做中学"呢？

许多问题在我们头脑中盘旋——"做中学"的目标到底是什么？在教学实践中，如何将此目标顺利完成呢？

为什么要"做中学"科学呢？它真的就是学科学和教科学的最好的方式吗？如何进行"做中学"呢？有没有什么简单易操作的模式呢？"做中学"在实践过程中就是按照操作模式一步一步来进行就好了吗？还有没有什么注意事项呢？

第一节　"做中学"的目标

如果要把"做中学"的理念转化为现实，首先就要将其转化为课程行动的目标。目标确定的恰当与否，对一节课、一门学科甚至个人终生科学教育的成败有着直接的影响。科学教育的目标可分为科学教育的总目标、年龄阶段目标、单元目标和活动目标等。① 这里主要给大家介绍"做中学"的总目标，因为单元目标和活动目标与具体的主题内容有关，不具普遍性，但是只要大家了解总目标，就像大海中有了导航灯，自然不会迷失前进的方向。

一、科学素养的理想

"做中学"是一项促进我国幼儿园和小学科学教育的改革计划。但我们要注意，它不是精英教育，更不是科学家的培养及选拔计划。不管从哪个方面来看——国际社会的需求和个人的健康发展，"做中学"科学教育的首要目标都应是科学素养。国际科学教育界对科学课程目标的探讨也主要集中在"科学素养"的问题上。国际科学教育界普遍认为，在基础教育，尤其是义务教育阶段，科学素养教育应是学校理科教育的重要目标。也就是说，"做中学"的目标在于科学素养的形成，而非单

---

① 施燕：《学前儿童科学教育》，华东师范大学出版社1999年版，第45页。

纯的科学知识的传输。"做中学"作为一种探究式教学方法，我们要区别于传统的教学方法，我们要引导儿童形成的不仅仅是基本的科学概念，更应该注重培养儿童探究科学的方法，尤其是对科学兴趣的保存和引导以及对科学精神的反复锤炼。

"做中学"目标的确立是主观与客观、"能为"与"应为"相互作用的结果。科学课程目标确立的过程实际就是价值选择和权衡利弊的过程。"科学素养"这一科学教育目标就是在价值选择和利弊权衡之后得到的结果。

实际上，"科学素养"不是一个新鲜名词，世界上的一些发达国家早就开始了儿童科学素养培养的努力，并已经因此大大受益。最典型的例子就是美国。1985年美国科学促进会发起了"2061计划"，这是有关科学、数学和技术教育改革的长期规划。美国十分重视儿童科学素养的形成。在世纪之交，他们更是把提高全体人民的科学素养、确保国家实力在21世纪一直占据世界领先地位的目标，写进了美国国家科学教育标准，写进了美国总统的国情咨文。在澳大利亚、德国、英国等发达国家的相关法规中也能找到其对科学素养目标的明确规定。由这些发达国家对于科学素养的倡导可以看出，科学素养的水平高低直接影响一个国家实力的强弱和在国际竞争中的成败。所幸的是，我国也意识到了这一点。我国颁布的《科学普及法》以及新一轮课程改革都将科学素养明确定为中小学科学教育的宗旨。

（一）科学素养的内涵及特点

1. 科学素养的内涵

科学素养，是指对在日常生活、社会活动和个人决策上所需要的科学概念和科学方法的认识和理解，并在此基础上形成的稳定的心理品质。拥有科学素养的人，应该懂得如何发现、提出科学问题，并运用科学概念和科学方法对此进行分析、解释；拥有科学素养的人，会对科学充满好奇心和求知欲，热爱科学；拥有科学素养的人，能发扬质疑、验证的科学精神，敢于探究新知，实事求是。

2. 科学素养的特点

首先，科学素养具有基础性。科学素养是对中小学，尤其是义务教育阶段儿童的最基本的要求。它主要强调的是基本概念、方法、观念、精神等方面的要求，其中相当大的一部分是价值观、自然观、人生观等非智力因素。不管是从基本的要求层面，还是这些基础的非智力因素层面，科学素养的基础性都是显而易见的。

其次，科学素养具有公平性。科学素养的前提性假设，就是科学教育要面向全体学生，要把所有的学生培养成合格的社会公民。因此，科学素养的制定必须考虑到全体学生，使绝大多数学生能够达到科学素养的要求。科学素养一般被划分为五个层面：科盲、名义上的科学素养、功能性的科学素养、概念和程序的科学素养、多层面的科学素养。我们要注意的是，这五个层面的科学素养没有高低之分，这样的划分只是更有利于"因材施教"，区别不同的教学对象，制定合适的培养目标，采取合适的对策。科学素养面向全体学生，但是不是所有的学生都是要达到多层面的科学素养目标的。

最后，科学素养具有操作性。这可能和很多人对科学素养的认识相反。实际上，科学素养并不是空而玄的、抽象的科学课程目标。以美国的《国家科学教育标准》和《科学素养的基准》为例，前者涉及K—12年级八个领域的标准，每个领域都深入浅出，不但有具体目标，还有具体实施的建议；后者涉及K—12年级十二个领域的标准，各领域的标准在每一个年级中都被详细地分解，非常细致、全面，同时还有大量的实例和建议，具有非常强的操作性。但是，《国家科学教育标准》和《科学素养的基准》都耗时四年多，这是一个体系庞大的工程。也就是说，科学素养本身可能是抽象的，不利于操作的，但是科学家与教育工作者努力使其具有操作性，使其落到实处。我们广大中小学教师、幼儿园教师认为科学素养有点玄，不过是我们还缺少那样的一本"科学素养指导手册"而已。

(二) 科学素养目标的构成

国家教育部颁布的《科学（3—6 年级）课程标准（实验稿）》明确指出，目标多元成分具体指：科学探究——过程、经历、方法、技能、能力；科学知识——可表述的、条文性的、结论性知识和经过学习后形成的经历和体验；情感、态度、价值观——兴趣、科学态度、科学观念等。[①] 新课标把科学素养划分为这三个方面。这三方面的目标是统一的，不能割裂的，我们在实施过程中必须根据具体教学内容将这三方面目标整合，并根据实际有所侧重，但是不可忽略其中任何一个方面。

1. 科学知识领域

科学知识方面的教学目标是指获取周围世界的广泛的科学经验，或在感性经验的基础上形成初级的科学概念。应该以科学经验或科学概念为基础来达到另外两个领域的目标——科学探究领域和情感态度价值观领域的形成。

许多学者提出，"做中学"的重点是科学情感态度价值观的培养，但这种提法并不确切。"做中学"的目标是科学素养，而情感态度价值观只是科学素养的一个方面，在科学教育从传统的教学方式逐渐走向"做中学"的过程中，许多教师为了响应改革而刻意提倡"做中学"的目标是情感态度价值观，不再是知识。这种提法是偏颇的。

儿童是对人类历史的复演，是要在短暂的时间里恶补人类几千年来的历史沉淀下来的人类精华，而这些精华大都是以知识的形式传承了下来。而知识又是科学探究方法、科学兴趣和科学精神的载体，没有一个又一个的科学知识作为渡船，又如何到达科学精神的彼岸？科学知识是儿童在探究科学和掌握探究过程能力时可以利用的跳板。儿童正是在科学知识的不断探索演练中，唤起了人类祖先原初的探索本领——探究方

---

① 谢直树编：《在科学课中体会做的乐趣》，北京师范大学出版社 2005 年版，第 1 页。

法与探究的情感态度价值观的延续、升华与再习得。个体正是在儿童时期对自然进行科学探索，才可以强化自身对周围自然界的探索精神，使儿童内在的求知欲望燃烧得更为热烈，为将来进一步从事科学研究奠定坚实的基础。

把科学素养中的"知识领域"称作"载体"，比作"跳板""渡船"，仍是为了说明这个分目标的重要性。没有它，也就无所谓其他分目标的完成。但是，也正因为这个"载体"的作用，我们才不能把我们的重心仅仅放在知识层面上。

当今社会是一个知识大爆炸的时代。无论你掌握多少科学知识，总是不够的。在20世纪80年代，科学中约有超过50000个不同的研究领域，有超过120000种科学技术杂志正在发行，以报道当今已知的科学信息。据说，在1995年，知识量每5年翻一番，到2020年，世界的知识量每73天增长一倍。霍金（Stephen William Hawking，1942— ）1998年在白宫千年晚会上，也提到了类似的观点。他发表演讲时提到，如果科学知识仍以现在的发展速度增长的话，到2600年，"如果你将新书依次摆放的话，你要以每小时90英里的速度行走才能跟上新书出版的速度。当然，到那时，电子书籍可能将取代目前的纸质书籍。即使这样，如果科学知识仍按这种几何级数的速度增长的话，在我所研究的理论物理领域，每秒就有10页的信息增加，而人们根本来不及阅读这些内容。"

所以，授人以鱼，不如授人以渔。这里的"渔"指的就是科学方法和科学的情感、态度、价值观。对儿童进行科学教育，并不是把现成的科学知识告诉他，而是使儿童成为渴求了解世界的探索者和发现者。因此，我们不能把科学教育，或者是科学教学的每个课时看作是每个具体问题的解决，这些具体的问题其实只是一条"渡船"，这有可能仅仅是儿童一生所追求的伟大课题的肇始。

2. 科学探究领域

科学探究是科学方法的核心，它包括科学操作方法及科学的思维方法。科学方法方面的教学目标是指学习探索周围世界和学科学的方法，如观察、分类、测量、思考、表达交流和解决问题等，以及发展观察力、思维能力、创造力、动手能力和初步解决问题的能力。

耶稣说过最伟大的真理是："孩童嘴里出智慧。"[①] 这里肯定的是他们发现问题、提出问题以及提出假设、道出本质的能力。可以说，儿童的洞见和觉悟是成人无法比拟的。只是，方法往往不是处于人类基因的特异的、封闭的部分，而是处于未特化的、开放的部分，是人类通过与后天环境的相互作用而总结出来的一种文化的形式。这部分开放性的编码是人类不能遗传的。所以，儿童在出生时，并不知晓这些科学方法，需要教师通过让孩子在学习知识的过程中给孩子创设科学情景使儿童掌握这部分人类科学的精华。

科学过程要运用以下基本探究技能：观察、分类、交流、测量、预测、推断、识别与控制变量、形成与验证假设、解释数据、界定变量的操作定义、实验与建立模型。这些过程方法都需要通过大量的学习、练习来巩固和提高。

为什么不直接口授，而要通过创设情景，给孩子探索的氛围来使孩子掌握这些技能呢？这 12 种科学技能在儿童出生时并未随之而来，但是儿童的封闭的基因编码中却带有某些典型的动物的习性，这些习性是有助于儿童的学习的。只是在后天的成长中，这些天性被废置，而最终退化了。这些天性其实就是科学技能的生长点。比如，第一个科学过程——观察，其对应的科学技能及其生长点就是观察力，我们不得不承认，一个未经过任何观察力训练的儿童的观察力要远强于一个同样未经过任何观察力训练的成人。儿童的超强的观察能力被我们成人无知地叫作"大惊小怪"，而我们又自我开脱地称自身观察力的丧失为"司空见

---

① 刘晓东：《儿童精神哲学》，南京师范大学出版社 2003 年版，第 394 页。

惯"。实在是可笑，而且可悲。美国一家儿童博物馆的铭牌上刻着："听见的容易忘记，看见的容易记得，亲手做过的东西才真正理解。"很显然，我们的目标就是要让孩子理解，理解知识点，理解我们所使用的方法，理解"做中学"中我们渴望孩子接受的科学态度、科学情感以及科学的价值观。所以，让孩子"做"是最好的科学教育的途径。

3. 情感态度价值观领域

包括科学兴趣和科学精神。科学的情感、态度和价值观方面的教育目标，是指对科学活动兴趣爱好的培养，特别强调好奇进取、负责合作、客观虚心、细心、耐心、信心、自动自发、喜欢创造思考的态度的培养。

情感态度价值观领域是科学素养的核心因素。然而，在具体教学中，很多教师都习惯于强调并注重去实施知识目标、方法和技能目标，对情感态度目标关注不够，落实不够，多为形式化、表面化的。这一方面是受传统理念的作用和影响，另一方面也是由于知识目标和技能目标具有相应的明确性、基础性、实用性，易为人们注意，易于实施。而情感目标具有相对的隐含性、过程性、发展性、效益滞后性，所以不够引人注目，操作起来也不那么容易。①

科学兴趣是一种积极的心理倾向，这种心理倾向在这三个领域目标的要素中也是最容易达到的，因为儿童对于科学的兴趣本身就是与生俱来的。但同样也是很容易被摧毁的。教师在教学的过程中要尤其保护儿童的科学兴趣，因为这种兴趣是儿童"做科学"的起点。在2001年对全国12个省、市、自治区的小学生的科学素养的现状的调查研究中，研究者就发现，我国小学生对科学的兴趣是十分浓厚的，他们对世界，乃至宇宙的各种事物都充满了好奇，并且充满了想要了解或者探究的欲望。

科学精神是指个人对科学和技术的评价和态度。缺乏科学精神，不

---

① 谢直树编：《在科学课中体会做的乐趣》，华东师范大学2005年版，第1页。

敢怀疑，不敢尝试新知，不敢去验证的人，即使有再多的科学知识也是枉费，因为他不会用这些知识去解释社会现象，不敢将其应用于实际问题的解决，他也就无法真正地领悟科学的真谛。只有在运用基本科学知识的前提下，大胆怀疑、大胆假设、大胆验证、大胆发表观点，才能"站在巨人的肩膀上"看科学、看世界，超越前人，实现科学的意义。但是，我们不得不承认，在科学素养的所有要素中，科学精神的培养是最为困难的，这不只是指培养过程的难度，还包括评价方法等。科学精神的培养很难保证持久且升华——必须让儿童真正认同他所接触到的精神内容，并自觉地应用于自己的各方面的科学行为中去，科学精神才能得到内化，使其真正地成为一种精神，而非"形式"。在 2001 年小学生的科学素养的现状的调查研究中，我们同样也可以看到，我国小学生科学素养的总体水平不容乐观。在科学精神的投射分析中，样本总体的合格率只有 27.4%。也就是说，我们还要继续努力在幼儿园和小学提倡"做中学"科学的教学方法，改变原先重知识、轻技能，重概念、轻方法的传统教学模式，使科学方法、科学兴趣和科学精神的形成提升为我们科学教育的重点。

　　儿童是自然问题的发现者和解决者。儿童是最敢于提出问题，最善于对既成的结论进行质疑，最敢于用"荒诞"的方法进行验证，最敢于提出被成人不屑的个人观点的群体。但是，儿童也最容易相信成人的观点，服从于成人的权威。这种成人权威在 5000 年来的文化中已经积淀起来。我们的孩子在学校，在家里，在社会上，都被反复教导："要听大人的话"。这一听就了不得，听掉了儿童天生的质疑能力，听掉了天生的创造能力和敏锐的观察力。儿童是最接近于人类初始和动物习性的人生阶段。早在两千多年前，中国伟大的哲学家孔子就曾指出，成熟的有智慧的圣人的精神状态是与儿童一致的；一个人到达人生智慧和真趣的极致，便是"复归于婴孩"。这种一致的精神状态，其中一部分就是敢问、敢想、敢说的科学精神。

所以，我们"做中学"的教学方式应该是引导的，是"产婆式"的，而不是灌输的，把儿童原初的科学精神通过"产婆"的方式呈现出来，也就是科学精神的再次习得。这应该成为我们彻底地改变教学模式的起点。

二、对科学素养实施的反思

回顾科学素养理念的历程，不难发现科学素养在我国的发展遇到了一个大问题，我们必须对此进行必要的反思。在反思中，我们可以认识到以往的不足和未来的发展方向。

众所周知，目标有长期目标和短期目标之分，对于科学教育的主要目标——科学素养而言也不例外。长期目标考虑的是儿童长时间乃至一生的重要问题，而短期目标考虑的是当下或这一个短时间内的儿童的发展问题。无疑，两者都很重要。没有短期目标，长期目标只能是空想，没有长期目标，短期目标也将显得茫然，甚至失去了意义。所以，两者都不能偏废。但是，我们目前的科学素养标准更多的是急功近利地强调短期目标。这种课程目标的短视效应和教育目的的急功近利有关，过分强调"快出人才，出好人才"，只能以牺牲个人的全面发展为代价，造成一批"速成零件"。这些零件由于质量不过关，社会这台大机器虽然可以很快就可以组装出来，刚开始也许运行良好，但不久就会开始零件松动或损坏，这些零件经不起高强度的劳动。之后，这台大机器就需要不断维修，这笔维修的费用以及误工的成本加起来，甚至会远远超过当初造它的费用，也就是我们生产、组装这些零件的费用。这种"速成零件"的生产，最终一定会影响到社会的"人才结构"和人才的"素质结构"，也会导致社会财富的大量流失和无效使用。

对于人才来讲，其终身受用的绝不是知识、解题方法，而是各种能力、意识、观念和精神。虽然对于后者的培养往往是长期的、艰难的，并且对这些素质的确认也有一定困难，但这些都不应该成为培养儿童

"长期素养"的障碍。

第二节 "做中学"的理论基础

"做中学"不是突然从天而降的教学方法,它有着悠久的历史渊源。在这个过程中,许多教育家的理论都对"做中学"的发生和发展进行了佐证,是"做中学"蓬勃发展的基础,也是"做中学"得以实现的"卫士"。

一、杜威与"做中学"

美国教育家杜威早就提出"做中学"。他针对当时美国正规学校教育与实际社会生活相脱离的潜在危险,在前人的基础上,更系统地、更明确地提出了经验性学习的理论,主张以经验的生长和改造作为教育的基础。在杜威看来,教育应该以儿童的本能为基础,提供必要的环境刺激,促使儿童与生俱来的能力发展。其实,从学习论的角度来看,在杜威的理论中已经蕴含了建构主义的萌芽。他认为,儿童不断利用已有的经验解决问题,不断建构个人的经验世界。就这一点,我们就可以看出建构主义的端倪。

在原先的教育理念中,人们一般习惯于将获得知识环节与应用知识环节看作是两种完全分离的活动,在同一时间内,只能是非此即彼。学生首先获得知识,理解它,记忆它,而后才可能去应用这些知识,完成一定的任务。这种获得知识与应用知识的分离与哲学上的知行分野是联系在一起的。而杜威从新的意义上解释了知和行的关系,提出了"做中学"的思想,主张让学生从经验中通过解决问题来学习。

杜威的"做中学"思想折射出两个原型活动的影子,其一是手工艺活动,即我们现在幼儿园或小学的手工活动。其二就是科学研究活动,也就是我们科学教育中所进行的"做中学"。杜威非常推崇科学研究的思维方法和态度，坚信科学方法的社会价值。科学方法是适用于人类经验的所有领域的认识方式，科学态度和科学精神是民主社会的基础。这种科学研究活动的"做中学"较第一个原型活动——手工艺活动而言，更关注内在的、反思性的、富于理性的思维探究过程；关注如何通过活动生成观念性的而非物质性的成果，即学习者通过解决问题而形成的新理解、新思想、新观念；在学习结果上更关注概括性知识以及发现知识的方法、态度。[①]

在"做中学"的过程研究上，杜威也曾做出努力。杜威曾把科学方法分为五个阶段，与之对应，他提出了"思维五步"的教学活动过程，现在"做中学"的一般的五步程序就源于此。他认为，科学方法的五步是：设置疑难的情境；确定疑难的所在；提出解决疑难的各种假设；对这些假设进行推断；验证或修改假设。杜威指出，这五个步骤的顺序并不是固定的。而与此相对的思维教学五步是教师给儿童提供一个与现在的社会生活经验相联系的情境；使儿童有准备去应付在情境中产生的问题；使儿童产生对解决问题的思考和假设；儿童自己对解决问题的假设加以整理和排列；儿童通过应用来检验这些假设。这种教学过程在教育史上被称之为"教学五步"，它是指导我们"做中学"教学过程的一个重要依据。

二、建构主义学习理论

建构主义提倡以学习者为中心的基于问题式学习、协作探究学习，等等。这些都切合了"做中学"的特点，"做中学"就是基于问题的协作探究的过程。建构主义作为一种新的认识论和学习理论，在知识观、学习观和学生观上充分强调了学习的主动建构性、社会互动性和情境性。这也正是"做中学"学习方式的三大特点。

[①] 张建伟、孙燕青：《从"做中学"到建构主义——探究学习的理论轨迹》，《教育理论与实践》2006年第4期。

首先,"做中学"强调由儿童的兴趣出发提出要研究的问题,并且让儿童在以往经验和已有知识的基础上提出假设。这充分展示了儿童先前的知识、经验的重要性。建构主义强调要为学生提供自由探究的机会。他们认为,学生的学习是独自建构对世界的理解的过程,对于在这个过程中学生得出的各种各样的解释,我们不仅应当尊重,而且应该鼓励。因为只有这样,学生才能保持探索的热情,激发学习的动机,才能培养学生独立思考的能力、创造能力和创新意识。因为在建构式教学中,学生是自由的,他们可以在学习某一概念、现象或理论时大胆地提出自己的观点,与他人讨论这些观点,并动手实验检验这些观点。

其次,"做中学"十分强调团体的合作。在提出假设阶段教师要求儿童对彼此的假设提出质疑,在验证假设阶段要求团体合作,很少有单人实验。在实验结果记录阶段,也要求团体记录,把集体的观察实验结果经过团体的总结归纳反映在记录表上。在交流分享阶段,儿童把个人的科学结论贡献给集体,接受集体的检验,思想开始发生碰撞,以便科学生科学,拓宽"做"的意义,提高"做"的效率。斯卡达玛丽亚(Scardamalm)等人提出了知识建构共同体的理论,主张将学校改造为知识建构共同体,这是改变教育的社会形式从而从深层改变教育模式的一种途径。"做中学"在知识共同体的建构上走出了教育的第一步。建构主义非常重视在学习活动中学生之间的相互作用。在个体经验与团体经验的作用中,个体之间各抒己见,互通有无,不但会发展个体的经验世界,而且团体的经验世界也将得到进化。因此在科学学习中,有必要创造各种条件和学习情境促进学生之间的合作与交流。有学者强调:在科学学习中,学生之间以及教师之间一起讨论问题,形成科学概念或提出解决问题的途径,彼此的启发或思想的碰撞都是创新思维产生所不可或缺的。由此可见,促进学生的科学学习,不仅要重视学生个体的智力和非智力的活动,而且要关注个体与团体之间、个体与个体之间的相互作用。只有全面、系统地考虑、分析教学系统中的每一个个体,才能最大限度地提高教学与学习的效率。

最后，因为"做中学"主要针对的是 K—6 年级儿童的科学教育，根据这阶段儿童的认知特点，"做中学"的整个过程都充满了"情境性"。建构主义认为，在建构活动中，学生身处的学习情境与学生的认知结构是两个重要变量，良性的学习活动应该是这两个变量积极互动的过程。

真正的建构主义观点最早源于皮亚杰的有关理论。作为日内瓦学派的创始人，瑞士著名心理学家皮亚杰曾从认识的发生和发展这一角度对儿童心理进行了系统、深入的研究。他发展了发生认识论，他确信，学习最基本的原理是发现。在某种层面上来说，"做中学"的基本原理也是发现。"做中学"的教学方式显然是皮亚杰所提倡的。他承认，学生对知识理解具有主观性、相对性和差异性，他认为，"每一条真理都是由学生自己创造或至少是重新建构的"，"复制只是真理的一半"。

皮亚杰关于早期儿童学习的论述，对当代儿童教育有十分重要的启示。皮亚杰认为，儿童是学习的主体，儿童知识的获得是其与环境中的人和事物相互作用的结果，是儿童积极参与活动，不断建构认知结构的过程。皮亚杰十分重视主体在认识中的作用，把儿童看作是一个"独立的变量"，儿童通过自己的活动不断建构，形成智力的基本概念和思维形式。儿童是主动的学习者，真正的学习并不是由教师传授给儿童，而是出自儿童本身。

参照皮亚杰的这一核心概念，我们认为，在"做中学"的教学活动中，教师仅仅是儿童科学活动的促进者。在儿童有了探究的愿望时，教师要及时地觉察到儿童的这种愿望，及时地将这种偶发的科学兴趣转换成科学教育，使兴趣延续和深化。要尊重儿童的学习愿望，调动儿童学习的主动性。在"做中学"中，教师的作用是间接的，不能直接把某种现成的知识转交给儿童，而是作为观察者、引导者、材料的提供者引导、帮助儿童自己主动地自发学习。

布鲁纳主张"发现式"学习,希望学生能够像科学家一样进行探索性活动,并由此建构认知结构。就这一点来讲,他的确继承了杜威和皮亚杰的精华。

三、儿童文化的相关理论

儿童文化是儿童表现其天性的兴趣、需要、话语、活动、价值观念以及儿童群体共有的精神生活、物质生活的总和。儿童文化是儿童内隐的精神生活和外显的文化生活的集合。[①] 儿童文化自卢梭"发现儿童"之后便宣告与成人文化相脱离,但至今却依然鲜有人意识到它的存在。

儿童文化是演进着的,它的目的地是成人文化。近代科学是成人文化的组成部分之一,是成人在经过艰辛的对世界的探索之后所获得的思想的结晶。在成人文化与儿童文化相互作用之后,部分成人文化被儿童所吸收,而科学作为文化的一部分,成人科学也势必将被儿童科学所吸收,使儿童的科学逐渐成熟、理性,向近代科学逐渐迈进。那么,什么是两种科学相互作用最好的方式呢?当然是科学教育。

近代科学通过教育在儿童科学中寻找安身之所,它要寻找一种适合儿童的,不会被儿童科学所排斥的方式在儿童的文化中安营扎寨。不能为儿童所吸收的成人科学必然会在人类发展的历史进程中丢失。所以,成人科学一直在寻找一种最适合儿童的科学教育方式,以保证成人科学的安全。成人的科学要想成为儿童生命和生活中的内容,就必须与儿童的天性相符合,否则就不可能为儿童的生命所真正接受而成为儿童生命中充满生长力的成分。"做中学"无疑就是成人目前寻找到的最好的科学教育方式。它切合了儿童的特点,尤其是切合了儿童的文化。

儿童文化同原始人类文化从自然界的混沌未开中发生和演化一样,它是从自然层面上发生的,因而代表了文化中最本质、最核心、最基

[①] 刘晓东:《论儿童文化——兼论儿童文化与成人文化的互补互哺关系》,《华东师范大学学报(教育科学版)》2005年第6期。

础、最具活力的一面，这种文化与自然最为亲近，因而本真、淳朴。"做中学"便充分地运用了儿童文化的这种原初性。用古代人探索科学的方式让儿童在"动手做"的过程中，在短短十几年的时间内，重演人类几千年来对于科学的探索，这种重演不只是科学知识习得过程的重演，还包括科学方法的获得，乃至科学的情感态度价值观这一人类科学史的宝贵财富的重演。在这种与原始人类最为接近的文化的帮助下，儿童用科学探索的方法来学习科学成为可能，也成为最为适合儿童学习科学的一种学习方式。

四、陈鹤琴关于儿童四个基本心理特征的理论

陈鹤琴将儿童的心理特征归纳为四个主要方面，即所谓"四心"——好动心、模仿心、好奇心、游戏心。其目的是将儿童的研究与儿童的教育结合起来，揭示教育与儿童身心发展之间的关系。他认为，教育不仅仅是要尊重儿童身心发展规律，更重要的是，"四心"是儿童获取知识、发展技能技巧、培养创造力、适应社会的前提和基础。按照陈鹤琴的思路，教育从不顾儿童的"四心"到顺应"四心"直至强化、优化儿童的"四心"，其实就是教育从盲目走向科学的过程。

同样，我们认为，"四心"是幼儿学科学的特点，"四心"为儿童的发展提供了基础。如果说"好动心"是与儿童的感觉及冲动相联系，那么"好奇心"则是一种更高层次的心理倾向性，也是与生俱来的一种心理倾向，也是需要通过一定的训练来强化的一种能力。这种"好奇心"表现在对新事物与新经历的探求过程中。教师必须将激发幼儿学习好奇心，丰富幼儿生活经验和学习技能与方法作为科学教育的重要任务。其次，"四心"还是优化、改造儿童教育环境的根据。教师应该主动为儿童的科学活动准备好充足完备的科学材料，积极引导幼儿主动地与环境和材料相互作用，使幼儿在潜移默化中获得知识，增强能力。

第三节 "做中学"的基本程序

"做中学"十分强调活动过程要具备五个要素：设置问题情境、提出假设、动手操作、记录信息、分享交流。当然，这五个要素不是在每个科学活动中都必须依次出现的，教师可以根据自己的教学实际有所取舍和调换次序。

下面我们来看一个典型的"做中学"案例，通过案例我们来体会一下"做中学"的基本要素。

［案例］影子会消失吗？

师：同学们，我们以前在二年级学过关于影子的知识，影子是怎么出现的呢？

生：有光照到不透明的物体上，被挡住了，就出现影子。

师：那影子对我们的生活有哪些影响呢？

生：夏天大树的影子可以遮阳。

生：可以用影子玩手影游戏。

生：但有时候影子会挡住视线，让我们感觉不方便。

师：那如果我们需要光线，又不想让影子挡住视线的话，你会想到什么？

生：如果有办法让影子消失就好了。

师：那你觉得有没有办法让影子消失呢？

生：调整光照射的方向，或者让光从两边对射过来，也许能行！

师：想在课堂上研究一下这个问题，看看你们刚才想的方法对还是不对吗？

生：想。

师：那我们下一步该做什么？

生：做实验。

师：需要什么材料？

生：光和一种能产生影子的物体。

师：（出示材料）现在每组桌上都有一个易拉罐，我们用它作为产生影子的物体，用蜡烛作为光源。下面各小组来研究一下，到底能不能让影子消失。在做实验之前，注意先要把你们想到的方法画在记录表上，共同合作，进行实验，把实验中观察到的现象也记录好，如果第一种方法不行，可以多试几次。实验过程中一定要注意安全。

（学生讨论，实验，观察，记录）

师：成功的小组请举手，来介绍一下成功的经验。通过实验，你们发现了什么？

生：我们第一次是调整蜡烛的位置，但还是有影子；第二次我们在易拉罐周围点了两支蜡烛，影子小了一些，淡了一些；第三次我们点了四支蜡烛，影子更淡了；最后我们点了八支，影子就不见了。（出示记录表）

师：真能干！其他小组有没有补充？

生：我们不仅在易拉罐周围点了几支蜡烛，还在它上面也点了一支，影子就一点也看不见了。

师：同学们真会动脑筋。那你们通过刚才的研究，总结出成功的经验没有？请小组代表介绍一下。

生：我们发现只要让光从不同的角度照过来，把物体全部照亮，就不会有影子了。

师：其他小组的发现也是这样吗？

生：是的。

师：我们的小科学家们通过实验，发现了让影子消失的秘密。大科学家们也发现了这个原理，于是他们发明了一种特殊的灯叫作

"无影灯"。下面，就请大家来观察几种"无影灯"的照片，想一想它们和普通的灯有什么不同？（展示课件）

生：我发现无影灯有很多灯泡，可从不同角度照过去，这样能照亮物体的各个部位，就不会有影子了。

师：其他同学同意他的看法吗？

生：同意。

师：通过今天的研究，我们找到了让影子消失的方法，今后在生活中我们就可以运用这种方法来解决一些问题，也可以像今天这样去研究更多的科学问题。

附录：

实验记录表

实验名称：		实验时间：	年　月　日
实验次数	第一次	第二次	第三次
设计方案（图示）			
实验现象			
实验结论			

实验人：

一、"问"——设置问题情境

科学教育的实质是基于问题情景的探究活动，作为引领学生用科学探究的方式来学习科学的"做中学"教学也不例外。它的整个过程是问题驱动的过程，换句话说，整个活动是发现问题、提出问题、解决问题的动态过程。①

在"做中学"活动中,提问起着重要作用。它是了解儿童已知、集中儿童注意、引导儿童思考、把探究推向深入、让教学活动顺利开展的重要手段。在明白了提问的重要意义之后,我们要思考的是:什么问题是可以进行探究教学的呢?一个生物学家的童年故事或许会给我们些许启发。

英国生物学家威哥斯伏斯(V. B. Wigglesworth)曾深情地回忆起他幼年时候的往事:"我五岁时,获得了一生中最重要的科学发现,我把一只毛虫关在瓶子里,它吐丝作茧,几天后,在我仔细的惊奇的观察下竟出现了一只蝴蝶。"② 实际上,他的这个惊奇的发现是早就被别人发现了的,对于成人来说,已经算是"常识"。但是,正是这样的一个常识,被这位伟大的生物学家在回忆童年时被称作自己"一生中最重要的科学发现"。在我们看来,他的保幼激素的发现是人类生物学史上的重大发现,那才应该是他一生中最重要的科学发现。但是在这两者之间,威哥斯伏斯依然认为那个 5 岁时的发现远重要于保幼激素的发现。言语之间,我们可以看到这位伟大的生物学家对于儿童时那一事件永不消退的激动与惊异。

从这一事件我们可以看出,让孩子探究的科学不能用成人对于科学的视角去审视,我们在进行"做中学"科学教育之前,要先明白儿童的科学是什么?

儿童也有科学吗?儿童的科学和成人科学之间的区别就是肤浅和深奥之分吗?科学从其过程来看,主要有好奇、发问、观察以及根据观察结果对现象的解释等几个阶段。而儿童对周围的环境有一种天生的好奇

---

① 贺彩霞、王较过:《走出误区,使"做中学"形神兼备》,《四川教育学院学报》2005 年第 3 期。
② [美] Stanley L. Weinberg:《生物学:对生命本质的探讨》,复旦大学等译,人民教育出版社 1981 年版,第 313 页。

心。从儿童对周围的环境好奇、发问、观察并对现象进行解释,这一过程被称为儿童的科学。① 古代的科学和儿童的科学是颇为相似的,都充满着泛灵论的色彩。古代科学是近代科学的基础,所以,就重要性来说,原初的科学不轻于近代科学。儿童的科学当然亦是如此。依赖科学的科学教育,儿童的科学就有望在短短十几年的儿童期内重演古代科学的演化历程,并在精神领域内达到科学可以发展的近代形态,到这里,科学素养才可以宣告真正地得以实现。

"做中学"科学教育十分重视儿童的好奇心,教师在进行一个科学教育活动之前,总是让儿童亲身感受事物,亲自去观察,自己提出问题,然后再基于儿童自己提出的问题开展"做中学"。

在明白了提什么问题之后,我们又不得不继续追问,怎样才能提出大量高效的问题呢?这就要求教师要学会提问,掌握发问的技巧。对于"做中学"的发问技巧,国内外已有大量研究。具体针对"做中学"的发问技巧,这里将谈谈自己的认识:

第一个原则:多问少讲。

"做中学"主要是通过学生自主探究活动去获取知识和理解,而不是靠教师的满堂灌输和讲解答案,因此教师要少讲多问。但是教师在提问时,要问能激励学生探究和启发学生思考的关键性问题,不要问对探究教学没有帮助的问题。像"对不对""好不好""是不是"之类的问话要尽量避免。因为这类提问从根本上讲只能引起学生做出机械反应,而不需要经过真正的思考就能回答。

第二个原则:认真准备提问。

"做中学"从问题开始,以新问题结束,因此教师事先要有计划性地准备一系列问题。对于在什么阶段提什么样的问题,学生可能会做出什么样的回答,教师事先也要尽量有所考虑,而不能毫无防备,以致不

---

① 刘晓东:《儿童精神哲学》,南京师范大学2003年版,第116页。

知所措。在探究的不同阶段,提问都相应有不同要求,如在形成问题阶段,避免所提问题过于高深,以致学生对问题的主旨缺乏认识,抓不住头绪。

第三个原则:提问要能引导学习方向,给学生安全感。

教师在观摩同行教学时常有这样的情况:不但自己不知道上课教师在说什么,学生也不懂教师要教什么,听者完全迷失了方向。就"做中学"而言,出现这种情况的原因在于教师没有提出关键性问题,学生不明确预期的学习目标,不能解决要探究的问题,所以听课时会感到迷失,不知所以。在这种情况下,学生会产生心理压力,不知道上课时该怎么做,从而缺乏安全感。因此"做中学"时教师应该通过提问提示学习方向,最好一开始就让学生明白预期的教学目标以及学生自己要做的工作,使学生从教师的提问中辨别和把握学习方向。

第四个原则:提问要有弹性。

教学时教师若发现不能按照预定的问题问下去,就要改变提问的语气、内容和方式。也许教师事先觉得某个问题很好,可是实际问过之后,学生并没有做出什么反应,这个问题是否需要加以修改就值得考虑。当然教师也会发现有些学生只是附和别人。这时教师不一定要从举手的多少或反应的强弱来判断学生会不会或是否真的了解等,也可以观察学生的眼神,学生的眼神会给教师提供可靠的信息。

在案例"影子会消失吗"中,为了能够引起学生的探究兴趣,这位教师以提问的方式导入,通过一系列的问题让学生自己对生活中常见现象进行分析,引发学生思考,从而提出"影子会消失吗"这一问题,调动起学生的探究兴趣。这是值得我们好好揣摩的一个经典案例。

二、"猜"——提出假设

提出问题以后,让儿童猜想可能出现的结果,或者对现象提出可能的原因。这样做可以引导儿童在动手之前先动脑,增强其行动的计划性和指向性，也方便教师明确儿童的已知和未知，提高教学的效率。

带着问题与假设进入"做中学"的动手操作环节，会让儿童更有兴趣，会更有效地激起他们求真的向往。先假设，再动手做，会把我们最初提出的问题更加具体化和充满针对性，不会让儿童动手操作时无所适从。蒙台梭利（Maria Montessori）在其讲演中多次指出，儿童是小小的"探索者"，是"上帝的密探"；苏霍姆林斯基（В. А. Сухомлинский）也认为，儿童的问题具有"哲理性"，他明确指出：儿童就其天性来讲，是富有探索精神的探索者，是世界的发现者。既然儿童已天生具有"探索者"的素质，我们科学教育要做的便是将这些"探索家"对世界万物的无限的惊奇聚焦起来，提出具体的问题，并针对具体问题提出具体的假设。这样才能将这种探索的精神和能力引向深入。

这个阶段的进行，面对儿童要比面对成人要容易得多。为什么呢？因为假设是基于对世界的不确定或多种认识。对于孩子而言，世上的种种事情都是新鲜而令人惊奇的。对于大人们则不然。大多数成人把这世界当成一种理所当然的存在。世界对于成人来说太过确定了，任何事物似乎都有统一的"科学"答案。实际上，科学也并不是确定的，某些科学结论不过只是若干结论中最先被人类所发现的那个而已。与成人相比，小孩子应该比较可能成为好科学家，因为他们完全没有任何先入为主的观念。正是这种"先入为主的观念"限制了成人的科学精神的生长。当你要成人对所提问题提出假设时，他会直接提供"科学结论"，但是对于科学结论的来历却不加追究，为什么呢？怎么来的呢？成人都一无所知。一无所知你还敢说得那么绝对吗？就算科学家说那是对的，因为这里有许多许多的科学过程作为佐证，那么，你怎么确定在未知的科学领域内就没有还未被人类发现的科学结论呢？成人就是这样，太多的结论拥挤在脑中，思维已经没有了驰骋的空间。而儿童就不一样，人生阅历单一给他们带来了福音，让他们保存了十分宝贵的能力——思维完全可以也能够像一匹脱缰的野马，对于任何问题提出任何的假设。不要对那些看似荒诞的假设嗤之以鼻，一个伟大的科学领域的诞生可能就会在你的不屑中夭折了。社会就需要赤脚的苏格拉底，提出看似简单的问题，提出看似荒诞的假设，让成人来重新思考那些看似理所当然的一切。

三、"做"——动手操作

动手操作是儿童通过实验来证明自己原先的猜想或假设，是把计划付诸实践的过程。儿童或教师根据活动内容，自己或由教师安排组成小组，设计实验步骤、选取实验器材和材料、设计记录表格、动手操作、不断调整，并最终完成实验。这个过程是"做中学"的主要环节。经过长期的从小的这种科学探索的锻炼，对于儿童合作能力、动手能力以及思维能力，都是很大的提高。

教师要特别注意的是，最终完成实验并不是一定要成功地完成实验，实验失败是十分正常的。尤其在儿童年龄比较小的情况下，这种情况出现的最主要的原因是：儿童的探究能力十分有限。"做中学"的动手做的过程是一个综合运用科学方法的能力，探究技能有观察、分类、假设、实验、推理等，这些技能对于儿童来说，不可能都已经具备，就算多少具备一些，也不可能掌握地极其完备，否则我们科学教育也就失去了存在的意义了。在这种情况下，让儿童综合运用探究的能力和方法是很有困难的，这也就导致儿童对变量的把握容易失误。实验过程中，变量的把握是关键，是实验准确与否，成功与否的决定因素。儿童容易使变量失控，也就容易失去对实验过程的控制，最终也就容易导致实验失败。

在某种意义上来说，失败的实验也可以说是成功的。因为失败的"做中学"过程的意义在于加深了儿童对于科学本质的认识，给儿童提供了新的思考线索，同时，这种失败的经验也有助于教师及时调整"做中学"的教学策略。在这个过程中，儿童和教师的收获是另一个角度的。因为有收获，所以我们就可以称之为是成功的。失败是成功之母。

这一真理在探究学习中体现得尤其深刻，许多人在通过动手操作达到正确的结论之前，也经常走了诸多弯路或步入歧途，抛弃了多个被证伪的猜想或假设，是在犯错误和纠正错误的过程中前进，而最终到达成功的彼岸。

在自然的进化史中，总是存在优胜劣汰的准则。我们人类自身的发展也是如此。儿童作为人类的新生代，封闭基因里存在的都是人类优越的基因成分。自然进化没有要求将人类完全把握我们外在的自然世界作为人类生存和发展的必要条件，所以，自然进化也就自然不会造就出"全能的上帝"那样的人类。既然无法全能，也就得原谅没有发展完全的那部分能力。在开放的基因编码中尽可能地通过教育去完成这部分能力的发展。失败的"做中学"经验不过也只是教育发展这部分未发育完全的能力的另一种形式而已。

四、"记"——记录信息

实验记录是对儿童科学能力、科学习惯历练的环节。在"做中学"科学理念的指导下，教师在教学活动过程中，要让儿童逐步学会用图形、数字、表格的形式来记录实验信息。这里要注意实验记录是在整个"做中学"的教学活动过程中进行的，现在的"做中学"课堂中，许多教师机械地将这个环节作为专门的一个环节来实施，在动手操作完成后，再让儿童集中记录实验数据，致使出现整个小组同学围着记录员记录的情形，而且这样的记录方式也容易造成实验记录的不准确，对于幼儿园和小学低年级的儿童尤其如此。

我们认为这个阶段不应是专门安排的，而是应贯穿在整个"做中学"活动过程中。如果把整个活动比喻成动物的整个身体，这个阶段应属于"脊椎"，而非"尾巴"，真正的"尾巴"部分应是"交流分享阶段"。一份完整的实验记录表，应包含以下几个部分：最初的猜想假设、实验步骤、实验条件、实验结果以及经过大家交流讨论之后提炼的结论。科学的实验不仅仅是得到实验结果，实验步骤、过程乃至实验条件都是很重要的。科学实验的一个条件就是可重复性，没有实验过程和条件的准确记录，实验的可重复性就很难做到。

教师应引导儿童在"做"的过程中也进行记录，并且在"实验记录表"的设计上也要注意这个问题，对实验过程的记录提出要求。记录什么内容，在什么时候记录等内容都应明确地在记录表上有所体现，或者在实验过程中注意语言的引导。这种实验过程的记录和实验结果的记录同等重要，要让孩子充分地对其重视，只有这样做，才能让孩子养成良好的记录习惯，良好的科学习惯，以及更高的科学素养。

"做中学"一直提倡的是个性化的记录方式，记录不只是文字叙述一种形式，图画、图表、简图、示意图甚至符号等都可以用来记录。这种记录方式的多样化更能激发起儿童的兴趣，锻炼儿童的发散思维和表达能力。对于低年龄的儿童，这样的多样记录方式无疑是给了他们一种尊重，文字叙述的方式对他们而言实在是太过强人所难，即使是已经会写的小学低年级儿童，文字叙述这种单一的记录方式也会限制其思维，使其思维跟着他所能表述出来的内容前进。

教师在观察儿童实验记录时，要对儿童的记录进行提问，询问记录的是什么，促使儿童能够有条不紊地将实验记录上的符号表述出来，并能根据自己的实验记录情况总结出一定的科学结论。

在科学活动之后，教师往往将这些实验记录扔掉了，等于扔掉十分宝贵的财富。我们可以将这些实验记录作为区角活动区的环境创设布置成墙饰，也可以将其装订成班级的科学活动展示册作为这一主题活动的成果之一来向家长等进行展示，这本展示册同时也增加了儿童的成就感，同时，这些实验记录也可以作为儿童成长记录的一部分放入儿童的成长档案袋中。这种形成的实验记录不但是儿童学习科学的记录，也是儿童成长的记录。教师可以从实验记录表中看出，儿童当时的绘画水平，对物体的观察力水平，对科学现象的认知、探索水平等。另外，教师也可以将每个儿童一段时间的科学实验记录的资料分别装订或收集起来，作为教师对自己的"做中学"教学的反思素材之一，也可以成为自己的研究素材之一。

五、"享"——交流分享

交流分享的目的是为了提升科学学习质量。儿童在实验的过程中，不仅要自己动手操作，自己验证假设，自己得出结论，还要能够用准确的、恰当的语言进行表述，与同伴交流获得的经验。在这个环节中，不只是加深了儿童对于研究本身的认识，同时也使他们学会了相互交流与分享经验、相互尊重与合作。这一环节是必要的，也是重要的，但是也是最容易被我们教师所忽略的，经常是为了"做中学"的完整性而交流分享，简短且没有质量，完全没有意识到这一环节的重要性。

"做中学"本身是模仿科学家探究的程序而设计的，我们注意到，科学研究活动不是单个科学家在实验室中完成的认知发现，而是科学家作为一个科学共同体共同推进科学知识的不断进化，它是一种社会建构过程。每个研究者都在其他研究者的成果的基础上展开自己的研究，在科学共同体之中发表自己的思想，接受同行的评议。这个环节在"做中学"教学中就是"交流分享"阶段。"做中学"模仿"科学探究"，这里也得模仿得像样才是。不能虎头蛇尾，学得四不像了。

在这个教室里的"科学共同体"中，教师也是其中的一分子。但是教师们却往往忽略了这一点。交流分享不仅是生生之间的，也应该是师生之间的。当然，教师的交流内容一般也是预设的，其目的主要是为了沿着整堂课的探究思路，适当地拓展探究的深度。比如我们在前面举的案例：在生生交流自己小组的实验之后，教师适时地给学生介绍"无影灯"，这也是一种交流分享过程，让学生的实验和科学家的发明接轨，将本堂课的实验上升到了一个新的高度。也为学生课后，乃至未来对影子的探究兴趣打下了基础。

交流分享的形式有很多，可以小组交流，也可以全班交流。这是用知识来建构共同体的过程。对于低年龄段的儿童，全班交流会是一个更好的选择。因为小组交流不便于教师控制儿童交流的内容，本来低年龄段的儿童的思维就是极其发散的，如果教师不控制整个交流的路线，儿童很容易就偏离了交流的主题，而使"做中学"科学教育的交流失去了它的意义。全班交流的一个好处在于，将思维扩散的倍数增加了，一个小组的成员之间对于一个实验的交流内容很有可能是相似的，这种交流不容易碰撞出思维的火花，其交流效率自然就会降低。

这个环节对于儿童个体精神的成长起到了一定的促进作用。人类精神成长既有一个由内向外表达的过程，又有一个由外向内浸染的过程，也就是内化的过程。这个过程完全可以通过交流分享来实现。儿童将在"做中学"中的发现表达出来，这时，知识已经不再属于个人，不再局限于儿童的大脑之中，而成为班级这个知识共同体中的一个客观知识，摆在大家面前，接受知识共同体的检验，有可能被大家接受，丰富了自己的知识建构体系，培养了接纳不同意见的能力。也可能这个客观知识不被大家接受，在批判与反驳的过程中，产生新的想法和思想，同样也丰富了自己的知识体系，锻炼了批判和反思的能力。

第四节　"做中学"的应用要求

一、多种科学教育方法综合运用

"做中学"是目前针对低年龄段儿童来说最好的科学教育的方式。《科学课程标准》中也提到探究是科学课程实施的主要方法，但要注意的是，探究并不是唯一的方法。只使用"做中学"来进行科学教育，弊端是不言而喻的。在提倡"做中学"的过程中，似乎不自觉地将传统的科学教育方式——接受式学习与探究式学习对立起来了。其实两者并不矛盾。美国心理学家奥苏伯尔（David Ausubel）根据学习过程的不同，把学习分为接受学习和发现学习。根据学习形式的不同，把学习分为机械学习和有意义学习，并且指出，无论是接受学习还是发现学习都可能是机械的或是有意义的。这一观点对于我们的启示是，不能简单地对传统的接受式学习进行一味的否定。一些概念、法则、规则等陈述性、事实性的科学知识，是科学家建立的科学体系中的合理的人为规定，放手让儿童自主探究，一是没有必要，二是儿童的探究水平有限，根本无法进行这个知识的探究，这样做只能是浪费时间。

具体选择哪种方式来进行科学教育，要根据具体的科学知识而定，判断一个活动是不是适合儿童进行"做中学"的科学探究活动，到目前为止，还没有具体的评价指标，但教师在选择时可以思考以下几个方向性的问题：①

- 能清楚地描述活动所蕴含的科学概念吗？
- 这些概念适合幼儿学习吗？
- 这些概念能通过一系列由浅入深的探究活动获得吗？
- 幼儿最终获得了哪些方面的新发展？

以上这些问题，是中、法科学家在不同场合经常向教师追问的问题。对这些问题的思考和回答有助于加深我们对"做中学"科学探究活动的理解。

但是，值得我们注意的是，并不是所有适合"做中学"的问题都应该"做中学"，一般一个学期只进行1—2个主题探究活动。比如幼儿园中的"做中学"活动：《蜗牛》。它的教学一般是从3月一直持续到7月，也刚好是一个学期。在这个过程中，幼儿会提出很多关于蜗牛的问题，这些问题并不是都适于使用探究教学的。这时教师就可以采用其他科学教育方法跟幼儿直接分享答案。况且，儿童的科学课在整个教

---

① 刘占兰：《如何进行"做中学"案例研究》，《幼儿教育》2004年第6期。

学的课时安排上是很少的，一般一周只有1—2个课时来进行科学教育活动，这个时间只能供1—2个主题探究的时间安排，而且，如果所有问题都来"做中学"，实在是不符合教育经济性原则。

其实，针对K—6年级的儿童的科学教育方法还有很多，比如观察法、科学游戏、信息交流、科学阅读等。

观察的方法是指教师有目的、有计划地组织和启发幼儿运用多种感官，去感知客观世界的事物与现象，使之获得具体的印象，并在此基础上逐步形成概念的一种方法。观察法实际上是在科学教育中运用得最多的一个方法。比如小班儿童在认识小狗的时候，教师让小朋友在教室里围坐成一圈然后将一只关在笼子里的小狗放在教室的中间，教师让孩子通过各种感官来观察小狗的外形和习性等，然后又让儿童在生活中继续运用观察法观察其他的小动物。这便是科学教育中观察法的运用。

科学游戏是指运用自然物质材料和有关的图片、玩具等物品进行带有游戏性质的操作活动，是对幼儿进行科学教育的一种有效的方法。科学游戏主要是使幼儿在轻松愉快的游戏活动中丰富科学经验，还可以复习巩固已获得的知识，更可以激发幼儿对科学现象的兴趣和欲望，发展幼儿的观察力和思维力等。例如"奇妙的口袋"的科学游戏活动。教师拿出装了一些幼儿常见物品的口袋，比如水彩笔、蜡笔、玩具等。让儿童将手伸进袋子里，通过手的触觉和已有经验，根据感觉到的物体属性，判断物体是什么。这是通过实物来进行科学游戏的方法。科学游戏的方式多种多样，除了利用实物进行游戏外，还可以利用图片和科学玩具进行游戏，还有口头游戏、情景游戏等。

另外，信息交流、科学阅读等也都是进行科学教育的有效的方法。我们不能过分夸大了探究式教学的功能和适用范围而忽略了这些教学方法的应用。所有的科学知识都用一种方法来进行传授，是不科学的，也是低效的，并且会消磨儿童对于科学、对于"做中学"的热情，反而适得其反了。

二、教师在"做中学"中要发挥引导作用

尽管探究应由儿童自主进行,但它的成功与教师的努力密不可分。教师必须具备鼓励和引导儿童成功开展探究学习的某些态度与技能。

首先,教师必须支持"做中学",必须深信在课堂上创造民主的课堂气氛的重要意义,允许儿童大胆发表意见、看法,鼓励儿童自由交流。往往有这样的情况:面对儿童的意外问题,由于教师自己也是"胸中无数",于是索性抛开事先的教学预设,建议儿童想办法自己解决问题,结果课堂气氛异常活跃,儿童思维相当敏锐,反而取得意想不到的理想效果。新课改涌现出许多这类案例,这从另一方面说明,相信儿童,鼓励支持儿童自主探究很有必要。

其次,要促使儿童的探究成功,教师必须具备抽象思维能力即皮亚杰所说的形式思维能力,深刻理解要"做中学"的内容,了解儿童的思维发展水平。只有这样,教师才能选择和设计那些既符合学科内容要求,又适合儿童思维发展水平的探究活动,并引导儿童在"做中学"中发展思维。因此,在成功的"做中学"课堂上,当儿童从事各种探究活动时,教师要仔细观察儿童的操作活动,耐心倾听儿童的表达与交流,敏感判断儿童存在的困难与障碍,及时调整"做中学"教学策略。

为促进儿童的探究学习成功,我们建议教师采取如下教学行为:

1. 多提开放性或发散性问题,使用诸如"你们想研究哪些问题""你们有哪些想法""如果某种情况发生,你们认为会出现什么情况"。

2. 在提出问题之后,给儿童充分的思考时间,而不是急于要他们回答。

3. 对儿童的回答作回应时,教师宜重复或重述儿童的表达,而不是做出表扬或批评,以免儿童从中得到某种暗示或偏向,从而鼓励儿童养成独立思考的习惯,而不是从教师那里寻找答案或证明。

4. 制订诸如提问、答问、分组、交流等课堂活动常规,维持课堂

纪律。

"做中学"教学过程的一个突出特点是开放性和生成性。对许多教师来说，探究活动多种多样，课堂情境复杂多变，管理起来非常麻烦。从实际来看，探究的确比讲授容易引起混乱，很多教师为课堂纪律恼火，甚至出现难以收拾的局面。我们认为，探究不同于讲授，它的管理一方面需要教师树立新的课堂纪律观，改变习惯的"静听"课堂，逐步适应新型的"活动"课堂；另一方面也要认识到，探究过程中的生成不是盲目的，儿童的自主不等于放任自流，仍需要教师的计划和指导。因此，为减少课堂混乱，教师应加强课前的准备与安排，课中的引导和调控，以使自主有法，生成有序。这里要特别强调的是，越是强调生成，越要加强计划，做到"精彩产生预设"。

三、把握"做中学"过程中的重点和难点

在"做中学"的教学过程中，教师常常会有这样的感慨：我们拿着教学参考书来设计教学，但是参考书上面编写者所设计和安排的活动过多，和实际教学中的时间安排形成了矛盾，教师根本无法在有限的时间内完成那么多的活动，达到既定的教学目标。

的确，科学课课程标准上对科学课的教学目标进行了三维划分，但是，我们必须意识到，这三个层次的目标在重要性上并不是平行的，也是有所侧重的。反映在教学过程中就是，我们的教学内容和教学活动也应该有所侧重。在"做中学"教案设计中，"做中学"的主题活动常常被划分为主要活动、一般活动，或者是重点活动、辅助活动、扩展活动等。也就是说，这些活动虽然都是围绕一个主题活动展开的，但是在其价值和作用上来说，也是各有差异的。但是这些活动也是相对而言的，教师可以根据你班上儿童的经验情况、兴趣情况而定，根据你们将要探究的主题的目标而定，同时，还要考虑主题之下每个具体活动的价值和作用，确定哪个活动对儿童而言是最有价值的。经过这几个步骤的分

析，教师自己就可以对教参上的主题活动设计进行划分，哪些是在班上进行集中教学的，哪些是可以作为亲子互动的活动，哪些是可以在游戏活动时进行的，哪些是可以和美术教育、语言教育等课程结合的。经过这样的一系列分析，教师就会发现，有限的时间完全可以用在最有价值的问题探究上，而其他的活动也找到了自己很好的时间和空间上的归属点和生长点，这样一来，教学目标和教学任务的完成也就不在话下了。为方便教师进一步认识这个问题，这里再举例说明。

［案例］奇妙的指纹[①]

课堂实录：

1. 取指纹

师：要研究指纹，就要先取指纹。人们在生活中常用什么方法取指纹？

生：用手指蘸印泥在纸上压。

生：用胶带也可以取指纹。

师：今天我们就用印泥来取指纹好吗？

生：好。

师：请同学们看看这张指纹，再看看自己的手，观察指纹在哪里？是什么样的？

生：在手指的第一指节上。

生：指纹是一圈一圈的，有的中间呈螺旋形。

师：手的指纹在我们每个手指的第一个指节上，它上面一道道的纹路就是我们要研究的指纹。

师：谁愿意来试一试怎样取指纹？（请一位同学上台）大家仔细看他是怎样取指纹的？他取的指纹怎么样？

---

① 谢直树编：《在科学课中体会做的乐趣》，北京师范大学出版社2005年版，第29页。

（让这位同学反复取指纹，每取一次就和学生探讨取得好不好？应该如何改进？直到取到既完整又清晰的指纹。）

师：我们的学习就应该像这样，在实践中不断总结，我们就会慢慢走向成功。

师：你们都想试一试吗？

生：想。

师：教师给每小组发一张纸，纸有四份，每个同学用一份，取得指纹后，体会并交流：怎样才能取出既清晰又完整的指纹？

（学生分组活动，并展示、评价作品：让做得好的介绍取的技巧。让做得差的说说没取好的原因。）

2. 观察比较指纹投影并讲解表格的填法。

取完指纹后：

横着比较同一个人的指纹，看看有什么发现？

竖着比较不同人的指纹，看看有什么发现？

最后，再仔细看看还有没有其他发现？

（学生分组活动，教师巡视。巡视时，可让学生把发现指纹的不同形状画出来。）

师：通过观察比较，你们发现了什么？请上台展示自己的记录表，并且讲述。

生：我们横着比较发现：同一个人不同手指的指纹不同。

师：其他组也发现这一点了吗？（学生点头认同）

生：我们竖着比较发现：不同人的同一根手指的指纹也不同。

师：其他组的发现与这个小组一样吗？（学生点头认同）由此我们发现，指纹的奇妙之处在于每个人的指纹都不一样，世界上没有完全相同的两个指纹。

生：我们发现指纹的纹形不同。

师：你们能上来画出指纹的不同形状吗？（学生上台画）

师：（根据学生画出的纹形）我们给不同形状的指纹取个名字好吗？

生：山形、螺旋形……

师：（指出黑板上的图形讲述）我们通常称这种形状的指纹为箕形，这是螺形，这是弓形。

师：有其他的发现吗？

生：有些指纹上有裂纹。

生：我们发现指纹的中心所在位置不同。

师：同学们真能干！发现了指纹这么多特征。科学家也对指纹进行了深入的研究，还发现，一个人的指纹终身不变。

师：现在同学们知道为什么用指纹可以破案了吗？

破案游戏

课后延伸

[分析]

《奇妙的指纹》是教科版《科学》三年级上册中的一课。

在教材中，这一课的设计本来是：先用多种办法取指纹，再通过取到的指纹探索研究指纹的特点，最后明白指纹的实际用处。其教学的重点是"多种方法取指纹"。而且教材编写者也为这一主题活动设计了许多的教学内容。除小组的指纹记录外，还有自己不同年龄的指纹记录，家庭成员（爸爸、妈妈和自己）的指纹记录。可以说，这一课的教学内容是非常多的。但是，在实际的操作中，我们可以看到，这位教师是对教材进行了一系列分析之后，对教材原有设计进行了加工。

首先，这位教师分析教学目标。这个主题活动的教学目标在于：

激发学生对指纹的研究兴趣；

训练学生掌握取指纹的方法和技巧；

培养学生对事物进行细致观察的能力；

认识指纹的特性和对它的运用。

这些目的之间是相互依存的，分析之后可以发现，第二点目标是其他三点目标实现的基础。要取到完整且清晰的指纹，其他三点目标才有了实现的基础，但是鉴于三年级学生的操作能力有限，再结合其他班的上课经验可以发现，取到完整且清晰的指纹对于三年级学生来讲并非易事，所以我们可以根据其重要性和难度来讲"取指纹"的部分确定为本课的难点。而我们仔细分析目标后又会发现，第一、第三、第四个目标都是要求在"观察比较指纹"环节中实现的，所以，本课的重点是"观察比较指纹"。那么，教材中要求在课堂上让学生尝试"让学生探究多种方法来取指纹"既不现实，也不合理。于是，这位教师将本课的重点确认为"观察比较指纹，发现指纹的特点"。所以，他将"多种方法取指纹"作为课外延伸活动布置给学生，作为课后让学生继续探究活动的手段。在教材中，编写者还另外设计了两个活动：记录自己不同年龄段的指纹，记录家庭成员的指纹，并且比较观察分析其中的异同。这两个活动由于也是学生很感兴趣的活动，所以这位教师并没有将其删减掉，而是将已经设计好的另外两个记录表发给学生，作为家庭作业布置给学生。这是一个非常有趣的家庭作业，学生一定会积极并高效地完成。

通过这样的改变，学生在有效的课堂学习时间里高效活动，达到了既定的教学目标。这种设计充分体现了教学目标落实到具体课文时的侧重和相互关联的原则。

四、选用生活材料开展"做中学"

在实践中，我们常听到科学教师有这样的抱怨："做中学"确实不好上，因为教学所需的材料实在太多了，准备起来费时间还是小事，就是好多材料费了时间也找不到。因为现在学校配备的实验器材很多都是以前传统的科学教育所需的器材，而"做中学"的器材却少之又少。而一旦材料缺乏，"做中学"就根本无法开展。可喜的是，通过这个抱怨，我们发现，教师们都很明白材料对于"做中学"的重要性。那么，我们如何来改变这个"做中学"科学教育的瓶颈问题呢？什么办法可以让教师既省时又省钱地来开展"做中学"呢？

其实，生活材料是开展"做中学"的最佳的选择。这就需要教师做一个有心人，平时善于积累一些生活材料，这样，在教学需要的时候才容易想到和收集到这些生活材料。在这一点上，幼儿园教师做得相对比较好。因为对于他们，这些生活材料除了用于教学，大部分还会用于幼儿园的环境创设之中。

教师应该爱护学生探究科学的兴趣，关注学生的学习需求，认真研究教材上的教学目标和实质，分析所设计的材料的特点、要求和作用，如果学校无法提供合适的材料，那么我们就放眼于生活中，寻找生活中可以替代的物品。当然，这些物品不一定是拿来就可以用，有的可以直接用，有的必须通过一定的改造、组合等。我相信，这样一定可以在一定程度上解决教师的材料难找的问题。

但是，这个寻找生活中的材料的能力不是一朝一夕就能形成的，并且，发现生活材料的能力要建立在分析教材所要求的实验材料的特点、要求和作用的能力上。只有明白了所需材料的实质，才能在生活中准确地找到最好的替代品。如果教师是一个有心人，就会发现，在生活中，能找到的可以替代的材料是有很多的。但是，不是所有材料都是最好的。教师要经过筛选，那么筛选的原则是什么呢？

"做中学"十分提倡科学教育材料的生活性、趣味性和安全性。既然是生活中选取出来的材料，那么生活性自然不在话下；而趣味性也主要取决于教师的使用方法上；只有安全性，是我们在选取生活材料时，必须考虑的首要因素。通过对教材中所要求的实验材料的实质分析之后，我们找到一些可以进行替代的生活材料，然后选择其中最安全的，也最易于教师发挥教学趣味性的材料。

[案例] 二氧化碳[1]

一、教学设计方案

(一) 教学目标

科学探究方面

通过观察、发现并提出关于二氧化碳的问题；能通过观察、实验等活动探究汽水中的二氧化碳；能通过实验现象自行归纳概括出二氧化碳的性质。

情感态度与价值观方面

知道人体吸入过量的碳酸水会产生不良后果，养成健康的饮水习惯；知道科学技术能为生活服务，能提高生活质量。

科学知识方面

知道汽水中含有大量的二氧化碳；会用气球收集汽水中的二氧化碳，并初步了解二氧化碳的基本性质——二氧化碳是无色透明的气体，比空气重、不支持燃烧、能使澄清石灰水变混浊；了解二氧化碳的用途；了解汽水的生产过程。

(二) 教学重难点

重点是引导学生通过自主的探究活动，认识二氧化碳的基本性质。

难点是指导学生掌握收集汽水中的二氧化碳和探究二氧化碳性质的实验技能。

二、教学准备

集气瓶、玻璃杯、针管、吸管、汽水、气球、火柴、蜡烛、澄清石灰水等。

三、教学过程：

---

[1] 谢直树：《在科学课中体会做的乐趣》，北京师范大学出版社2005年版，第55页。

教学过程	教师活动	学生活动	设计意图
发现并提出问题	问题： 夏天最爱喝什么饮料？为什么？ 汽水中冒出的泡是什么气体（查看产品说明）？ 关于二氧化碳你知道些什么？你还想知道什么？	思考并回答问题，观察产品说明，了解汽水中含有二氧化碳。	创设情境，调动学生兴趣，展开思考与想象，为后面的研究做准备。
收集汽水中的二氧化碳；研究二氧化碳的基本性质	1. 怎样把汽水中的二氧化碳收集起来研究？用气球来收集要注意什么？分组讨论。（阅读提示卡）2. 怎样观察收集来的二氧化碳？怎样放入集气瓶中？（分组观察）3. 演示二氧化碳比空气重、能灭火的实验二氧化碳还有什么性质？再收集一些分别放入清水和澄清石灰水中，观察有什么现象。小结二氧化碳的基本性质生活中哪里还有二氧化碳？怎样证明人体呼出的气体中有二氧化碳？	分组讨论 实验、观察、思考 分组实验：二氧化碳能灭火 观察、思考	学习制定简单的探究方案通过观察、实验等活动初步认识二氧化碳的基本性质，在已有知识经验和现有信息的基础上，通过简单的思维加工做出自己的解释或结论
了解二氧化碳的用途，拓展认识空间	1. 二氧化碳在生活中有什么用途？2. 你能自制一瓶汽水吗？试一试。3. 录像、汽水、啤酒的生产过程。4. 常饮汽水好吗？5. 总结。	试制汽水 观看录像 思考	运用今天学习的知识解决新问题。知道科学能解释生活中的许多奥秘，还有许多知识等待我们去探索。如：二氧化碳能溶于水等。了解汽水的生产过程，进一步认识汽水中的二氧化碳。知道生产汽水并不容易。

[分析]

在选用实验材料上，过去的《自然》教材选用稀盐酸、石灰石进行反应生成二氧化碳，效果很好，但是供小学生操作的话，安全性就值得质疑。后来，新的科学教材用醋和小苏打进行反应生成二氧化碳，虽然比较安全，但是实验效果又不明显。

在本课的设计中，这位教师结合了美国教材"汽水——二氧化碳给我们带来的惊喜"的教学设计，大胆设计出从汽水中提取二氧化碳的实验方法，这样既保证了安全性，又保证了实验效果。

这样做的好处在于：增加了科学教育的生活性、趣味性和安全性；减轻教师准备材料的负担，生活中的材料可以由学生自己准备；学生在材料准备阶段其实就已经是在参与实验了，又增加了学生动手实验的机会和时间；增加了学生另一个动脑思考的机会——如何收集汽水中的二氧化碳，这是书中并没有提到的。最重要的是，可以促进学生参与科学探究活动的积极性，可以启发他们更加关注身边的科学，让他们更好地在生活中学科学。

其实，在我们的科学教育的实施过程中，不一定只有根据已知教学主题来寻找教学材料这唯一的顺序，也可以通过我们日常生活中所观察到的生活材料中的科学现象来设计科学探究主题。

所以，我们要尽可能留心学生身边的生活材料，恰当地将它们开发成科学课的教学资源，发挥这些材料的教学价值。

第四章 识字探究教学模式

关于识字教学，通常的做法是教师采用笔画教学法，一笔一画教学生去数与写，这不利于学生对字义的理解，也不利于学生对字形的记忆。识字教学是否也能摆脱机械模仿与记忆的巢穴，采用探究的方法，引导学生理解符号背后的意义？读者从下面有关"短"字的教学设计中也许能得到启示。①

追根溯源："短"字是左右结构，"矢"（shǐ）就是箭，甲骨文、金文的"矢"字，正像一支弓箭，有箭头、箭杆、箭尾。箭是武器，用来射伤敌人或野兽。在古代，矢和箭的含义稍有区别：木箭为矢，竹箭为箭；现在基本通称为箭。"矢"字是个部首字。在汉字中凡由"矢"所组成的字，大都与"箭"有关；"豆"（dòu）是个整体象形字，古代的"豆"像一个高脚杯，中间一横是指示符号，表示里面装有东西。"豆"是古代贵族用来盛肉盛粮食的器具。后来从秦汉开始，"豆"字又借用来表示豆类作物，如"豌豆、豇豆"。"豆"字也是个部首字。在汉字中凡由"豆"字组成的字，大都与"食器、礼器、器皿、用具"有关。

析形索义："矢"（箭，表义）和"豆"（一种食器，表声）组合成了"短"（duǎn）字。为什么"短"要用这两个字来表示？在古代一张弓长六尺，就像我这么高；一支箭短一半，长三尺，于是，衡量长的

---

① 张焱：《触摸测字的脉搏》，《教育科学论坛》2012年第11期。

东西用弓去量,衡量短的东西就用矢箭来量了。在横着用的工具中"矢"是最短的,竖着用的器具"豆"最短。所以要表示"短"(不长)这个意思,当然就用"矢"和"豆"两个字组成。

　　书写练习:播放"短"字的笔顺演示,大家边看边讨论"短"字是个左右结构的字,整个字形要写得左窄右宽。先写左边"矢",短撇;短横;第三笔横略长,写在横中线上;第四笔近似竖撇;第五笔点不要拖长。右边,"口"小,靠近竖中线,封口横在横中线上,最后一横长,延伸到"矢"的下面。在习字本上练习写两遍"短"字。用投影仪展示学生练的字。

　　上面的识字教学,教师通过对整字的分解示范,帮助儿童进行以部件为单位的视觉组块记忆,用部件分析代替笔画分析,从而达到追根溯源、析形索义的目的。这样做的好处是:一是运用已经掌握的字形来识记生字,分散难点;二是字形分析单位的数量越少,分析综合过程缩短，简化了识字的心理过程，提高了识记的效率；三是有助于儿童发现汉字声旁与读音之间的内在联系，建立字形与语音之间的有效联接，大大提高记忆效率。可见，只要采用的方法适合学生的心理特征，识字教学不仅充满趣味，也能促进和发展学生的理解能力。

第一节　识字探究教学的基本目标

我国的识字教育有着几千年的历史，在当代呈现出百花齐放的良好态势，仅新中国成立以来就形成了二十多种有较大影响的识字教学法。多元的识字教学方法使得汉字识字教学改革取得了可喜的成绩，如集中识字构建了教材教法体系；部件识字、字根识字从分析汉字字形的特点入手改革了识字方法；循环识字、奇特联想识字、字谜识字注重小学生的年龄特点和心理特征，探讨他们的识字规律；字理识字、猜认识字把握汉字字形与意义的关系，充分发挥儿童的想象力，在理解的基础上教学汉字；计算机辅助识字、四结合识字充分利用了多媒体技术手段的辅助作用；另外还有韵语识字、字族文识字、科学分类识字、注音识字、汉字标音识字等。

这些改革与实验都开辟了汉字教学的新领域，流派纷呈的局面一方面暗示着该领域的活跃与生机，另一方面也显示出汉字教学中仍然存在较大的问题：第一，汉字教学理论研究薄弱。文字学、语言学、教育学、心理学、社会学、思维学、脑科学、信息语言学和数字化技术等都是识字教学科学的理论基础，识字教学要大力吸收这些学科最新的科研成果以推动识字教育的科学化进程。但各种识字教学法研究大多停留在实践操作层面，缺乏理论的研究和提升，致使汉字教学理论研究基础薄弱。第二，教师汉字学理论的缺失。在实际的识字教学过程中，教师只讲笔画、笔顺、部首，无法教授给学生科学而系统的汉字知识，不能使学生正确地认识字形，使他们的头脑中建立字形与字义的正确的联系，因此不利于识字能力的培养。另外，有的教师在进行识字教学的过程中，不按照汉字本身所具有的道理进行讲解，而是根据习惯对汉字进行随意的分析和拆解，这虽然增加了识字的生动性和有趣性，却违背了汉字的理据和构造的科学规律，从长远的角度来说很容易和学生以后掌握到的正确的知识形成矛盾，不利于学生以后的学习。第三，汉字识字教学一元化。现有的一些具体的汉字教学方法研究视角偏窄，单纯追求速度与数量，方法与手段的功利性太强。基于强调自身的某一特色而使教学程序固化、教学方法单一，没能充分挖掘汉字内涵的丰富营养，不符合学生的身心发展特点和实际教学环境，阻碍了学生多元智能的发展。第四，把握人文性与工具性的尺度不当。语文课程标准特别强调教学目标"三个维度"要有机整合、互相渗透、融为一体，以求全面提高学生语文素养。现有的汉字教学方式，多数有利于学生掌握汉字字形，却忽视了汉字背后的文化价值，不利于学生对字义的掌握；而教师在汉字教学过程中一味强调汉字的工具性作用，不顾学生的反应、自主识字能力的培养、品德修养和审美情趣的发展、人文精神的提高，就很容易误导学生在识字学习中程序化的死记硬背，这样的识字教学不利于学生的思维能力、观察能力和人文精神的培养。

2001年，随着新课改的推进，语文教育发生了重大变革，作为语文教学之基础教学的识字教学改革也势在必行。新课改开创了当代识字教学研究的新局面，表现出以下趋势：第一，对传统识字教学的改进与创新。例如，整合不同识字教学法中的教学策略，使教学程序交叉化（如溯源、剖析字理等）；趋向于打破以一种识字教学法贯穿整个教学过程的局面，倡导多元教学法；第二，多元的研究视角使识字教学研究呈现出百花齐放的局面，不少研究者从教育学、心理学、脑科学、文化学、信息工程控制论等视角对识字教学做出了创新的改革，注重挖掘汉字的文化内涵、遵循汉字的构造规律、强调运用汉字学知识，利用现代科学技术增加汉字学习的趣味性，以全人发展的教育思想促进学生的全面发展，实现汉字教学的"可持续教学"；第三，注重增强识字教学的理论基础，如多元智能理论、相似论、汉字学、人本主义等；第四，注重实践效果和理论建设的双向互动；第五，注重对学生自主识字能力的培养等。其中尤为引人注意的是，有学者提出了识字教学数量和质量的区别：识字教学质量包括四个方面，一是识字态度，包括识字兴趣和良好的识字习惯等；二是识字准确度，包括读准字音、弄清字形和字义、不错读；三是识字能力，包括识字方法的掌握与运用以及创新、识字速度快、"四会"字（会读、会认、会写、会用）到底学会多少，且独立识字能力强等；四是识字文化，即通过识字了解许多知识，拓宽知识视野，培养热爱祖国语言文字、用好祖国语言文字的高尚情感和审美情趣。[①] 由此，在新课改正如火如荼地推进之时，教师只有树立完整的"量与质"结合的识字效益观和识字教学评价观，才有可能恰当而有效地选用识字教学方法，在教学实践中完整而科学地发展识字教学方法，实现识字教学与提高学生人文素养、培养学生探究能力的完美结合。

进入新课改后，从文化视角实施识字教学是识字教学研究的热点，众多学者也有了显著的研究成果，如特级教师薛晓光致力于"开掘汉字文化，提高学生语文素养"的研究与实验；课改专家黄亢美提出依据字理，引导学生领悟汉字的文化内涵；[②] 李福灼教授则强调了识字教学文化视野的内容侧重点和技术策略；[③] 黄昭艳副教授认为，在汉字教学中注入文化联想更有利于汉字的辨识与解读，但联想者应努力让联想的思维趋同造字本意的规定性，尽量避免带有主观创造性等。

汉字是中华文明悠久历史中的一朵奇葩，在汉民族文明进化史中也是神奇的"全息码"。作为表意性质的文字，每个汉字都积淀着独特的

---

① 林惠生：《试析识字教学方法的科学分类》，《当代教育论坛》2007 年第 8 期。
② 黄亢美：《字理 + 心理 = 合理——凸显字理，领悟汉字的文化内涵》，《小学教学参考》2005 年第 11 期。
③ 李福灼：《识字教学的内容与策略》，《语文建设》2007 年第 12 期。

文化内涵，以高简古奇的形态，寓神于形的方法，把它那个时代的特定文化背景及先民心理的凝练过程都储存于点、划结构的文字创造之中，其产生是有理据的，其形体结构蕴藏着丰富的文化内涵，本身就可被视为文化信息的载体。其中蕴藏的历史、宗教、哲理、道德、美术、韵律等多元文化基因是开启学生多元智能的金钥匙，也是我们进行汉字教学的有利资源。让学生自主、合作、探究识字，与《语文新课程标准》中积极倡导的转变学生学习方式的基本理念是一脉相承的，因此，教师在识字教学过程中，不仅应采用科学的汉字教学策略，在激发学生积极学习汉字的基础上帮助学生准确掌握汉字的音、形、义，更应主动挖掘汉字携带的文化信息内涵，实施探究学习，激发学生的识字兴趣，重视汉字的育人功能，唤醒学生的情感体验，关注学生对民族文化智慧的感悟和吸收，从而全面提高学生语文素养，为学生终身发展奠定基础。

对汉字进行探究性教学，其最本质的目标不仅仅在于"识字"。能正确识记字形、字音、字义是汉字教学应达到的基本目标，探究性识字则在此基本目标上有更深层次的内涵：重在对汉字内部规律的探究和文化内涵的挖掘，重在培养学生热爱祖国汉字、热爱中国传统文化的情感，基于热爱而乐于主动去学习汉字、感受汉字独特的文化魅力。它超越了单纯的汉字教学——只是教字，没有情感内涵，因此也就更能切合新的《语文课程标准》。探究字词教学的基本目标在于：培养热爱汉字的态度和初步的审美能力，通过探究教学活动能准确掌握汉字字形、理解汉字字义，体会汉字中蕴藏的文化内涵，乐于接受汉字中的情感教育，养成主动进行汉字探究和独立学习汉字的意识。这里要注意：对汉字进行探究性教学偏重于文化内涵和情感教育，但是并不意味着忽视对汉字基本音、形、义的掌握，学生识字、写字就是为了掌握交际工具，落实的是汉字的工具性。使用工具的人就有一个情感态度的问题，而语言文字本身就是一种文化，尤其是我们的汉字，其中蕴含着丰富的文化信息，所以在识字教学方面，同样应体现汉字的人文性。只有在探究字词的教学中坚持汉字工具性和人文性的统一，以学生为主体，才能把我们的探究教学把握在一个合适的尺度。

第二节　识字探究教学的理论基础

理性的识字教学方法，应该建立在两个互相依存的基础上：一是对文字系统本身即汉字结构的认识，一是对学习者认知过程的认识。对这两方面的认识越深入，识字方法就越符合客观规律。所以探究字词的教学活动，基础之一是汉字本身结构特点和文化学意义，基础之二是小学生的认知发展特点与汉字学习心理。

一、汉字本身结构特点和文化学意义

（一）汉字是音形义结合的表意文字

鲁迅先生认为汉字具有"三美"，他在《汉文学史纲要》中说："诵习一字，当识形音义三：口诵耳听其音，目察其形，心通其义，三识并用，一字之功乃全。其在文章，则写山曰崚嶒嵯峨，状水曰汪洋澎湃，蔽芾葱茏，恍逢丰木，鳟鲂鳗鲤，如见多鱼。故其所函，遂具三美：意美以感心，一也；音美以感耳，二也；形美以感目，三也。"[①] 可见，汉字集音、形、义三者于一体，是音义结合的表意文字。对汉字的音形义都有了明确的了解不仅可以牢固地掌握汉字的正确字形，不易写错别字，而且可以深入理解汉字的本义及引申义，灵活地加以运用以提高阅读理解能力。例如，"碧"字，许慎的《说文解字》是这样注释的：碧，石之青美者，从玉、石，白声。"碧"是个会意兼形声字，从石从珀，珀兼表声，体现音美；字体上下结构匀称，隐示中国传统的和谐对称审美心理，体现形美；其本义是青玉，引申泛指青绿色，也比喻

---

① 《鲁迅全集》第 8 卷，人民文学出版社 1957 年版，第 256－257 页。

水的碧绿平静，给人无穷尽的意境联想，体现意美。深入理解了"碧"字的字义，学习杨万里《晓出净慈寺送林子方》一诗中"接天莲叶无穷碧"这一句就会增强荷叶无边蔓延、一片青绿连至天际的形象感；学习李白《望天门山》一诗中"碧水东流至此回"这一句，就容易想象到"宽阔平静的楚江碧水东流到这里（天门山），突然回旋激荡"的壮阔情景。布鲁纳认为，学科的基本结构就是每门学科中那些广泛起作用的概念、原则和法则的体系。掌握学科的基本结构不仅能更容易理解这一学科，有助于记忆，而且还可以促进知识技能的迁移，从而缩短知识层次间的距离。基于这样的认识，从汉字本身的构造规律来探究识字是科学的。汉字虽是记录汉语的符号，却有自身的系统与结构规律，其字形反映造字之初的语义，我们对汉字形体及形体构成方式进行分析，就可能捕捉到原始造义与今天汉字所记录的语义之间的关系。例如：古文字"木"字，像树的形状，树下加一横是"本"，表示树根，上面加一横是"末"，表示树梢，成语"本末倒置"的意义便很容易理解；形声字的形旁具有表义作用，如形旁是"扌"形声字大都是与手有关的动词，形旁是"虫"的形声字大都是与昆虫有关的名词或动词，形旁是"目"的形声字大都是与眼睛有关的名词或动词等。汉字的性质决定了汉字教学的特殊性：汉字教学必须建立在对字形结构的分析上，以字形分析为基础，沟通字音与字义，以汉字的结构特征和汉语应用的规律来指导教学。简言之，识字教学首先要探究汉字的字义，并且是以字形探字义。

（二）汉字是独特的文化信息载体

作为一种书面语言交际符号，汉字从诞生之日起，始终伴随着汉民族的文化进程，必然会打上汉民族特定的认知方式的烙印，反映着人们对自然、社会、人生所展开的文化理解。汉字在履行语言交际职能的同时，又以其独特的表意特征和内部构成形式承载了极其丰富的历史文化积淀，从文化语言学的角度看，语言文字本身就是一种文化。文化是语言文字的底座，而语言文字又是文化的忠实体现者，世界上各民族文字无不凝结着一定的文化信息，而汉字中蕴含的延续不断的文化信息是其他文字几乎无可比拟的。它不仅在时间维度上表现出超稳定的延续，而且重视"象"的感性形式更易于摄入文化信息。在其深层的文化积淀中，既可折射出政治、道德、宗教、艺术等多种文化外在因素，又能反映出不同时代人们的文化心理。许多汉字的面世，都是造字时代特定文化背景及先民心理的凝练。这种凝练常常折射出古代社会的某种文化信息，不但包含了先民同大自然不断搏斗、不断进步的智慧的结晶，例如，依据人体的正面形构造了"大"字，用右手举杖构造了"父"字等，而且与汉民族思维习惯、文化习俗相一致，充分反映了博大精深的汉民族文化，例如，关于思维，在古代人们认为心是用来思维的，不管"心"作为偏旁在字形中的位置如何，一般来讲，从"心"的字所表示的意义都与人们的思维活动、心理活动有关，如思想、怀念、智慧、愚蠢、愤怒、忧愁、意志、爱恨、羡慕等，这些汉字形体足以表现古人对用心思维的认识。又如，一些菜名从草，像芹菜、萝卜、茄子，一些花名从草，像菊花、莲花、茉莉花，而打针吃药的"药"字也从草，这种现象反映了中国人医食同源的文化。因此，汉字俨然成为中国文化的一面镜子，从中可以窥见中国文化的各个方面，从一个文化质点到一个文化结丛乃至一个整体模式，都可以从中寻出它的蛛丝马迹。也就是说，汉字通过其形体本身向我们传递着丰富的文化信息，反映着汉民族的思维方式和观念，这是我们在汉字教学中探究汉字文化内涵的汉字文化学依据。

二、小学生的认知发展特点与汉字学习心理

（一）小学生认知发展特点

在小学阶段，儿童对记忆材料以视觉加工为主，即主要是通过看来进行记忆，逐渐会用重复练习来保持信息，对事物的知觉主要以整体轮

廓的感知占优势，细节的辨别力差。小学低年级学生的认知特点是形象思维占优势，他们的逻辑思维能力尚未成熟，对于具体的形象易于接受，对于抽象的文字和概念比较难以理解。在认识事物时，学生大都是通过直接感知来了解事物。因此在学习汉字时，要尽量根据他们的认知水平，联系他们的生活经验，尽可能采用实物、图画、模型、演示、音像等直观手段，让他们观察或做实验，从直观中引导他们进行思考或概括，这样，既可使学生获得正确的汉字知识，又能形成深刻的字的音形义的印象。随着年龄的增长和学习需要的增强，学生的有意记忆迅速发展，到了中年级时就能根据材料的意义及内在联系进行意义识记，虽然对概念的掌握水平不高，但是擅长形象记忆，具体的材料和具体词的记忆优于抽象的记忆。在思维方面，小学阶段儿童的思维由形象思维逐渐向抽象思维过渡，经历着相当长的过程。低年级儿童所掌握的概念大部分是具体的，思维活动在很大程度上还要与具体事物或其生动的表象相联系，中年级以后，思维的抽象水平增强，但仍带有很大的具体性。另外，语言心理学认为，体系相异的文字在人脑中处理的路径各异，人脑对语言的加工有不同的分工：左脑擅长加工语言素材，右脑擅长加工图形和空间刺激。根据现代生理学研究，儿童对形象及空间的感受敏锐，这主要是右脑的功能，而左脑擅长语言加工，具有抽象思维的功能，所以在识字教学中，把形象思维和抽象思维结合起来，就可以使大脑的功能得到充分发挥，有效地提高识字效率。汉字同时也包含了丰富的语义、语音信息，所以人脑对汉字信息的处理是左右脑并用。因此，在探究识字教学中多元展示汉字形体，进行溯源探究，有利于儿童直观形象地感知汉字，理解汉字本义，强化认知汉字的能力。

（二）小学生汉字学习心理

有研究认为，儿童学习汉字的心理过程大致有三个阶段：泛化阶段。小学低年级学生的识字阶段正是从形象思维向抽象思维过渡的时期，他们的思维中理性的成分在逐渐增加，但对新事物的认识能力还是以具体形象为主，因此儿童识字是从字的外形轮廓到内部结构的一个认识发展过程，只能对字形结构各个部分和音形义三者建立起模糊的联系。例如，有的儿童把"身"字笼统感知为缺撇，多横，所以应结合学生实际的思维发展特点，在识字初期，结合图画、卡片、实物进行教学，有利于建立具体表象和抽象文字符号的联系。初步分化阶段。儿童经过多次感知和比较分析综合过程，对字形结构各个部分有了较为明确的认识，并在音、形、义之间初步建立了统一的联系，但还是不十分巩固和精确，所以当学生认识了一部分汉字，有了一定的识字基础后，就可以在抽象思维的基础上通过字和字的对比、字和字的归类、字和概念间建立联系的方法进行探究识字。精确分化阶段。在合理的复习和认识基础上，字形之间的细微差别已明确分化，在结构和音义之间形成了巩固的联系系统。因此，在识字过程中，教师应该引导学生观察、分析、比较字形的结构特点、文字的读音差别、字义的不同用法，这样有利于发展学生的观察理解能力和思维能力；同时引导学生从汉字的音、形、义关系及汉字的构字规律上巩固识字效果，这样有利于发展学生的记忆力；引导学生掌握汉字同音字、多义字和形近字的特点，也有利于培养学生的发散思维能力。

第三节　识字探究教学的基本程序

在探究性识字教学中，教师应该通过溯源探究、字理分析以加强学生对汉字文化的理解，同时指导学生运用所学的汉字知识和规律去探究，通过观察、分析、推理、发现从而认识新的汉字。在确定识字教学的方法时，不仅要考虑汉字本体规律，同时要考虑语言学习的规律，具体地说，识字教学要充分考虑儿童的心理发展水平，遵循儿童的认知规律，并以此作为开展识字教学的依据。因此，探究性识字教学是一个可持续的教学过程，可以在初期将着力点放在对学生识字兴趣的培养上，注重运用直观教学手段（如游戏、猜字谜、讲故事等）使识字教学趣味化，启发学生的探究意识，让学生在乐中学、玩中学；随着学生对汉字单字数量的累积，同音字、同形字频率上升，教师在教学方法上则应以字理剖析为主，引导学生探究汉字的构字规律进行归纳总结，培养学生主动探究汉字的意识；在后期积累阶段，小学生的心理词典已经基本形成，识字教学则应加强语言环境的联系，尝试引导学生开展自主探究识字活动，挖掘汉字文化内涵。我们先看一个教学片段（人教版六年级文言文《矛与盾》黄亢美教师执教）：

教者在起始的解题时，先让同学们依据自己的理解和想象画出"矛"与"盾"两物，然后教师写出这两物的古文字形。象形字的古文字"矛"和现代楷书体的"矛"还依稀可辨其形，教师板书小篆体的"盾"字让同学们形象地感知到古代将士手持盾牌遮"目"掩体的形态，很明显，矛是进攻的武器，盾是防守的武器。

在初读课文理解大意后，教者要求学生找出难理解的字词，先对照课文的注释理解它的含义，然后尽可能地从字形上探求它的词义。以下是部分学生的发言：

生 1：在"楚人有鬻盾与矛者"中"鬻"字比较难理解。课文的注释是"卖"的意思。从字形上看它是个上下结构的，上面有个"粥"字，会不会原来的意思是卖粥？

教师提示：下面的"鬲"古文字的字形像三条腿的鼎锅形，学生由此联想到锅里有粥，正在鬻着锅里的粥在卖。在形象理解了"鬻"是卖的意思后，教师为了加深理解，又适当地进行了旁延扩展：旧社会劳动人民食不果腹，被迫卖儿卖女；在过去的政府衙门里，一些当大官的卖官卖爵，谁给钱多就给谁当官。在教师的引导下，同学们分别把"卖儿卖女"和"卖官卖爵"变说为"鬻儿鬻女"和"鬻官鬻爵"。

生 2：这个楚人"誉其盾曰，吾盾之坚，物莫能陷也"，"誉"是夸耀的意思，从"誉"字的"言"字旁可以看出，夸耀有言过其实的意思。

生3:"曰"在课文中的注释是"说"的意思。它的字形比"日"平扁,就像人的嘴巴,中间一横像舌头,好像正在讲话,所以"曰"是说的意思。

生4:"其人弗能应也"中"弗"是不能的意思,在字形上比较难理解……

教师提示:"弗"中的"丿"和"丨"似两支箭,"弓"似捆绑的绳索,古人用新砍伐的竹子做成箭杆后,分别晒干;由于极易翘起弯曲,于是整把地把它们用绳索捆绑起来晾干,这样箭杆就比较挺直。正用绳索捆绑的箭杆当然是还不能用的,所以,"弗"有不能的意思。

……

接着有几个学生还分别谈了对"吾""陷""莫"等几个字的字形和字义的理解。

将这个教学片段进行分切,我们可以看到学生在教师引导下进行探究学习的大致过程:教师首先悉心导入,先让同学们依据自己的理解和想象画出实物,然后再写出这两物的古文字形,为学生营造了良好的探究氛围;接着,教师要求学生先对照课文的注释理解重点字词的含义,然后尽可能地从字形上探求它的词义。这时有学生提出问题,对部分汉字的本义进行了大胆假设,教师则帮助学生进行字形分析追溯汉字本源,从而引导学生得出汉字的正确释义;最后学生能够进行知识迁移,将探究结果运用到新的词语当中。我们可以明显地看出:黄亢美教师寓字词教学于文本之中,不仅要求学生通过注释知道有关字词的意思,而且鼓励学生通过该字形大胆假设,主动探究,透视出它的字义。这样的探究性字词学习,才能让学生真正地走进汉字美妙的构字情境里,真切地感悟到祖国汉字深厚的文化内涵。以此为例,我们可以探讨出探究性字词教学的基本程序。

一、竹影扫阶——引兴趣于无痕

兴趣是引导学生进入知识大门的前提,是引起探究的第一步。《语文课程标准》中也提出："要使学生喜欢学习汉字，有主动识字的愿望。要求重视培养学生对汉字的感情，浓厚的学习兴趣和主动识字的习惯。""识字教学要将儿童的熟识的语言因素作为主要材料，同时充分利用儿童的生活经验，注重教给识字方法，力求识用结合，创设丰富多彩的教学情境。"正所谓"竹影扫阶尘不动，月轮穿沼水无痕"，探究性识字教学应充分考虑到学生的心理特点，以学生为主体创造恰如其分的教学情境，让学生在无意识状态下产生探究的浓厚兴趣。精巧的课堂导入有很多种策略，以下简略介绍几类。

（一）语言描述法

教学汉字要从文化的角度切入，使学生能感受到汉字所蕴含的美。因此，教师可以巧妙结合汉字字理及民俗文化背景告诉学生们汉字的来历、演变以及与汉字有关的故事、字谜、歌谣等，从而达到激发学生好奇心、引导学生主动探究汉字的目的。这样，就会使这些汉字在学生们的眼里不再枯燥，而是慢慢生动、鲜活起来的一幅幅图画、一幕幕电影。例如："乌"不点睛，是因为乌鸦羽毛纯黑，所以不见其睛；"晶"中多日明亮至极，正与后羿力射九日的神话相得益彰；"虹"是传说中能吞水的巨虫，于是骤雨初歇的天边便常现绚丽多姿的彩虹……几乎每一个汉字的后面都有一个生动的故事。

教学片段：《有趣的汉字》课外阅读教学设计

师：小朋友们喜欢听故事吗？教师先给你们讲一个有趣的故事——很久很久以前，有一个人在路上拾到一个别人遗失的契，（投影"契"）非常高兴，回到家中便把契藏了起来，并偷偷地数契上刻的齿数，他情不自禁地对邻居说："我很快就要发财啦！"小朋友们知道为什么吗？（说明大意：那时候还没有文字，契上刻的数目是用来作债务的凭证，这些齿数代表着钱数多少）。

（二）提问法

提问是启发思维的重要方式，思维由问题开始，由问题而进行思考。

通过一个个"为什么",教师在学习内容与学生的求知心理间架起了一座桥梁,把学生引入汉字学习的情境,使学生产生强烈的探究兴趣。

教学片段

师:中国的汉字多有特点呀!"鲜花"为什么用"一束"而不用"一条"?帽子为什么说"一顶"而不说"一个"?"朝阳"为什么说"一轮"而不说"一只"?"球拍"为什么说"一副"而不说"一条"?你看,我们中国汉语表达的方式真是丰富多彩!(教师又出示了若干写着数量词的卡片让学生认读:一只鸡、一羽信鸽、一峰骆驼、一张纸、一头牛、一匹马、一粒米……边读边向学生提示这些动物或物品所使用的不同量词。)

在设计问题时,教师必须注意两点:一是问题必须与探究汉字有关,围绕教学中的重点、难点设计问题;二是问题必须适合学生,根据学生的实际水平和个性特点,提出不同类型、不同层次的问题。

(三)实物演示法

汉字材料的呈现越直观、越具体、越生动,越容易激发学生的认知,使学生能够较轻松地将汉字与汉字所代表的实体联系在一起,从而达到牢固识记汉字、区分相近字的目的。因此,对汉字所代表的实物进行展示也是渲染教学情境的有效策略。

教学示例:《识字·形声字》教学片段

师:真奇怪,这两个字为什么也有虫字旁呢?蜡烛的"蜡"和彩虹的"虹"与小昆虫、小动物有联系吗?(实物展示蜂巢)

师:瞧,这是小蜜蜂的家,我们叫它蜂巢。白白的这一层是蜜蜂酿蜜时分泌出来的物质,叫蜂蜡。大家可以上来摸一摸。(学生上前用手触摸感受,据此展开讨论,从而认识到"蜡"原是蜜蜂的分泌物,这也和昆虫、动物有关,所以"蜡"有虫字旁。)

师:"虹"字为什么也有虫字旁呢?(教师出示雨后彩虹图,学生依据图意讨论、发言。)

生1：彩虹像条弯着身子的长虫，所以有虫字旁。

生2：我听奶奶讲，雨过天晴了，天上就会有一条前后长着两个头和嘴巴的长虫下到河边喝水，喝够了又回到天上去。

师：这位同学的奶奶讲的是民间传说。古时候由于科学不发达，人们以为"虹"真的是天上的大虫雨后下来喝水，所以"虹"就用"虫"作偏旁。

不难看出授课教师恰当地运用了实物展示和图画演示等方法，帮助学生形象地理解"蜡""虹"的字理，将枯燥抽象的汉字符号变成立体的图画，变成可联想的事物，由此引发了学生的探究兴趣，得出"虹"字为何是虫字旁的科学解释。

（四）多媒体情境渲染法

小学生以直观、形象思维为主，古老的汉字又是根据事物的形状描摹而创造的，在汉字教学过程中，我们可以充分利用现代化的教学设备，利用多媒体技术处理语音、文字、色彩、图像、动画，把枯燥抽象的汉字笔画知识还原为图画，再现汉字的审美意象，使抽象、枯燥的汉字知识形象化、具体化、趣味化。这样可以大大提高学生的学习积极性、培养学生热爱祖国文字的感情，使学生感受到汉字文化的神韵，从而提高学习效率。

例如：教者在教学"鱼"字时，制作了多媒体课件，使学生对"鱼"的造字过程一目了然：课件上先出示了一条简笔画的鱼，然后出现甲骨文的"鱼"字，接着变化为金文、小篆体、直到楷体的"鱼"字。在图画与字之间演示的"鱼"字的形体演变，生动而形象地呈现出了"鱼"字的"溯源——对照"过程。

教师在利用多媒体设备进行教学时，可以尽量利用鲜艳的色彩、悦耳的声音、漂亮的图像和有趣的动画，用来演示汉字怎样由实物到图画，再由图画到字形的演化过程，把原本枯燥的知识表现得生动活泼。独特的古文字字形，鲜明的图画色彩和清晰的解说，能给学生留下比较深刻的印象，激起学生学习汉字的浓厚兴趣。

（五）艺术作品赏析法

汉字和图画一样都有形象性和美感性，不仅仅是记录语言的符号，也有自身的艺术种类，如书法、篆刻、印章等。教师可以在识字教学中引入对这些汉字艺术作品的赏析，启发诱导学生认识汉字、欣赏汉字、喜爱汉字，从而唤醒学生潜在的审美意识，这无疑对学生良好心智的发展有着积极的作用。例如，2008年北京奥运会的会徽，以印章作为主题表现形式，用中国传统的书法加以表现，艺术字"京"，是中华民族图腾的延展：奔跑的"人"形，代表着生命的美丽与灿烂，其笔画融字于画，笔画之间舞姿翩翩；以竹简汉字笔体书写的"Beijing2008"更浸透着中华书法艺术的博大精深。这一切，既浓缩了我国古代印章由字而画的发展轨迹，也诠释了我国古代哲学力求中庸的主流观点。这些，再加上象征中国的红色印泥和巨型方印，使得"中国印·舞动的北京"积聚了大量的历史信息和富足的文化精髓，无疑是对学生进行汉字审美教育的良好素材。又如，中国银行的行徽，也是以汉字为主要元素的设计元素：它外圆内方，俨然是一枚古钱币，中央的方孔幻化成"中"字，颇具意蕴。

二、庖丁解牛——析字理于字形

在创设了探究性学习的良好氛围后，教师首先应该析字理于字形，这样不仅便于学生了解该字的本义，而且还能给学生树立榜样示范作用，培养学生的探究意识。每个字的本义，无不依附于生动形象的有理可说的字形中，而每个字的引申义又都导源于合乎逻辑的有理能推的本义。汉字教学，必须根据汉字的特点，因形析义，因源觅流，使抽象的符号形象化，复杂的概念规律化，则学生一定能轻松理解汉字的音、形、义。恰如庖丁解牛，只要将汉字解构，就容易发现其实汉字有规律可循。同时，在探究性识字的课堂教学中，汉字丰富文化内涵的呈现有赖于灵活多样的教学方法。因此，在析字理于字形的教学过程中，教师应根据学生的年龄特征来选择运用恰当的教学方法，这不仅能帮助学生从字理角度科学识记汉字的字形和字义，而且能展现汉字丰富的文化底蕴。以下几种析字方法可供参考。

（一）溯源探究法

探究汉字的教学有一个核心：溯源。溯源，本义是向上寻找水的发源处，比喻向上寻求历史来源。汉字有一个历史发展进程，大致经历了甲骨文——金文——小篆——隶书——楷书的流程发展演变而来，越是靠前的字体越容易还原出汉字本义所示之物的初貌，因此对汉字进行溯源探究是很有必要的。在探究识字的教学过程中适当引入文字原始初貌，可以以古文字外形的魅力及其对字理解释的合理性诱发学生学习汉字的兴趣。教师在生动形象地展示汉字原有初貌的同时可以引导学生根据汉字的图画性推敲汉字的本义、深入挖掘汉字的文化内涵，不仅有利于培养学生对汉字的热爱感情，而且能够通过汉字向学生展现一幅中华民族博大精深的历史画卷，对于中国传统文化的传承也是极有意义的。

教学片段：

师：同学们，"奴仆"你们见过吗？

生：见过。电视里那些服侍当官的下人就是"奴仆"。

师：（在黑板上画"女"字的象形文字。然后教师侧身站着，低头、俯身，双手前伸交叉在胸前做"女"字状）这是什么人哪？这是女人！古代的女人见了男人就是这样，一副温顺的样子。

师：（再画"奴"字的象形文字）尽管女人已经很听话、很温顺了，男人们还是一把抓住女人，想打就打，想骂就骂，这样的女人就是"奴"！这个字就是"奴仆"的"奴"。

师：（在黑板上画"仆"字的象形文字，边画边解说）这是一个侧身站立的男人，有人在他头上戴了一个"羊"的标志，表示这是一个战俘或罪犯，这个字就是"奴仆"的"仆"。

师：（指着黑板上的象形字"奴""仆"）这样的女人加上这样的男人，这叫什么？

生：奴仆。

该教师的教学追本溯源，借助象形文字把字的"形"与"义"巧妙地结合起来，使学生在读准字音、掌握字形的同时也理解了"奴仆"的含义，并从中领悟到汉字字形符号背后所蕴含着的丰富文化内涵。这样的教学，让汉字从单薄变得厚实、从呆板变得生动。总的说来，汉字的构成一般来说是先有象形，后派生出指事、会意、形声。而独体的象形字、指事字具有较强的组构功能。针对低年级学生教好象形字对稍后学习指事字，特别是合体的会意字和形声字是十分重要的，这将有效地提高识字教学的效率，较好地发展学生的自主识字能力。所以象形字的教学，一般可以根据汉字的构造特点，按照"实物彩图—概括抽象图—古体字—楷体字"的顺序进行教学，先出示实物或彩图，或是教师把事物原来的样子临摹到黑板上，学生看懂图意后，再溯源到古体字，简化为现代简体汉字。如"鸟"字，教师可以形象地告诉学生哪是鸟头上的翎毛，哪是鸟头和鸟身，哪是小鸟的眼睛。指事字的教学，则一方面要把复合的形体根据构理理论分析开，另一方面要把分析出来的指事性符号的指点作用讲清楚。如"本末"二字，其金文分别为"本""末"，"本"是在"木"的下部画上一横，这一横是指事符，表示"木"的底下、根部，所以该字字义为"根本"；相对应的，"末"字则是和"本"字颠倒的，是"尾后"的意思，所以有"本末倒置"这个成语，用来形容把事物主次、轻重的位置弄颠倒了。会意字的教学则一般按照"从整体到部分再到整体"的步骤进行，即先让学生初步感知字的音、形、义，再把字分解成若干个构件，引导学生了解每个构件的意思；最后再将几个构件组合起来，让学生理解每个构件与字的形义联系。如"休"

字的教学可以这样进行：在整体感知字形的基础上，让学生了解"休"是由"亻（人的变形）和"木"组成的，引导学生分析"人累了，靠着树歇着就是休息。"休"字的形、义就很容易掌握。

（二）字理演绎法

汉字由几笔几画或由什么偏旁构成不是任意的，而有其内在的道理或根据。以形体揭示意义，形与义往往具有内在的逻辑联系，部分以形体表示读音，形与音也有一定的内在联系，这就是汉字的理据。识字教学中揭示字理、因形求义，不仅符合学生记忆规律、能增强记忆效果，而且字理就是汉字文化本身，许多字理中还蕴藏着其他丰富的文化信息，如先人认识事物的方式和智慧，历史文化知识等等，因此揭示字理就是对汉字文化的传承。

教学片段：

生：教师，我不明白，为什么法律的"法"是三点水旁呢？

师：这个问题问得好，先听教师讲一个故事。相传古代齐庄公时，有两人打了三年官司，因为案情不清，难以判断，齐庄公就让一种叫"獬"的独角兽来听他们二人申诉。结果，一人诉状读完，"獬"没有什么表示，而另一人的诉状还没读到一半，"獬"就用角顶翻了他。于是，齐庄公就判第一人胜诉。这种以角触定罪的触审制度，被古人用"会意"的方法，浓缩在"法"字的构形之中。"法"字的繁写体就写作"灋"。东汉时，有个著名的文字学者叫许慎，他对"法"字有一段生动的解释，"灋"就是刑律，执法要公平公正，就像湖中的水一样平，所以左边是个"三点水"，右上边是独角神兽"廌"，右下是"去"。结合刚才讲的故事，大家想一想应怎样解释《说文解字》"法，刑也。平之如水，从水。所以触不直者去之，从去。"段玉裁《说文解字注》校义："解，兽也。似牛，一角，古者决讼，令触不直者。"

生:"廌""去"会意而成,就是在法庭上神兽把没理的一方顶去,判他有罪。

师:对,判他败诉,很有想象力。①

正如上述教学片段所示,"法"字左边的三点水,代表我们的祖先对司法制度公平公正的美好愿望,而右边的"去"则表现出我们的祖先在生产力水平低下的时代对神明的崇拜;"法"字恰恰透视出他们的司法认识水平,也使我们从汉字中看到了民族文化的历史积淀。

(三)词中析字法

汉字字义在不断发展变化中具有本义、引申义之分。所谓本义是汉字形体所显示的意义,是一个字最早、最原始的意义。引申义是以"本义"为基点和源头,经过派生演变出来的意义,要以"本义"统率"引申义"。因此,教师有必要以汉字的原始字形为依托,引导学生把汉字放在词语中探究汉字的本义,理解汉字的引申义,"引申触类,反复旁通"。例如,"监"字,从字形上分析,其本义是人俯在盛水的器皿上照镜子,以水为镜,后发展起来的义项"监督""监视"等均与本义有直接的联系;又如"兵"字,上面"斤"表示斧头,底下一横和两点表示手。其本义是指拿在手中的武器,后来引申为战争、军队、士兵、兵法、军事策略等,它组成许多成语:短兵相接、兵来将挡、兵不厌诈、纸上谈兵。教师在探究汉字本义和引申义的教学过程中,尤其要注意对汉字本义的解释:依据汉字的原始形态。例如,"具"字的教学:首先,教师应引导学生观察"具"字的金文形体写做"具",其图形像双手拿着已煮好的饭食的鼎摆在人前。接着教师要以"具"字形体向学生讲解其本义的来源:原始社会是亲族群餐制,大家围坐在一起集体进餐,因此就要先摆好食物,然后氏族成员依次跪忌而坐,所以"具"

---

① 薛晓光:《在识字教学中开掘汉字文化》,《小学语文教学》2005年第4期。

的本意是准备饭食，引申为饭食和准备。这样的示例还有很多，如"乡"字的甲骨文写做"🥣"，中间表示已煮好的饭食，两边跪坐着二人，代表氏族成员坐定的两个行列。乡的本意是相对用餐，由于"乡"共食的是一个氏族，所以引申为聚落，故可指家乡；"族"字：甲骨文写作"🏳"，像一杆大旗下有两只矢。旗用以聚众，矢用以杀敌，"族"字的甲骨文形体显然表示的是一种军事组织，体现了我们的祖先在上古时的生活习俗：一个大的家庭或民族是聚居生活的，共同打猎，共同杀敌，家庭或氏族就是基本的生活单位，"族"字就由本义"聚集"引申为"家族"的意思，等等。因此，从"本义"出发，梳理词义变化脉络而明其引申轨迹，才能真正掌握汉字的意义，避免和减少出现错别字，同时有利于以后古代文言文字词的学习。

（四）美学析字法

汉字在产生时就与绘画有密切的联系，两者都采用了相同的表现形式，所以汉字和图画一样都具有形象性和美感性。从形体结构看，汉字有独体、合体；有左右、上下结构；或左中右、上中下结构，这些汉字大小匀称，棱角分明，美观整齐，体现了辩证和谐、对称、平衡的中国传统美学观点。因此，教师不仅可以引导学生感悟汉字的形体美，而且可以结合汉字审美观对汉字某一具体笔画结构进行分析帮助学生准确识记汉字字形，减少错误笔画。

例如：聪慧的"慧"字，学生容易把中间部件的一横写出头，教师展示了两组主题字让学生观察这些字什么情况下一横出头，什么情况下一横不出头：一组字都是中间一横出头的，如争夺的"争"、健康的"康"、做事情的"事"，而另一组字都是中间部件一横不出头的，如当代的"当"、寻找的"寻"、下雪的"雪"。在教师的引导下，学生可以通过观察发现：这些字的中间有一竖或者一竖勾穿过的时候这一横就出头，没有一竖穿过的时候这一横就不出头。

上述教学片段体现的是汉字的审美标准：对称美。从心理学上来说，对称就是给一个形状注入和谐匀称的内在因素，对称的形体可以使人产生一种轻松的心理反应。对称的汉字，结构中有一个明显的中心轴，不同的笔画从两侧向外延伸，力量均等，此类字稳定性极强，整体上给人一种和谐匀称的美，而在局部又透出延展式的动态美。以上两组主题字，当没有一竖穿过时让一横出头就会让整个字歪了，给人一种倾斜的感觉。一竖从字中间穿过，这个字的横线不出头的话，字不是往左歪就是往右歪，字是不平稳的，就有悖于中国传统的审美观念。通过美学析字，相信没有学生遇到类似字时会再出现笔画错误了。

三、按图索骥——启心智于探究

探究性识字教学的核心是培养学生的探究意识和创新能力，教师必须具有崭新的学生观，相信学生是具有巨大潜能的生命体，让学生用自己的眼睛去观察，用自己的心灵去感受，用自己的方式去探究。因此在探究性识字教学中，在教师解析字理做出示范作用后，要求学生进行自主探究这一程序必不可少。教师可以留有一定的时间积极鼓励学生利用已有的知识经验按图索骥，去发现汉字自身的规律。

教学片段：

在学习以"攵"为偏旁的"牧、收、攻、教、救"等字时，教者先出示"又"字，在学生理解了"又"是手的变写后，提出问题：那么，在"又"上多加一撇的反文旁"攵"表示手持何物呢？教者把这几个生字分派给学习小组进行合作探究，然后由小组长汇报了如下的探究体会：牧——"攵"表示手持鞭子在放牧，词语如：放牧、牧羊。收——"攵"表示手持工具，在"丰收、收割"里表示手持镰刀。攻——"攵"表示手持器械，在"进攻、攻打"里表示手持刀枪。"教"字的"攵"原表示手持鞭子训斥小孩，同学们依据现字形想象为教师手持教鞭，或说手持粉笔、书本等。"救"字的"攵"表示手持物件……在同学们合作探究的基础上，教师又引导同学们对"攵"这个偏旁的形义用顺口溜进行了总结概括，并用天津快板的曲调和节拍进行诵读：这个反文旁，东西拿手上，拿个啥东西，具体看情况。

将上述教学片段进行分切，我们很容易看到一个完整的小型探究识字过程：先由教师提出学生要探究的问题。教师在探究活动开始之前必须明确提出学生应该探究的问题，让学生带着问题去探究。正如上述教学片段中所示，教师在引导学生学习以"攵"为偏旁的"牧、收、攻、教、救"等字时，首先出示了"又"字，在学生理解了"又"是手的变写后，提出了值得探究的问题：如果在"又"上多加一撇变成反文旁"攵"，又表示手持何物呢？其次，学生分小组进行合作探讨。《语文课程标准》中倡导语文学习要注重自主、合作、探究，在识字教学中，教师可以引导学生们通过朗读、谈话、猜想、推理等一系列探究活动自主发现汉字规律，在探究中经历知识发生的过程。教学片段中，教师引导学生利用小组合作学习研讨字形，一方面有助于学生举一反三自主发现形声字的组合规律，培养了学生独立识字的能力；另一方面，学生对汉字的造字规律有所感悟，就会产生继续探究汉字规律的浓厚兴趣与强烈愿望。再次，教师在学生的探究过程中加强了巡视指导。教学片段中，教者把这几个生字分派给学习小组进行合作探究，并不意味着此时教师就可以在讲台上"休息"了，小组合作研讨时最容易出现的难题有两个：一是教学秩序极易出现混乱，因此教师必须控制好探究氛围；二是学生进行探讨需要适时适量的提示，因此教师应该给予学生必要的指导。所以，教师在学生进行自主探究的同时，要加强巡视指导，以帮助学生科学掌握探究规律，提高学生探究汉字学习的效果。在探究活动结束后，学生汇报了自己的探究体会。最后，由教师概括总结完成探究结果的升华。这里重点要强调的是，教师在学生探究的基础上对识字规律进行总结。学生通过自主探究，有了自己对汉字的理解，这时需要教师带领学生进行归纳总结，强化识记规律。在上述教学片段中，在同学们合作探究的基础上，教师引导同学们对"夂"这个偏旁的形义用顺口溜进行了总结概括，这既是教师对学生探究结果的一种肯定，又有助于学生掌握汉字规律后举一反三，进行有效的知识迁移识记更多的汉字。许多汉字都有其独特的规律是可以通过学生的探究而发现的，关键在于教师如何引导，下面仅举几例。

（一）基础部件归类

汉字是表意系统的文字，其最本质特征——因义构形使汉字成为一个有序的由有限的具有构字功能的基础部件按照一定的结构模式组合而成的符号系统，具有一定的逻辑性。从认知心理学的角度来分析，视觉识别是识字过程的起始环节。小学生在识字过程中，是以笔画所组成的偏旁部首来进行相关信息加工，偏旁部首作为汉字的基本结构单位成为一种记忆组块，在心理词典中称为"不同汉字之间的联结点"。因此，把一组具有内在联系的识字主题呈现给学生，让学生从中探究汉字的基础部件，发现汉字的构字规律，进而进行类推、迁移，经过"举一反三"和"由博返约"的过程，可以帮助学生建立汉字音、形、义的内在联系，提高学生的识字效率。

教学片段：教学"截"字的过程

师：（先在黑板上写出"土、戈"合成的外框，再分别填上"木""衣""车"。）同学们，都还认识这些字吧？

生："栽"，栽种与"木"有关；填上"衣"是"裁"，裁剪与"衣"有关；填上"车"，"载"，运载与"车"有关。

师：（再在里面填上"隹"）那这又是什么字啊？这个字又念什么呢？（手指"隹"字）

生：认得"截"字，不认识"隹"字。

师：同学们，千万不要认为这是"住"字多一横，其实我们早就认识这个字了，在"鹤""雁"这些字里，"隹"字读"zhuī"，意思是短尾巴的鸟。也就是说，我们可以用它表示两个意思：一个是鸟，一个是短。"一截"表示不长，"截断"表示将长的东西截成短的。这只短尾巴的鸟还飞进了课文的另外一个字里，大家把它找出来。

生：（雀跃地找到了"雀跃"中的"雀"。）

师："雀"字上面是什么？

生：是"少"。

师：那下面是？

生：（愣住了，一会儿就有学生醒悟过来）上面是个"少"字，下面是"隹"字。

师：这下大家可以说出来"雀"的意思了吧？

生：是小的短尾巴鸟。①

从以上教学片段我们可见，教师可以向学生展示基本字，通过解释基本字的原始本义来引导学生探究合体字的字义，让学生对合体字进行分析、比较、归纳，强化记忆其不同的部分。我们可以看以下示例："页"字，通过观察其甲骨文字的形态，我们可以发现它的上部像人头，下部像侧跪的人体，甲骨文中该字头大身体小，是为了强调人头之意义。凡是从页的字，多与人头有关，如：额，脑门；颈，脖子前部；项，脖子后部；顶，头顶；颠，头顶；颜，眉目之间；硕，大头；顾，回头看；颇，头偏，等等。所以我们组词的时候总是说：额头、山顶、巅峰、颜面、硕大、回顾、偏颇等，都是因为这些字中含有这样的意义。又如"阜"字，"阜"是土山的意思，在甲骨文中有土山高峭之

---

① 干国祥：《擦亮汉字》，《小学教学》2007 年第 7 期。

意，所以大凡从阜的字（左耳朵）就与山以及由山引申而来的意义有关，比如陵，大土山；阴，暗（因为处于山南水北，日光不及）；阿，山丘弯曲的地方，其弯曲义引申，凡曲处皆称阿，于是造出阿谀这个词来表示曲意逢迎；险阻，连读表示艰难的意义，用险表示山的险峻，用阻表示山形成的阻隔；降，甲骨文右边部分为一前一后下行的两只脚，表示下山。通过对阜的古文字形体的分析，可以帮助我们了解以阜（左耳朵）为意符的这类字均与山有千丝万缕的联系。

（二）形旁归类

汉字中有不少形近字，儿童在掌握时很容易混淆。随着学生识字数量的增加，识字的深入，在识字教学中教师应该有意识地利用汉字的系统性这一特点，给学生科学地讲解汉字的理据，揭示汉字的表意特征。通过集中这些相似字形成教学主题，统一分析比较字形，增强学生对汉字的辨析能力以强化认知。

利用汉字偏旁，教师可以引导学生进行形声字归类：根据形声字的构字规律，在教学中"应注意在充分直观的基础上，启发学生自觉概括出形声字的'偏旁部首表意、基本字表音'的构成规则，然后引导学生去灵活运用、广泛迁移，使学生建立关于汉字的牢固的形义联系系统。"①

教学片段：苏教版第三册《识字8》

师：四胞胎（板书：苞、饱、炮、泡）已经闪亮登场，它们长得像吗？哪儿像？

生：它们有一个共同的部分"包"。

师：原来它们有一个共同的妈妈——"包"。

师：我们生活中最常用的是书包，你还见过其他包吗？

---

① 陈传峰、董小玉、徐缨：《汉字的字形结构特点及其认知规律与小学识字教学》，《贵州师范大学学报（自然科学版）》2002年第1期。

生：提包，背包，钱包……

师：四胞胎长得太像了，老师都分不清它们了，你有什么好办法吗？

生："水泡"与水有关，所以"泡"是三点水旁。"花苞"与植物有关，所以是草字头。

生："饱"是饭吃饱了，所以是食字旁。"炮"与火药有关，所以是火字旁。

师：听你们这么一说，老师明白了分清这些字只需看它们的偏旁，因为偏旁表示了一定的意思。你们的办法真好。①

在以上这则形声字归类识字案例中，教者以"四胞胎"的直观形象揭示形声字形旁表义、声旁表音的特点，引导学生发现形声字的构字规律，培养学生学习形声字时，由形得义，由声得音，触类旁通的自主识字能力。因此，在形声字的教学过程中教师可以展示同一主题的形声字，使学生知道这一组字的共同点是都有表音的声，加上不同的表义形旁就构成了不同的字。同时提供汉字构造概念图，让学生将这组字按标准进行分类，或者让学生自己总结规律，自制概念图。例如，"青——情、请、清、晴、氰、鲭、蜻、箐、精、靖、菁、静"这样一组字，可以引导学生进行如下探究：首先分析出"青"是基本字，和字音有关；"忄、讠、氵、日"等是它们各自的偏旁部首，和字义有关；每个字按不同的分类标准可以区分开，比如声母不同，韵母相同，如情和菁、精、靖、菁等字；声韵相同，声调不同，如菁和静，等等。这样，当学生再学习相同组合类汉字时，就会尝试主动探究，是不是可以根据每一个字的偏旁部首揣摩字音或字义呢？另外，可以利用字理帮助学生理清字义，强化区别后进行科学归类，例如，"寇"字与"冠"字："寇"

---

① 胡旭：《在童话故事中激发学生识字的兴趣——苏教版第三册（识字8）教学实录》，《小学教学设计》2006年第9期。

字中"宀"古文字读 mián，与房子有关，"寇"字中的"元"表示"人"，并突出其头部，旁边有人拿着棍子，"卜"在古汉字表示敲打。整个词义是一个人拿着武器去别人家敲打别人的头部。"冠"字中"冖"由蒙头布巾的形象演变而来，本义为覆盖，"冖"表示帽子，"寸"表示人手，用手拿着帽子戴在头上。又如"礻"字旁和"衤"字旁：前面的是示，后面的是衣，作为部首二者就只差一点，从道理上讲清楚就很容易记清什么时候用哪个偏旁。示，是祭祀牌位，祭祀的目的是纳福，请求保佑，免除祸事，所以表示吉祥福祉，跟神有关的字就从"礻"，这样的字如祸、祥、福、祇、禄、礼、神、祖、祝、祷、祀、祈等。衣，是衣服之意。从衣的字都与衣服有关，如：初，是用刀裁衣，裁衣是做衣服的开始，所以引申为事情的开始。还有如袖、袜、袍、被、衫、褴、褛等。清楚字理后，再看这些字就明白了很多，犯错误就不是很容易了。

四、举一反三——用知识于迁移

学生在教师的引导下因形析义，探究出一些汉字的规律和文化内涵，并由教师进行了概括总结，恰如"授之以鱼不如授之以渔"，而且这"渔"是在教师引导下学生自己织网习得的，所以一方面学生品尝到了探究汉字的乐趣，树立了探究学习的自信心；另一方面，在遇到相同或相似类型的汉字时，学生就可以进行自主识字和探究了，这就是用知识于迁移的能力。汉字绝大部分是有规律可循的，在教师对学生探究出的汉字规律做出概括总结后，学生应该能够自主地析形索义、因义记形，同时遇到相似字时就就能达到举一反三的功效。如上述教学片段中，"夂"是常见的偏旁，在上一个程序中学生通过小组合作探究活动掌握了"夂"的形义后，今后碰到以"夂"为形旁的形声字乃至会意字，就能自觉地与手持物件的含义联系起来，用知识于迁移的能力也就逐渐形成。要让学生在已形成的知识体系里主动提取有用的信息进行知识迁移，教师要采取相应的教学策略。例如，偏旁释义：汉字中绝大部分是形声字，偏旁是构字的重要部件，如果教师对汉字的偏旁从字理角度做出释义，就有利于学生构建清晰的知识网络，在最近发展区内做出知识迁移，快速理解掌握同偏旁的一类字。如讲"玉"字，教师首先要告诉学生"玉"字的含义，玉作偏旁时写为王，作左偏旁时下面的一横写成斜提，称为斜玉旁，依此含斜玉旁的字大多与玉类的器物有关；然后让学生找出带"玉"旁的字并组词，比如"珍""珠""瑰""理"（玉的纹理）"琢"（治玉）等字；接着再比较"瑕"与"假""遐""暇"等字的异同，这样就可以牢固的掌握这些形似字，不会发生混淆了。又如学了"火"字并懂得"火"作偏旁时变写为四点底"灬"（"燕"字的四点底是燕尾的变写），那么，当学到"热""煮""照""煎""熬""熟""烈""焦""蒸"等字时，就能自觉地用"火"去析解它们的形义；如果了解了"手"可变写为"扌""又""廾"等字形，与手有关的偏旁为"夂""爪""彐""支"等，那么学生学到"挥""取""看""有""戒""牧""采""秉""敲"等字时，就能自觉地用"手"或与手有关的动作去析解它们的形义。概而言之，掌握了常见的偏旁部首的含义，学生就能形成识字的能力。

五、合浦还珠——寓汉字于文本

汉字教学不能离开文本，一个个汉字恰如一粒粒明亮的珍珠，在对其个体进行探究后，必然要回归到文本中。具体的探究性识字教学更应该亲近文本，要把汉字放在教材里巧妙穿插，恰如合浦还珠。教师对汉字的探究性教学最终还是要回归教材，融识字与探字于文本情境之中。运用字理析字解词，这是探究性教学的"基本功"，将汉字嵌入教材中联系上下文理解和品味汉字的文中义，才是探究性教学的绝妙之处。

教学片段：《守株待兔》（黄亢美教师执教）

师：这个种田人捡得一只兔子吃，就想天天捡得兔子吃，于是，他丢下了锄头，整天坐在树桩上等着，看有没有野兔再跑来撞死在树桩上。这个种田人是男的还是女的？

生：男的。

师："男"字是什么结构？

生：上下结构，上田下力。

师：为什么"男"字用"田"和"力"组合而成？

（多位学生发表了自己的看法，教师最后依据"男"字的字理和综合同学们的意见，用顺口溜概括了"男"字的形义：田加力，组成男，田间出力好儿男；男字读音又通难，男子汉就不怕难。）

师：同学们，这个种田的"男"人，他不在"田"间出"力"了，而是整天去守野兔了，他还像个"男"子汉吗？

生：不像男子汉，像个懒汉了。

师：他不劳动又想有收获，用一个词来说就叫什么？

生：不劳而获。

师：大家仔细看看"获"字怎么写，为什么由这几个部件组成。

（教师提示"收获"的"获"原写作"穫"，特指收获稻禾；"捕获"的"获"原写作"獲"，特指带犬打猎而捕获兽类，现已简化统写为"获"。如何识记这个简化字的形义呢？在教师的引导下，学生依据词义和自己的想象灵活识记为：要想收"获"粮食，就必须去种庄稼，所以"获"字有个"艹"，要想有兽肉吃，就必须带"犬"去打野兽，所以"获"又由"犬"和"犭"组成。）

上述教学片段中，我们可以领略到教师依据字理解析和品味汉字的特色，教师根据理解课文内容的需要而适当地旁延扩展，如上例中对"男"和"获"的析解，虽不是课文中出现的字词，但能很好地为理解课文的思想内容和寓意服务。由于汉字的演化和简化，一些汉字的形义变化较大，对这些字教师则允许学生依据现代生活的感受说出自己的"理"，并不拘泥于原来的字源义，如"获"等字的析解。在整个教学过程中，教师依据汉语言文字的特点，把主要的精力用于引导学生对文本语言的理解和感悟上，巧妙地穿插了汉字的精辟解析，使学生觉得新奇有趣，不但帮助学生探究了汉字的意蕴，而且又很好地理解了课文的内容和寓意。

综上，具体的汉字教学过程中不可能完整地按照这个教学程序来展开，而应该结合实际教学情况有选择地进行，只要能够抓住"让学生主动探究"这个核心，就是成功的探究性识字教学。现在教材大多采用随文识字体系，将识字教学结合在阅读教学中，一堂课不但要识字，还要理解课文内容，教学任务繁多。教学时间是恒定的，要在保证识字数量的基础上对每个汉字都进行探究性教学是不可能的。因此，对哪些字应该进行探究，探究到何种程度，都要因字制宜。以人教版语文实验教材第四册《最大的"书"》为例，本课要求掌握的生字有"册、宝、趴、刨、埋、岩、质、陆、印、铁、底、厚"十二个，分三种类型：一是"宝、趴、刨"，这几个字学生容易误写、误用，教师可以适当揭示字理，引导学生进行探究；以"宝"字为例，"宀"（mián，俗称宝盖头）是房屋，代表家，家中的玉石就是宝贝，明白"宝"字下为"玉石"就不容易漏写一点。二是"册、岩、埋"，这几个字字理清晰，形义联系密切；以"册"字为例，是绳子穿过竹片的形象，是古代用竹片（竹简）穿上绳子做成的书。对其进行溯源探究，可让学生明白其中蕴含的文化。三是"陆、印、铁、底、质、厚"，这些字就不宜进行探究。

第四节 优化探究识字的基本要求

通过溯源探究和解构汉字字形来分析汉字中蕴藏的文化内涵进行的汉字探究教学，旨在拓展一种综合使用多种教学方法将识字教学浸染在文化氛围中的教学思路，其最终目的是使学生在掌握汉字音、形、义的同时主动探究中华民族博大精深的传统文化，培养学生的探究意识和创新精神。因此，这对我们的教师也提出了较高的要求。

一、教师必须树立汉字文化教学观

汉字文化教学观，是指基础教育工作者的文化教育教学思想以传播中华民族文化精神、增强中华民族的文化凝聚力、促进学生人文素养的发展为目的。汉字文化教育思想只有通过教育实践，才能体现其重要的社会价值，所以汉字文化教学观的实践体现在具体的识字教学过程中，与基础教育工作者的教育思想的完善与教学能力的提高直接相关。从现象上看，它体现于基础教育的国家课程标准的总目标中，也存在于基础教育教学的每一个环节里。从根本上讲，它综合表现在每一位小学教师现代教育思想观念以及在教育思想观念指导下的教学艺术技巧中。

（一）全面领会《语文课程标准》关于识字教学的阐述

新《语文课程标准》里的识字教学目标不再单纯地要求学生对汉字建立形音义的联系，而是强调教师应该注意通过识字教学提高学生的审美情趣，帮助学生在理解汉字形音义的联系中去体会和感受汉字文化特点，因此教师必须要全面领会《语文课程标准》关于识字教学的阐述：新课标在第一学段提出"喜欢学习汉字，有主动识字的愿望""初步感受汉字的形体美""养成正确的写字姿势和良好的写字习惯"；第二学段提出"对学习汉字有浓厚的兴趣，养成主动识字的习惯"，以此为前提，强调逐步培养学生初步的独立识字的能力；第三学段则强调学生应该有较强的独立识字能力；到第四学段实现"能熟练地使用字典、词典独立识字，会用多种检字方法"，而且能够"体会书法的审美价值"。从"识字与写字"的目标中，我们可以看出以下特点：每个学段识字与写字的目标都包含知识和能力、过程与方法、情感态度价值观三个维度的内容要求，识字方面强调独立识字能力的培养，要求给学生打下扎实的、可持续发展的识字基础；写字方面除要求掌握基本的书写技能、养成良好的书写习惯，还要体会汉字的优美。学生学习识字写字，就是为了掌握一种交际工具，工具是被人所使用的，使用工具的人就有一个情感态度的问题，而语言文字本身就是一种文化，尤其是我们的汉字，其中蕴含着丰富的文化信息，所以识字教学目标就发生了变化，从原来单纯的把汉字的学习当作形音义联系、从字音字形任意拆字到现在开始注重学生对汉字造字规律的掌握，注重对汉字文化的理解。

（二）增强汉字学理论水平

优化汉字探究性学习的教学，对语文教师的汉字文化水平提出了较高要求，语文教师必须在掌握一定古汉语知识的基础上立足于现代常用汉字的音、形、义，在充分考虑学习者的接受心理的同时应用现今普遍认可的汉字文化，视实际教学情况进行合理创新的教学。作为教师，首先要提高自己的汉字学理论水平，可以尝试使用一些相对浅显易懂的书，如《汉字源流》、《说文解字》、《汉字识趣》和《细说部首》等，通过这些书教师可以学习汉字的相关文化知识，另外一些讲述汉字故事、辨析汉字异同等的工具书也是有必要阅读的。在这个基础上教师去分析和钻研汉字，找出它们的源头、形义的演变、造字之初的汉字意义与现在所使用的意义之间的差异变化、该字背后蕴含的文化内涵或有关的文字故事就非常容易了。

（三）深层挖掘汉字历史文化知识

汉字的文化内涵不仅体现在造字之时由本义和引申义折射出来的文化色彩，而且在历史发展进程中，汉字也吸收了许多外在的文化因素，如著名的历史故事、成语典故、古代礼俗制度，等等，这些有关汉字的历史文化知识无疑也可以增加汉字学习的趣味性，同时扩大了汉字学习的素材。因此，教师可以精心设计部分字词的讲解，同时贯穿神话传说和历史典故，比如鼎字：从鼎字的甲骨文字形来看（鼎），它是个象形字，最上部像鼎的两只耳朵，下部是鼎足。传说夏禹曾收九牧之金铸九鼎于荆山之下，以象征九州，并在上面镌刻魑魅魍魉的图形。自从有了禹铸九鼎的传说，鼎就从一般的炊器发展为传国重器，国灭则鼎迁，夏朝灭，商朝兴，九鼎迁于商都亳京；商朝灭，周朝兴，九鼎又迁于周都镐京。历商至周，都把定都或建立王朝称为"定鼎"。春秋时，周王权威下降，诸侯纷起。周定王元年（公元前606年），楚庄王伐陆浑之戎，陈兵于洛邑附近，定王派王孙满前去慰劳。楚庄王乘机探问九鼎的"大小轻重"，遭到王孙满的有力驳斥："周德虽衰，天命未改，鼎之轻重，未可问也。延伸这就是历史上有名的"问鼎"故事。西周时期的列鼎制度规定："天子九鼎，诸侯七，卿大夫五，元士三也。"（《春秋公羊传》）各鼎所盛的肉食也有规定，九鼎盛牛，称为太牢，以下依此类推。后来，列鼎制度废除，但是这一制度赋予鼎权力地位的象征意义却保存了鼎的铸造，它的意图并不限于表现统治者的权威，还有为百姓祈福、保佑平安的善良用意。教师这样的讲解体现了汉字意义和古代汉字文化的联系，识字教学内容的选择也体现了教师自身对汉字文化性的理解，符合了新课程对汉字的情感态度和文化传递的要求，把古代的文化生活与汉字产生的本源意思整合起来了。

二、明确把握探究性识字教学的基本

实施汉字探究性教学，挖掘汉字文化内涵，必须明确把握探究性识字教学的基本。随着生活阅历的增加和学习的逐步进行，小学生的知识数量和结构以及思维特点都会不断发展，呈现出不同的发展阶段和特征，这就决定了小学生识字的阶段递进性，所以教师在识字教学中应该准确地判断学生的这种阶段性变化，对不同年级的教育对象应相应地采取适时适当的教学策略提高识字的效率，同时相应地进行"汉字文化"中的民族精神及美育思想渗透。

（一）综合使用多元的教学策略

探究汉字的教学，不应归类于任何一类识字教学流派。在倡导建立科学识字教学体系、综合使用多元教学方法的今天,"探究汉字"更偏向于集合众家优势的复合型识字教学,这与《语文课程标准》的要求是一脉相承的。王宁先生指出:"汉字不仅应注意教法,更要注重学理,也就是遵循汉字自身的规律。"她提出了五项标准:1. 根据汉字的使用频率确定小学识字教学总的字量字表;2. 选择好初期积累字;3. 根据汉字构形规律科学地讲解字理;4. 根据不同教学阶段和汉字的不同属性,选择不同的教学策略;5. 从汉字自身的规律出发,增强教学的趣味性。探究汉字的教学同样应该以这五项标准作为参照。教师对于书本上的理论和材料都不能生搬硬套,要结合教学的实际情况和学生的心理特点、接受能力,从实际出发深入浅出地运用启发式教学法,使学生乐于主动接受。识记汉字是有规律的,掌握了方法,就能执简驭繁,触类旁通。汉字字形千变万化,所以在探究识字教学时不能固定使用一种教学方法,应该根据汉字自身特点分类教学,综合使用多元的教学策略。

(二)挖掘汉字精神意蕴,渗透德育

汉字是观念文字,它的字形里积淀了丰富的中华民族精神,包括价值观念、道德标准等。因此,教师在教学这些和精神意识有关的汉字的同时,也是在进行德育的渗透,所以我们可以把汉字中蕴藏的精神意识作为一种潜在课程对学生进行潜移默化的道德教育。这里仅举几例:仁、义、慈、孝。"仁"是中华民族传统精神中最大的哲学范畴,其金文写作"ᐟ",由"二人"组成,其意义表示为"人以及人与人",说的是个人与社会的关系,要"修身齐家治国平天下"才可以称之为"仁"。又如"义"字,甲骨文写作"ᐟ",上部是一个"羊"字,下部是一个"我"字。羊,其性为善、其形为美、其质为利的象征。"我"把"羊"举在头上,可会意为"大众的利益,高于一切"。所以,"义"是做人的大原则。"慈"字的小篆写"ᐟ"做,上面部分是两个襁褓中的婴儿,把幼小的婴儿放在心上关爱、呵护,是一种伟大的仁爱精神。又如"孝"字,金文写作"ᐟ",上面像一个老者,下面是一个孩子可

会意为每个人都是父母所生所养。父母就是自己的老人，也就是自己的根源。在人伦道德中，"孝"是根本，所以有"老吾老以及人之老，幼吾幼以及人之幼"之说。通过对这些折射出中华民族传统精神意识的汉字的讲解，学生不仅可以识记住它们的字形，还可以轻松理解它们的字义，同时受到了传统文化的直接熏陶。

三、拓展识字教学资源以延伸探究空间

识字教学工作量大，不仅要保证识字的数量，更要关注识字的质量，即学生通过识字了解了多少知识、是否拓宽了知识视野，有没有培养学生热爱祖国语言文字、用好祖国语言文字的高尚情感和审美情趣。因此，仅仅设计好常规的课堂教学是不能满足新课改对识字教学的要求的，教师应该帮助学生拓宽识字教学资源，积极开展探究识字的综合性学习，将探究识字的空间向别处延伸。小学生有其独特的思维特点：在记忆方面，刚入学的儿童或一二年级学生由于理解能力差还不能进行有意识的、主动的识记，记忆主要靠死记硬背且自觉性差，但擅于记忆韵律化的材料；随着年龄的增长和学习的需要，学生的有意记忆迅速发展，到了中年级时就能根据材料的意义及内在联系进行意义识记，虽然对概念的掌握水平不高，但是擅长形象记忆，具体材料和具体词的记忆优于抽象的记忆。所以，低年级探究汉字的学习重在增强学生学习汉字的兴趣，引导学生主动挖掘生活中的汉字资源加以整合利用以加速扩大学生的汉字积累量；而中高年级的学生有一定的识字基础，基于此其探究汉字的学习重在从文化学角度分主题探究，感悟汉字中蕴藏的文化内涵。

（一）联系生活中的汉字教育资源

《语文课程标准》中指出："识字教学要将儿童熟识的语言因素作为主要材料，同时充分利用儿童的生活经验。"生活其实就是识字的背景和舞台，因此教师应引导学生利用生活中的有利条件形成识字的敏感性和浓厚兴趣。拓宽渠道，可以潜心营造校园文化进行潜移默化的熏

陶。学生一走进校门,汉字就会以各种鲜活的形式跳跃到他们的面前:校名、校训、宣传标语、黑板报、告示牌、课程表……教师要充分利用这一有利条件,带领孩子不知不觉地在愉悦的氛围中领略到汉字的无穷魅力,从小在心中播下中华文化的根。拓宽渠道,还可以利用社会汉字教学资源,如电视、广告及街头标语识字。一年级下册"语文园地二"的展示台(识字加油站)就是让学生展示自己从电视上认识的汉字,目的是使学生养成通过各种途径自主识字的好习惯。

(二)开展探究性综合识字活动

教师可以引导学生开展探究性综合识字活动,使学生逐渐形成重自主发现和探究的人文精神。探究性综合识字活动可以有很多种方式,例如:搜集资料,挖掘汉字文化内涵;策划社会用字调查活动,写成简单的调查报告;搜集书法作品,欣赏汉字的优美等。以搜集资料,挖掘汉字文化内涵为例:汉字的形体是一份宝贵的文化遗产,是古人的思想情感与社会历史、经济文化发展相结合的产物,从汉字的形体中,我们可以了解古代社会的各个领域、各个层面,因此学生可以有多种探究主题可供选择。如从汉字形体看先民的生活画面、探究汉字中蕴藏的社会文化(从汉字看上古的婚姻形式、原始人的祭祀文化、图腾崇拜等)、从汉字看中国的姓名文化、汉字和避讳、汉字中的文字游戏、从汉字书法领悟古人审美意识等。以探究汉字中蕴藏的社会文化为例:汉字中蕴藏着丰富的社会文化,如造字之时先民们的祭祀文化和图腾崇拜。从"祝""血""奠"字的构形中,可见我们的祖先对自然有着极大的崇拜,其具体体现就是祭祀。祭祀文化是一个系统的文化,要有祭祀场所、祭器、祭品及主祭人,祭祀活动主要是对崇拜对象行尊崇大礼、祈祷鬼神保佑等。"祝",金文写作"",像祭祀的人跪在神主之前张口向上祈祷,本意是主持祭祀活动的人,引申为向神祈福。"血",甲骨文写作"",像器皿中装有血而祭祀之形。"奠",金文写作"",上部是酒器,下部是放东西的"几",所以"奠"与酒相关,"置祭"一词就是置酒食而祭祀的意思。再如，一些象形文字中体现了原始氏族的图腾崇拜文化，我们可以从"羌羊"的构形中看出先民对羊的图腾崇拜；从"亥""挚"的构形中看出先民对鸟的图腾崇拜；从"鲧"的构形中看出先民对鱼的崇拜等。

四、寻求学校、家庭、社会的多方支持

（一）学校相应的资源支持

探究性识字教学的开展需要教师投入大量的精力，比如教学设计、课外指导等，因此作为学校一方，应该在人力、物力、财力上做出相应的倾向性措施，不仅在硬件配备上要利于探究性识字教学工作的开展，更主要的是应该采取激励性措施，鼓励教师加强学习汉字的相关理论知识、精心设计探究性教学，努力把探究性识字教学建设为精品课程。

（二）家长积极配合学校教学

教育是学校、家庭、社会三方共同的事情，汉字教学同样不例外。家长是学生的"第一教师"，家庭环境对学生学习的影响是巨大的。探究性识字教学则要求家长更多的配合，例如，家长应主动创造良好的家庭识字氛围，以自身实际行动为学生树立榜样；积极鼓励学生参加综合性识字活动，并参与到对学生的评价当中来；乐于和教师主动交流学生的识字状况，共同为学生制订合适的识字计划等。

（三）营造良好的社会识字环境

汉字具有工具性，人人都在使用，处处也可见到，因此社会是除课堂以外学生学习汉字最广阔的平台。因此，全社会有必要营造一种良好的识字环境，比如肃清错别字、正确使用规范汉字、注意用语措辞的准确性等，为学生树立良好的榜样示范作用。另外，在探究性识字教学的综合实践活动中，学生可能会到社区去参观考察、调查访问等，经常要涉及社会各个机构和相关人员的配合问题，这要求社会改变教育是学校专利的传统观念，对语文汉字教学工作予以支持理解，共同为学生的探究性学习提供良好的资源获取渠道。

　　总而言之，识字教学不能脱离汉字的文化根基，不能忽视汉字丰富的文化内涵。我们有理由相信，基于文化视角探究汉字的构造规律、挖掘汉字的文化内涵，不仅能使当前的汉字教学更好地熔科学性、人文性和趣味性于一炉，而且能更好地切合新课程标准的要求，促进学生的良好发展。

第五章 语文阅读主题探究教学模式

阅读是语文教学的重要组成部分，如何在阅读教学中开展探究学习，使学生积极主动地参与文本对话，构建对文本内容的理解和获得人生的启迪，至今还是个悬而未决的问题。我们认为，语文阅读探究学习应以文化主题作为思想统领，对语文教材中某一单元的教学内容进行整合，以其中的一篇为样篇，将探究贯穿于主题的提炼以及解构、重构意义的过程中，运用结构主义的分析方法分析出此类文学作品的叙事结构，然后运用于其他相同主题的文本教学中，以达到"举一纲而万目张，解一卷而众篇明"的阅读教学效果。

新课改提倡对话教学，要求学生与文本对话，而不是死记课本内容。那么，这种对话应怎样进行呢？让我们从《孙悟空三打白骨精》的教学片段说起：

师：课文中有三个主要人物——唐僧、孙悟空、白骨精。请同学们选择其中一个人物，找找有关的描写内容，想一想，然后说说他（它）是一个怎样的人。

生1：我想评价一下白骨精。就像课文里说的，它诡计多端，残害百姓……（接下去列举了不少文中的内容来加以证明）

生2：不过我觉得白骨精也有好的地方，至少它很孝顺嘛。你看，它抓到了唐僧之后就派人去请自己的母亲一起来吃，这不是很有孝心的表现吗？

（许多学生愕然。有人在微微点头）

生3：我听了刚才同学说的，觉得也有点道理，有好处时能马上想到母亲，这总是一件好事。

生4：不过它请母亲来吃唐僧，却使得母亲也被孙悟空打死了呀。

生5：可是它一开始也没想到会这样嘛。它只是想让母亲也能长生不老。所以母亲被孙悟空打死，不是白骨精的错误嘛。它的出发点还是好的。

（学生继续发表意见，教师不作干预，意见趋向于肯定白骨精的"孝心"）

师：大家说得真好，听了学生们的发言，我也很有启发。是啊，我们从来都是说白骨精怎么怎么坏，可是经过大家的讨论，我们发现，它的身上也有闪光点值得学习呢。①

这样的"个性解读"在现阶段的语文课堂上屡见不鲜，我们该如何看待呢？

第一节 主题阅读探究教学的目标

阅读教学是语文教学的重要内容，作为阅读教材的文本，荟萃着文学殿堂的最美乐章，渗透着人类文明的智慧和良心。当我们打开课本，面对这一篇篇蕴含人类深厚文明的文本时，我们该怎么做？我们该怎样把文学的华美乐章奏给学生？让他们在知识的海洋中自由翱翔？我们迷茫过，失败过，并且现在依然在徘徊，在探索。阅读是活的，她是人与人之间心灵的对话，更是人的自我完善的过程。这便是阅读教学所要达到的最高目标。我们要与文本对话，与作者交流，设身处地地想作者之

---

① 周雨明：《语文教学不能在人文熏陶的"忽悠"下迷失》，《行动与反思》2007年第11期。

想，思作者所思。我们不能只顾低头，而不顾漫天繁星的璀璨，我们也不能只顾仰天看繁华，而忘记自己原来的航线，我们要俯仰不断，看尽中华文化之精湛。

上述案例中师生对《孙悟空三打白骨精》的解读令人瞠目结舌。学生仅凭"请母亲共享唐僧肉"这不到十个字的描述竟得出那样的荒谬结论。这样的案例在我们现阶段的课堂中比比皆是。我们的阅读教学忽略了什么？文本！我们只顾让学生"天马行空"地表达自己的见解，却忘了低下头来认真分析文本，我们忽略了文本的存在，没有在对文本的充分感知的基础上来交流，这样获得的体验和理解往往肤浅，甚至是曲解文本意义，违背了语文阅读教学的基本目标。语文课程丰富的人文内涵对人们精神领域的影响是深广的，学生对语文材料的反应又往往是多元的。因此，应该重视语文的熏陶感染作用，但要注意教学内容的价值取向。

长期以来，语文阅读教学一直秉承着科学主义的思维来向学生讲述文学作品，这种用自然科学的方法看待文学的思维方式，直接导致了语文"工具性"作用被无限制地扩大。基础教育课程改革实施以后，传统的"科学式"阅读逐渐被"感悟式"阅读所取代，人们开始关注语文的人文意义，语文阅读教学更多的体现了它的人文性。然而，我们都知道，语文是最重要的交际工具，是人类文化的重要组成部分。工具性与人文性的统一，是语文课程的基本特点。语文课要有相应的人文意义，但绝对不能丧失其本来应有的目标和学科规范，我们不能从一个极端走向另一个极端。

但如今语文课堂出现的这些"个性解读"，却令教师措手不及。如《鹬蚌相争》的教学案例：① 学生认为鹬和蚌都不能开口说话，建议把"说话"改成"心想"，之后又有学生质疑说到底蚌的嘴巴是否在壳里。

---

① 徐学福、宋乃庆：《新课程教学案例引发的思考》，《中国教育学刊》2007年第6期。

整节课下来，让我们觉得这样的课，语文不像语文，科学不像科学。这样的课既不是科学精神的体现，又缺乏人文理念。说它不像科学，是因为鹬和蚌都是低等动物，既不会说话，当然更不会想，学生把"说话"改为"心想"显然也不合理；说它不像语文课，是因为，这是一篇寓言课，寓言是文学的体裁之一，它借事说理，教师只需让学生从寓言故事中悟出一定的道理即可，不必追究故事的真实性。所以这样的课严重丧失了语文课的学科规范，更脱离了语文教学的基本目标。

要求语文教学要不失学科规范，要认真与文本对话，但不是让教师死扣文本，回到用科学主义的理念机械地解剖文学作品的道路。换言之，既不能丧失语文课的人文性，也不能让语文课变成科学课。比如一位教师在讲解《曹冲称象》这篇课文时，为了拓展创新，让学生探究称象的方法。学生先后提出了10多种方法。教师对此都一一肯定，教学在一片鼓励和赞扬声中结束。这样的教学不探究还好，一探究，竟然使全班学生形成这样的认识：曹冲没有什么了不起，他的方法还没有我们的方法高明呢。

这样的解读文本看起来关注学生的人文思维，实质上却是一种工具性的思维方式，这依然脱离文本，最后导致语文不像语文，科学不像科学。《曹冲称象》的教学目标根本就不可能让我们在称象的方法上大费周章，这严重脱离了语文课的教学目标，是忽视文本所造成的误读。如果让学生深入到曹冲所处的年代：三国时代，那个时候科技的发展远不能和今天的发展程度、速度相比。劳动工具落后，小曹冲根本不可能像现代人这样利用多种科技手段，借助先进的科技工具来完成称象。今人没资格嘲笑古人。如果这样解读，相信学生如何感悟，都不会得出"曹冲还没有我们高明"的荒谬结论。

这样的探究误区在我们的课堂上屡见不鲜。如何减少我们的探究误区的发生？

教师要明确阅读教学的目标。阅读教学的目标引导阅读教学实践，它时刻指引着教师阅读教学的方向。只有明确目标,阅读探究才不会盲目。《全日制义务教育语文课程标准(实验稿)》对阅读教学目标做了以下表述:培养"独立阅读的能力,注重情感体验,有较丰富的积累,形成良好的语感。学会运用多种阅读方法。能初步理解、鉴赏文学作品,受到高尚情操与趣味的熏陶,发展个性,丰富自己的精神世界。"[①]概括起来就是:

一、培养阅读鉴赏与探究的能力

鉴赏是对文物、艺术品等的鉴定和欣赏。人们在阅读文学作品时,对作者塑造的艺术形象进行感受,理解和评判的思维活动和过程。人们在鉴赏中的思维活动和感情活动一般都是从艺术形象的具体感受出发,实现由感性解读到理性解读的认识飞跃,既受到艺术作品的形象、内容的制约,又依据自己的思想情感、生活经验、艺术观点以及艺术兴趣对鉴赏对象加以补充和丰富。运用自己的视觉感知、已有认知经验对作品进行感受、体验、联想、分析和判断,理解作品与现象,并以此获得审美享受的活动。文学艺术的鉴赏是重要的审美活动,语文又具有重要的审美教育功能,应大力培养学生自觉的审美意识和高尚的审美情趣,培养其审美感知能力和审美创造能力。

二、丰富情感体验和认知

学生人生经验的不足,体悟的能力不强或与文本的情感有隔阂。面对一篇文学作品,不同的学生有不同的认知和情感体验,如何让学生在自身原有认知经验的基础上获得更为丰富的情感体验呢?探究性阅读教学在尊重学生认知个性的基础上,引导学生探究同类文学作品所蕴含的共同规律,进而挖掘作品的深层次结构。在探究过程中,帮助他们把原

[①] 何晓波:《现代阐释学对阅读教学的关照》,《中学语文教学参考》2004年第1-2期。

有生活经验和原有认知结构不断深化，形成新的认知结构，摒弃不健康的或低层次的情感体验，提升自身感悟能力，丰富自身情感体验。

三、发展健康个性

正确的引导有助于学生形成健康的个性品质和价值观。探究性阅读教学在尊重学生个性特点的基础上，积极引导学生正确解读、感悟文本，让学生树立正确的人生观和价值观。学生对作品的解读透露着学生的某些个性特点。在语文学习过程中，培养爱国主义感情、社会主义道德品质，逐步形成积极的人生态度和正确的价值观，提高文化品位和审美情趣。能通过鉴赏文学作品，受到高尚情操与趣味的熏陶，发展个性，丰富自己的精神世界。这些是语文阅读教学的基本目标，是教师进行探究性阅读教学所应达到的基本要求。要完成这些目标，最重要的就是要引导学生正确解读文本，正确探究文本，正确进行感悟。

教师究竟应该怎样正确探究文本，怎样对文本进行合理的感悟呢？人文求美，求善，它要求教师要对文本有整体的体验和感悟。作为教师，我们要让学生正确解读文本，从而进行合理的感悟。但是，解读文本、感悟文本不是随心所欲，它是有一定规律性，有一定的科学基础。文学作品纷繁复杂，包罗万象，具有多种表现形式，然而，它们自身却有一定的稳定结构的存在，有一定的规律可循。正像一部交响乐一样，虽然可以多次移调，却不会失去其交响结构体的一致性。因此，教师的探究和感悟文本就不能"天马行空"。如果教师能够找到一类文学作品的基本结构，在此结构内进行感悟，师生的教学便不会随心所欲，更不可能出现歪解、胡解、曲解作品的现象。如上述第一个案例，如果教师能够引导学生从抓唐僧（特定行为）——长生不老（动机）——血淋淋的屠杀（阴毒的手段）这三者之间的结构关系入手，那么，老妖婆的死定会成为其作恶自毙的必然结局，而不是什么偶然事件。"孝"是一种美德，然而在个人道德层面之上还有公德、正义、人性等更具普遍意义的概念存在。如果割裂三者之间的关系，是不会体会文章的这一感情的。教师应该引导学生对文本进行结构探究，提炼文本主题，与文本进行充分的对话，在此基础上进行合理的感悟，以重构自己的知识结构，达到情感的升华，自身的自我完善。

第二节　主题阅读探究教学的理论基础

一、建构主义学习理论

在阅读教学过程中，经常会碰到学生对文本进行各种各样的解读，结果往往出乎教师的意料之外。这种情况实属正常。建构主义认为，知识不可能以实体的形式存在于个体之外，尽管语言赋予了知识一定的外在形式，并且获得了较为普遍的认同，但这并不意味着学习者对这种知识有同样的理解。真正的理解只能是由学习者自身基于自己的经验背景而建构起来的，取决于特定情况下的学习活动过程。学生不是空着脑袋进入学习情境中的，在日常生活和以往各种形式的学习中，他们已经形成有关的知识经验，他们对任何事情都有自己的看法，即使有些问题他们以往从来没有接触过，没有现成的经验和见解可以借鉴，但是当面对问题时，他们仍然会基于自己以往的认识和实践经验，依靠自己的认知能力，形成对问题的解释。他们有自己的认知结构，他们不是被动接收信息刺激，而是主动地建构意义，是根据自己的经验背景，对外部信息进行主动地选择、加工和处理，从而获得自己的意义。学习意义的获得，是每个学习者以自己原有的知识经验为基础，对新信息重新认识和编码，建构自己的理解。这种建构过程只能由学习者自己完成，他人不能代替。教师引导学生建构知识的过程就是引导学生发现自己原有的认知结构和新知识之间的不协调性，然后主动去改变它。

阅读一篇文章，学生会依据自己的"前理解"（原有认知经验）来对文本进行分析。"前理解"不同，便会产生不同的理解。这种不同存在于学生与文本作者之间、学生和教师之间、学生与学生之间等。教师应该充分尊重学生的原有知识经验，接受这种理解的多元化，更要学会倾听学生的心声。在教学过程中，不能无视学习者的已有认知经验，简单强硬地把外部知识"灌输"给学生，而是应该把学习者的原有认知经验作为新知识的生长点，引导学生从原有的知识经验中，生长出新的知识经验，积极引导他们正确探究文学作品的"言外之音"。

主张文本的多元化解读，但这并不是说教师可以任由学生随心所欲地解读文本，无限衍生文本意义。文本是以语言为表征的符号结构，作为一种历史产物，它潜在着一定的审美的、道德的、政治的或其他的意义，具有鲜明的时代特性，以及作者独特的生命体验和认知个性。学生的多元解读也必然带有自己的认知结构和阅读经验，这之间必然存在差异。在承认这种差异的同时，还要清楚这种差异不能无限衍义。建构主义理论认为：建构主义教学不是学生个体经验水平上的盲目摸索，人类的科学文化不能由此获得，它需要教师的干预。事实上，在阅读教学过程中，学生也常常显露出不成熟的人生观价值观，或是受偏见的影响，对文本的解读处于感性层面，这就需要教师帮助、引导学生把他们的原有生活经验和原有认知结构不断转化、升华，形成新的认知结构。

二、结构主义文学理论

以存在主义和现象学为代表的主体哲学在使世界日渐人性化的同时，也带来了一个两难问题：由于世界日益人性化，创造了更多的人类主观性，任何证实或断言这种主观性的客观方式都消失殆尽；主体在没有实证的情况下变得愈加焦虑和孤独。虽然萨特（Jean Paul Sartre）试图为这种至高无上的主体性抹上英雄的光辉，但他在《存在主义是一种人道主义》中所描述的失望、痛苦、孤独却是世界主观化、人性化所产生的必然状态。这就如同现在的语文课堂，五光十色的个性、主观解读，让学生产生心灵的迷茫与困惑。

新课改提倡尊重学生的主体性，允许对文本进行多元解读，学生对文本要有自己的感悟，但到底应怎样进行"多元解读"？"感悟"的真正内涵又是什么？何谓"感悟"？这些问题需要深入思考。"感悟"可分为"感"和"悟"两个心理过程，"感"就是要接触文本，它是以文本的细节，局部为对象的。这个过程是为"悟"做准备，是个过渡性的心理过程，读者的心理感知要从此部分进入到"悟"的阶段，所谓"悟"就是由细节到整体，由文章表面到文本的意义整体。"从文本的细节、局部导向对文本整体意义的'整体感知'即感悟。"① 因此，感悟不能像踩着西瓜皮一样，滑到哪儿算哪儿。感悟是对文本的整体感知，它要以文本作为依据，不能脱离文本而任由学生漫无目的的随意感悟，跟着自己的感觉走。换言之，感悟不能过"度"，超出了感悟的"度"，教师就不是在引领学生走进文学、品读文学，而是让学生在文学的道路上越走越远。

感悟不能过度，就要做到心中有"谱"，这样才不会偏离、曲解文本的原意和本质。结构主义文学分析理论认为，文学作品虽然包罗万象，但是它们却有着"某种共同的内在结构，可供分析……谁也不可能构思一个叙事而不参照一个一致性原则的系统。"② 探究文学作品是有规律可循的。研究和学习文学作品的关键不在于把握单个事件或情节，而在于把握它们之间的关系即作品的基本结构。这个基本结构便是感悟文本的"谱"。一旦找到文章的基本结构，在这个结构框架里进行感悟，理解文本就不会随心所欲，更不会导致"误读"或者是"歪解"。

什么是"结构"？对结构主义来说，"结构"是探究的目标，是要解开的秘密，是真理的所在。结构是万事万物基本的存在方式。"结

---

① 李海林：《"感悟"及其教学策略》，《课程·教材·教法》2004 年第 11 期。
② [法] 安德烈·尼耶：《悲怆与诗意：结构主义作品分析》，万胜译，湖南人民出版社 1988 年版，第 44—46 页。

构"（Structure）一词来源于拉丁文，它是从动词"stru 触"（构成）一词演变而来的，最初只具有建筑学的意义，指的是"一种建筑样式"。在 17、18 世纪，"结构"一词的含义拓宽了，也被用来类比活的东西，如人体或语言，渐渐地，"结构"被用来描述"部分构成整体的方式"，因而也能够用来描述形形色色的结构，包括解剖学、心理学、地质学和数学的结构。法国结构主义的"结构"概念来源于索绪尔的结构语言学和法国实证主义社会学。结构主义认为可以用某种基本结构（或模型，或系统）来解释任何研究对象。这种研究对象可以是人的身体、思维、社会本身、语言或文学、数学、神学、自然界等等，几乎包括任何现象。结构主义各派别的共同特征是从既定的语言结构（模型、系统）及与之相应的思维结构出发来解释其所研究的领域的现象。他们对结构概念的解释远未达成一致，但如下几个方面是其共同看法："第一，认为结构作为一个系统（整体），是按照一定的模式（规则、秩序），由许多成分（要素、单元）组成，其中任何一个成分的变化都在不同程度上引起其他成分的变化，而作为系统、整体的结构正体现了这些成分之间的关系，通过揭示和阐释这些关系，就可以理解所涉及领域的各种现象。第二，结构既不是事物本身所固有的，也不是人头脑主观臆造的，而是一种超越了主、客观二元对立的存在。第三，结构可分为表层与深层等不同的层次。第四，认为结构作为一种理智和观念的存在具有超越作为主体的个人存在的意义，即是说它们是无人格的。第五，早期结构主义者大多数否定结构的历史性，认为结构是一种超越了时间性的存在。"①

还可以这样来理解结构：作为一个整体的对象是由诸部分组成的，这些成分之间关系的总和就是结构；重要的是结构的整体性，作为组成部分的个体并没有独立的个别属性，一切个体的性质都由整体的结构关

---

① 李克建：《结构主义、后结构主义与教育研究：方法论的视角》，博士学位论文，华东师范大学 2007 年，第 5 页。

系所决定；因而个体只被看作整体结构中的诸"节点"，它们只能起传递"结构力"的作用。根据这种观点，他们认为世界不是由"事物"组成的，而是由关系组成的，事物不过是关系的支撑点。因此，西方社会长期奉为神明的个人主义所宣称的"主体'，"个性"等概念也失去了意义。

皮亚杰认为，"结构"是一个包含着若干转换的体系，而不是某个静止的"形式"；结构具有相对封闭性，因为它本身是自足的，理解一个结构不需要求助于同它本性无关的任何因素；结构又是普遍的，具有整体性、转换性和自身调整性；结构并不"客观地"存在于客体之中，结构是由（认知的）主体构造出来的，但是"主体绝对不能随意地好像玩一个游戏或画一幅画那样来自由地安排结构"。这些都是大多数结构主义者们承认的。

在语文阅读教学中，存在着多个结构关系。如教师、学生、教材三者的关系就构成了一个宏观意义上的教学结构。从微观看，对教材的探究解读实质上也构成一个结构，它包括文本的原生价值、历史价值和时代价值，单个的"节点"意义替代不了整体的意义，这三者的关系构成一个相对完整的意义结构。

结构主义文学分析理论要求我们正确地去感悟文学作品，不能超过"感悟"的"度"。如果我们对文本进行科学的结构分析，就能够发现作品的主线、作品的创作结构、作者的创作思路及写作风格，围绕文本主题、基本结构来感悟文本，就不会探究过"度"。如有位教师在讲解《我的战友邱少云》时，想让学生心中永远树立邱少云这位英雄的伟大形象，结果，有的学生却产生这样的质疑：邱少云他们是先遣部队，埋伏在离敌人很近的地方，大火在他身上燃烧了半个多小时，他身上带了子弹和手榴弹，那么，这么一点就着的易燃品被烧了那么长时间，怎么没有爆炸呢？这样的问题只能去感悟，感悟作者此刻究竟想要表达的是一种什么样的感情。教师可以引导学生从关键行为——"一动不动"、行为环境——"大火在他身上烧了半个多小时"、导致这种行为的心理原因—"为了这次战斗的胜利"这三者之间的结构关系入手分析,很自然地就会感受到邱少云在特殊环境下做出如此特殊行为需要多么强大的意志力和强烈的爱国心。① 这样联系起来感悟,邱少云的伟大形象自然而然就会凸显出来。如果割裂这三者之间的联系,我们的感悟就会干瘪无力,甚至会偏离文章的主题,从而变成对故事真实性的一些无意义的争辩。这也是探究文本"言内之意"的重要性和必要性。

主题阅读探究教学最重要的环节即是要求教师带领学生通过主题探究文本中蕴含的基本结构关系,实现正确的完整的意义感悟。

三、后结构主义思想

后结构主义与结构主义有着不可割裂的"缠绵"关系,二者有许多显然的共同点,但也有着不可避免的相异之处,在这里,我们借鉴的是二者之间的不相同点。第一,结构主义有着明显的科学化抱负,而后结构主义通过在认识论上引进反基础主义,以及在解释学上强调多元视角主义,来反对人文学科中的科学主义、理性主义和现实主义。第二,结构主义致力于通过对结构进行较为静态的共时分析来抹掉历史;而后结构主义重新对批判性的历史书写产生兴趣,强调历时分析,指出结构的突变、转换、动态性和不连续性。第三,后结构主义与结构主义最显著的不同之处在于,结构主义强调整体,具有明显的总体化倾向,而后结构主义强调"差异"观念,主张向一切的总体化开战。或者也可这样说:若讲结构主义,它倡导的核心价值是消灭主体,那么后结构主义则一方面继承了结构主义对主体的批判思想,另一方面又重新重视起"主体"这个构造物,用各种各样的概念透镜审视它,分析它,解构它。"后结构主义反对结构主义片面强调结构、中心和二元对立(结构

---

① 徐学福、宋乃庆:《新课程教学案例引发的思考》,《中国教育学刊》2007年第6期。

主义虽也反对二元对立，但并不彻底）而无视中心的相对性和语言的差异性的倾向。后结构主义反对真理的绝对性、结构的稳定性和能指、所指的统一性，强调真理的相对性，提倡对文本的解构性和多元化阅读，表现出强烈的反理性主义的色彩。"①

在阅读具有人文意义的文学作品时，结构主义的文学理论旨在让我们探究文学作品所蕴含的普遍结构意义，以便能够深入作品之中，与文本、与作者展开深层次对话交流，实现历史意义的解读。然而，我们都知道，文学作品不仅具有作者年代的写作意义，更具有不同时代读者的多元解读价值。后结构主义呼唤主体性，即是要求尊重独立主体对作品的个性解读。我们应该在尊重原作的基础上，呼吁学生对文本有自己的独特感悟。

因此，在语文阅读教学过程中，既要跳开个人认知去探求文本的历史意义，寻求共同的普遍意义，又要运用自己的知识情感重新审视文本，探究其蕴含的深层次价值内涵，以实现更高意义上的价值同化和内化。

四、对话理论

众所周知，文学作品具有鲜明的时代性与个体性，一切文学作品的创作都带有明显的作者的印迹。它天生就带有作者的喜怒哀乐，带有作者对人生独有的感悟、体验和述说，带有它的历史规定性。阅读一篇文章的过程，主要就是学生与文本进行对话的过程，也是一次探究性学习的过程。对话的双方是平等的，在阅读文本时要做到尊重作者、尊重文本。

要做到尊重作者，尊重文本，就必须要充分亲近文本，与文本对话。对话理论认为：人类只有依托语言或话语才能生存、思考与交流。人类情感的表达、理性的思考乃至任何一种形式的存在都必须以语言或话语的不断沟通为基础。对话交际才是语言的生命真正所在之处，两个

---

① 李克建：《结构主义、后结构主义与教育研究：方法论的视角》，博士学位论文，华东师范大学2007年，第5页。

声音才是生命的最低条件，生存的最低条件，单一的声音，什么也归结不了，什么也解决不了。因此，我们要理解文本，就必须与文本对话，探究文本的言内之意。

第一，在语文阅读教学中，与文本对话涉及多重对话关系。阅读教学是学生、教师、文本之间对话的过程。具体来说，阅读教学过程中往往是以文本为一方，与教科书编者、教师、学生这三者构成对话关系。三者围绕文本的话题，产生思维的碰撞，再加上前人对文本也有各种各样的见解，就有历史与现代的对话，所以阅读教学一定是复杂的多重交叉对话。

第二，对话理论包含平等的观念。这种平等是指对话双方的主体意义和主体价值保持平等状态。对话是由独立的、具有内在自由性的多种观念组成的大合唱。"每个声音的个性，每个人真正的个性，在这里都能得到完全的保留。"在语文阅读教学中，对话理论的平等观念主要体现在教师、学生、文本三者之间，教师要尊重学生的价值观念和思想权利，同样的教师和学生也要充分尊重文本（作者）的价值观念，不能任意歪曲、乱解作品的意义。

第三，对话涉及不同个体间的文化背景、价值观念、人生体验、个性特点、审美情趣等的碰撞与交流。对话理论认为：人是作为一个完整的声音进入对话。不仅以自己的思想，而且以自己的命运、自己的全部个性参与对话。在语文阅读教学过程中，不同的参与主体的文化背景、价值观念、人生体验、个性特点、审美情趣等相互交融，相互影响，从而产生可贵的思维火花。在阅读文本时，文本作者所处的时代特征，以及作者的价值观念、思想情感等必然融于作品之中，影响着阅读者对文本的理解，同时，不同的阅读者本身的文化背景、价值观念、个性特征等也影响着其对文本意义的揭示。所以，在阅读教学过程中，要充分尊重学生的思想，要允许学生对文本有自己的见解。

第四，对话不仅是同一时空下的面对面的口头交流，更是一种超越时空的心灵间的、思想情感上的交流。在语文阅读教学中，我们更多的是在与文本作者进行超时空的对话交流。这是一种假想中的、无声的、心灵间的对话交流。学生与文本作者所处的时代文化背景不同，拥有的知识水平也不同，因此，与文本对话所生成的意义就不可能与作者的原意，文本的本意一致。学生拥有自己的认知结构，这种认知结构一般都比较浅显，对文本的理解必然会出现不同于作者的原意的理解。再有，不同的学生有不同的认知结构，这更是会让文本解读产生各种各样的理解。所以，对话的时空局限性使得文本解读出现多元化是正常的，教师应该尊重学生对文本有自己的思考权利。但是由于学生自身素质的局限性，他们的知识水平往往低于文本作者的知识结构，形成的认识多表面化或不成熟，甚至是错误的。所以，教师不能一味地赞同学生、纵容学生，对学生产生的一些错误解读置若罔闻，而是要及时地对错误的解读给予判断并引导学生形成正确的价值取向。

第三节　主题阅读探究教学的基本程序

"主题"在不同学科领域有不同含义，这里所说的"主题"特指文学作品的"文化主题"，即是从哲学的高度上看，那些属于"人生意义"的"词语"。具体来讲指那些连接着学生精神世界、现实生活或者与历史典故、风土人情等有关的"触发点"、"兴奋点"、"共振点"。① 在读一篇文章或是一部作品时，读者首先被感动的是作品里面所透露出来的人性的美丑善恶，人间的爱恨冷暖，而非作品的语言表达技巧。这些透露出来的"点"就是一个个的主题。因此，主题阅读探究教学，是指在语文阅读教学中，从学生的学习现状以及自身特点、课程单元以及教材本身出发，围绕着由教师和学生共同在教材中寻找或挖掘出来的

---

① 窦桂梅：《窦桂梅与主题教学》，北京师范大学出版社2006年版，第4页。

哲学主题或文化主题进行教学的一种方式，这个"主题"不同于以往的主题思想，它是单元文本或同类文本的切合点、触发点，是文本的核心知识、文本的情感密码、文本的灵魂，更是人类文化的永恒触发点。在这一主题统领下，围绕教材知识能力体系的全身，着力探究文本的历史阐释，当代解读以及时代意义，由个及类，由类及理，个性与共性相融，由浅入深，形成立体的主题教学效果。从而站在哲学的高度，进一步从生命的层次，重新全面认识语文阅读教学，着力于文与人、语言与精神的同构，整体构建语文阅读教学的一种体系。

为充分发挥现行教科书模块课程开展探究教学的优势，我们借鉴结构主义思想，以主题为统领，运用结构主义分析方法分析出某类文学作品的叙事结构，然后运用于其他同主题的文本教学，以期达到事半功倍的效果。用图表示：

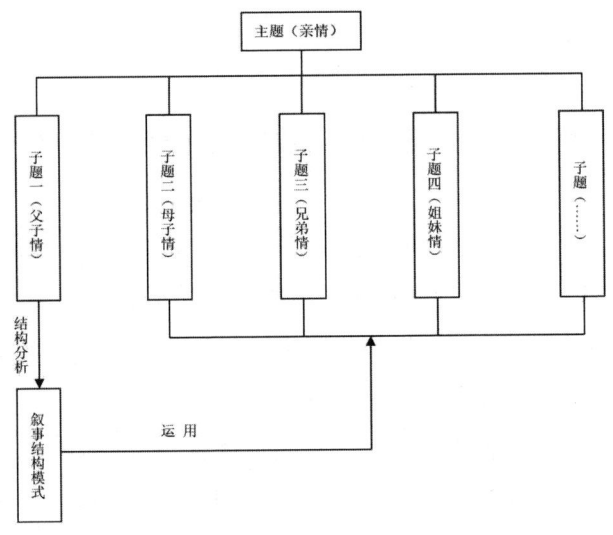

分析文本的基本结构是为了让学生能够更好地理解文学作品的历史意义，但是，文学作品有其内在的稳定型，也有其时代变化性，不同的读者对其也会有不同的感悟。后结构主义倡导解构性阅读，它旨在表明，文本不是固定和封闭的，而是开放和不断增殖的；对于一个文本，

读者可以根据自己的阅读经验，从多个角度入手，读出多重含义。因此了解文本的基本结构后，还必须对文本进行后结构的意义重构，探究作品的现时代意义。

面对一篇文学作品，教师该怎样引导学生进行探究性的主题阅读？这里以清华大学附小特级教师窦桂梅的《牛郎织女》教学案例为例，[①]来具体阐述如何进行探究性的阅读。

一、感知要素

文本的故事要素，即是指故事中的人物及他们之间的关系。面对一篇文本，教师首先要弄清楚文本的各种人物，梳理好人物之间的关系结构。《牛郎织女》是一篇民间故事，是故事，必然是围绕一系列的人物展开的，窦老师让学生依次说出文本的人物，即：牛郎、织女、王母娘娘、老牛、喜鹊、哥哥嫂嫂等。人物找全了，就该梳理人物之间的关系了，窦老师让学生以牛郎织女为起点，通过"聊"故事的方式，开始了人物之间关系的搜查。如教学片段：

生1：牛郎与老牛的关系特别好。首先，牛郎对牛好，照顾牛的吃喝是那么细致周到，好得没法说。

师：他们俩之间一个是人，一个是动物，但看起来更像朋友和兄弟。结合课文，具体聊聊彼此怎么个好法，找出相关的段落读读也行。

生2：牛郎照看老牛非常周到……老牛渴了……老牛跟他很亲密，常常用温和的目光看着他，老牛知恩图报呢。（引导全班同学读课文一至二自然段）

师：好，就接着你说的这个词，咱们聊聊牛是怎么知恩图报的？

生3：老牛给牛郎介绍织女，就是对牛郎的一个回报。也就是说老牛是媒人，帮助牛郎介绍对象，而且还不是一般的人，织女可是仙女

[①] 窦桂梅：《聊故事里面的故事　聊故事后面的故事——〈牛郎织女〉教学实录》上，《小学教学参考》2007年第9期。

呀！（笑声）

师：感谢你的发现，找出相关段落读读。（学生读略）

师：老牛首先要成全牛郎的婚姻，还有吗？

生：还有老牛让牛郎在它死后，剥下它的皮，紧急的时候披上它，后面没说完，老牛就去世了，证明老牛对牛郎后面的事一清二楚，而且临死都不放心。不但给婚姻，而且还给牛皮，希望牛郎关键的时候用上。（引导学生读相关段落）

生3：我想聊牛郎与织女的关系。我觉得牛郎和织女从相识到相守，看得出是一对非常恩爱的夫妻，比如："从此牛郎在地里耕种，织女在家里纺织，两个人辛勤劳动，日子过得挺美满。"从这个"美满"中就可以看出，他们两个可能是从不闹矛盾，过得非常幸福。

师：呵呵，用"相识"与"相守"概括他们的恋爱经历，好。把你刚才说的"美满"一词写上。（板书：美满）既然你提出来了，一起读读这个词。（学生读：美满）由于这两个人是主角，一会儿我们细细聊他们的感情。继续，你还想说牛郎和谁的关系？

（学生还说到牛郎与兄嫂的关系、与王母娘娘的关系等，教师引导学生读相关内容）

师：好啊，你们抓住重点人物之间的关系，既读了课文，又理清了内容，真让教师佩服。

人物关系梳理好了，但是我们知道，《牛郎织女》中的人物关系结构较简单，如果人物很多且关系复杂，那么简单的梳理还是会让学生搞不清楚人物之间的具体关系，这时，我们就应该对人物进行适当的归类，给同学提供一个立体的结构关系图。如老教师在引导学生对人物进行归类时，便采用立体：

（神）——（桥）——（人）

织女　　老牛　　牛郎

王母　　喜鹊歌嫂

（天上）——（美满）——（人间）

人物关系结构已经很明了了，窦老师及时让学生概括故事梗概，这样，一篇很长的故事，学生很轻松地便把它"聊"了出来。这样既有利于学生后面的探究，又培养了学生的概括能力。

二、揭示主题

文本的故事要素梳理清晰后，文本的主题也就明晰了。在阅读文学作品时，有的主题是显而易见的，有的主题却是隐性的，需要读者自己去挖掘。对于浅显的文本故事主题，教师可以在第一步骤"分析文本故事要素"这一环节向学生点出来，而对于隐性的主题，教师则要引导学生在第一个步骤的基础上将它揭示出来。

主题是什么？我们所说的主题并非一篇文章的"思想主题"，或是"知识主题""写作主题"，而是指作品的"文化主题"。如那些连接着学生精神世界、现实生活或者与历史典故、风土人情等有关的"触发点""兴奋点""共振点"。[①] 这些"点"就是一个个的主题。文学作品的文化主题有很多，但大多是以人性的某一面为写作重点，比如人类的爱情、友情、亲情、人类的追求、尊严、诚信，等等。一篇文章讲述的是什么样的主题，那么这篇文章的基本结构也就明晰了。教师进行教学，最艰难的一步就是确定教学的主题。如何以有限的文本，围绕一个共同的主题，充分考虑和衡量学生现有的知识储备，引领学生深入学习，构建出更完善的认知结构？这是教师处理每一篇教学文本首先要做的。把相关的几篇文章有效地组合到一起，形成一个主题下的知识系统。这样既节省时间，又能扩展学生的知识，让学生的学习更加有条理，更加深刻。

针对《牛郎织女》这一民间故事，窦桂梅教师确定的文章的主题

---

① 窦桂梅：《主题教学的思考与实践》，《人民教育》2014 年第 12 期。

是"对'美满'爱情的追求"。在讲授时,窦老师不是直接点出文本主题,而是根据学生的年龄特征以及文本的结构特点,充分引导学生自主探究这个主题的,如下面的教学片段:

师:他们结婚后的生活,用文章中的一个词形容,叫作——"美满"。刚才同学们已经提到了这个"美满",注意,文中说"挺美满"。你怎么理解这个"挺"字?

生:我觉得这个"挺"字可以表现出,尽管他们家很穷,但你看图,男耕女织,仙女也得下地劳动,日子过得挺不容易的,不过他们心情好,所以说"挺美满"。

师:男耕女织,是民间故事中最美的元素,追求自由的他们,日子虽苦心里却甜。让我们分享他俩理解的"挺美满"!(课件播放黄梅戏选段——"树上的鸟儿成双对……夫妻双双把家还。"师生把第二段唱出来——"寒窑虽破能避风雨,夫妻恩爱苦也甜。你我好比鸳鸯鸟,比翼双飞在人间。"学生情不自禁,一起跟着附和起来)

师:"寒窑虽破能避风雨,夫妻恩爱苦也甜。"就是他们"挺美满"的真实写照。转眼间三个年头过去了,两人的相守,也算相濡以沫,他们有了一子一女,那叫——(课件通过画面设计将图片中"女"与"子"合成一个"好"字)

生:好——美满!(掌声)

师:从"挺美满",到"好美满",你怎么理解?

生1:一家人和和美美,幸福甜蜜,一对儿女那可是锦上添花,能不说是好美满嘛!

生2:享受着这样的天伦之乐,这在他们的心中,苦日子的味道最终也是甜,这就是"好美满"!

师:让我们怀着对这份美满的憧憬,深情地祝福这一家人吧。

(学生齐读两人"相守"这一段)

"美满"是课文中出现的词语。窦老师如何让"对'美满'爱情的追求"这一主题和学生的思想产生碰撞的呢?文中有这样一句:"织女见牛郎心眼好,又能吃苦,便决心留在人间,做牛郎的妻子。""决心"是这句的关键,窦老师抓住"决心"二字,通过让学生先理解"决心"的表面含义,再通过交际对话,让学生扮演织女接受采访等形式,使学生充分理解织女下"决心"背后所蕴藏的坚持与执著,织女的"决心"换来的是:"从此,牛郎在地里耕种,织女在家里织布,日子过得挺美满……"如何让学生充分理解"挺美满"?窦老师又通过课件播放黄梅戏选段,音乐、情感的融合,使得学生对"挺美满"有了真正的理解。三年过了,"挺美满"更进一步,牛郎织女他们有了一子一女,合起来就是"好美满"。从"挺美满"到"好美满",紧紧围绕着"对'美满'爱情的追求"这一主题对文本进行解读。之后,窦老师又从《牛郎织女》故事的起源"聊"起,引出《古诗十九首》中的《迢迢牵牛星》,引导学生理解这首诗,它把人间的男女分别之情寄托在织女星上,想通过织女这一人物来实现人们自己对"美满"爱情的追求。这是同一主题下的第一个辅助材料。在这一主题的贯穿下,窦老师又及时地引出我国四大民间爱情故事的其他三个:《梁山伯与祝英台》、《孟姜女》、《白蛇传》。窦老师让学生借助读书报告单,充分感受梁山伯与祝英台两人追求爱情最后化成蝴蝶的凄美;孟姜女盼夫心切,哭倒万里长城,最后跳海殉情的壮美;白素贞和许仙历经千辛万苦,终于过上了幸福生活的柔美。这种对主题认识的多元化,使学生深刻领悟到无论是悲是喜,哪怕生离死别,哪怕化蝶,哪怕被压在雷峰塔下,哪怕投海自尽,所要表达的都是追求美满爱情的决心。[①] 语文课堂不再拘泥于单一的教材,单一的教学方式,它由课堂内迁移到了课堂外,再将课堂外的所得重新带回课堂,这样学生的头脑就会搭建一条由此主题统领下的完整系统的语文链条,扩大了知识面,以前的知识储备相应得到一定的提高。

[①] 窦桂梅、陈惠娟:《从叶老的两句话说起——怎么教〈牛郎织女〉》,《小学教学参考》2007年第7期。

"揭示主题"对教师来说是比较难的，一篇文本可能表面展现给我们的东西很浅显易懂，但是它给我们的思考却是深刻的，教师必须认真分析该确定什么样的主题才是有价值的。如果文本的主题确定的没有价值甚至是错误的，那将导致学生对文本原意的随意曲解，误读，后果将是不可设想的。如另一位教师的《牛郎织女》教学片断：①

师：学了《牛郎织女》这一课，你们喜欢文中的谁呢？

生1：我喜欢牛郎，他勤劳善良。

生2：我喜欢织女，她勇敢地追求自由快乐的生活。

生3：我喜欢老牛，它舍己救人。

生4：教师，我喜欢王母娘娘，是她让仙女们织出彩霞，才有了美丽的天空。

生5：我喜欢王母娘娘，她严格执法，织女触犯天条，就应该受到惩罚。教师不是总说不依规矩，不成方圆吗？

生6：我也喜欢王母娘娘，我觉得她是仁慈的，每年都让牛郎和织女相会。

师：你们的看法真独特，说得太棒了。（带头鼓掌）

这一案例便是教师把文本的主题确定错误，导致学生理解文本的天马行空。

对《牛郎织女》一文，不论是作者还是编者，他们的意图都是赞美牛郎织女勤劳、善良、诚实，敢于追求"美满"爱情的精神，鞭挞以王母娘娘为代表的封建恶势力的专制、残暴，寄托着人民对自由美满爱情的向往。案例中这种"个性化"的解读却是严重偏离了文本的主题，结论令人瞠目结舌。学生喜欢谁倒是无可厚非，只是他们对主题认识不到位，价值观偏离，其理由站不住脚。王母娘娘依天规惩罚织女，这是对人神间美丽爱情的摧残，对追求美满爱情行为的一种阻挠；王母

---

① 高继平：《我喜欢王母娘娘》，《湖南教育》2007年第3期。

娘娘最后所谓的"仁慈",那是牛郎织女努力抗争的结果,是坚定地追求自由美满爱情的结果,而非真正的"仁慈"。

再如一位教师的《狐狸与乌鸦》教学案例:①

《狐狸和乌鸦》一文原意是揭示狐狸的狡猾本性,以及乌鸦因喜欢听好话而上当。这位教师讲授此文时,让学生谈感想。一学生说:"我想要一件东西,直接向人要可能得不到,如果使他高兴,他就自动送上门来。"教师大加赞赏,说这想法有创意。另一学生说:"狐狸真聪明,能想出这么好的法子去骗乌鸦。"教师又给予了充分的肯定。

这样的解读文本结果可怕之极,它不仅扭曲文章作者的原意,更是扭曲了学生的价值观。如果教师在讲授课文时,能够有一个正确的文本主题引领,这样的严重偏离价值观取向的解读是不可能出现的。这是主题确定错误所带来的解读误区。但是如果一篇文本的主题确定得没有价值或是价值肤浅,同样对学生的认知结构发展和心灵健康成长有影响。

窦桂梅老师的《圆明园的毁灭》教学主题的确定很好地体现了这一观点:② 如果文本的主题确定得更有价值,对学生的发展会有巨大促进作用。《圆明园的毁灭》是一片短小的文章,它的思想性较强,很多教师在讲授时,往往会把教参中的"表达了对帝国主义的憎恨,要雪我国耻、振兴中华"作为教学这篇文章的主题。结果教师在教学中,就落实在这一点上。最后学生高喊口号,停留在对帝国主义的"恨"上就结束了。窦老师却坚信要"用理性而非仇恨的光照耀孩子",应该要引导学生尽量真实、全面地了解历史,然后才能"立人"。她在确定文本主题时,着重定在圆明园的"毁灭"上。"走近圆明园,看毁灭";"走进圆明园,思毁灭"。全篇的讲解串接离不开对"毁灭"这一主题的认识思考:有着五千年文明的强大中国为什么会被几千个强盗杀到京城?圆明园烧掉的究竟是什么?毁灭的究竟是什么?永远也毁灭不了的是什

---

① 高继平:《我喜欢王母娘娘》,《湖南教育》2007 年第 3 期。
② 窦桂梅:《窦桂梅与主题教学》,北京师范大学出版社 2006 年版,第 4 页。

么？主题的拔高使得文本解读不再仅仅停留在肤浅地表现"政治的"思想上，学生最后留下来的也不仅是泪流满面，悲愤满腔，更多的是对上述问题的深切思考。

三、解释结构

结构是什么？结构是"解释事物发展进程的东西"。故事通常能够用多种方法来表述，如哑剧、叙述、戏剧表演、电影、连环画，等等。故事的这种多种表现性向我们揭示了它自身的稳定结构的存在，正像一部交响乐一样，虽然可以多次移调，却不会失去其交响结构体的一致性。① 我们进行探究性的阅读教学的关键一步就是要引导学生对作品的基本结构进行分析，找出同类主题下的作品的内在共同规律，以便更好地理解、感悟作品。

《牛郎织女》的故事结构比较清晰，先是"两情相悦"，然后是"棒打鸳鸯"，进而"无奈分离"，最后"以另一种生命形态相聚"。窦桂梅老师在第一课时，引导学生对这一文本进行故事层面的分析。通过"梳理人物关系""人物归类""概括内容"等教学步骤，让学生充分熟悉文本的故事要素。然后引出我国古代四大民间爱情故事中的其他三个：《梁山伯与祝英台》、《孟姜女》、《白蛇传》，对这几个的故事结构进行分析比较。首先是对人物——男女主人公以及爱情行进中的阻碍者、牵线者进行归类比较。教师制作分类表格标示给学生，留下直观的印象对比；然后学生比较故事的结构特点；最后由人物结构的脉络，概括出其他三大爱情故事的梗概。如教学案例片段：

师：聊过了牛郎织女，拿出读书报告单，那我们再来聊聊刚才同学们谈到的四大民间爱情故事吧。先来比较这四个故事中的人物。（课件出示表格，便于对应分类）

---

① [法]安德烈·尼耶：《悲怆与诗意：结构主义作品分析》，万胜译，湖南人民出版社1988年版，第44页。

生：我知道《白蛇传》的相关人物有白素贞、小青、许仙，还有法海；《梁山伯与祝英台》中有梁山伯、祝英台、马文才等；《孟姜女》的相关人物有孟姜女、万杞良、秦始皇。

生：（教师引，学生一起归类）横向看人物男主角——牛郎、许仙、梁山伯、万杞良；女主角——织女、白素贞、祝英台、孟姜女；当然也少不了那阻挠爱情的——王母娘娘、法海、马文才、秦始皇；牵线搭桥的——老牛、小青、孟母、孟老伯。

师：大家发现没有，这四个故事中的人物啊，有一种微妙的联系，假如我们来给换一换，比如说许仙换成牛郎，白素贞换成织女，法海换成王母娘娘，小青换成老牛，你发现他们的人物性格有什么特点？

生：竟然相差无几。我发现，民间故事的基本特点是男主角忠厚老实；女主角美丽善良。有正面角色，但同时必须有个反面角色，故事的结局虽然有化蝶或死去，但基本是反映了人们美好的愿望。

师：虽然人物不同，故事的结构呢？

生：大体相同。做一个人物替换，发现故事大同小异。看来创编这个故事不仅仅是作家的事，我们也可以嘛。

师：有想法！再聊聊这几个故事的梗概吧。随意聊想说哪篇都行。

生1：我说《梁山伯与祝英台》。它讲的是这样的故事：梁山伯与祝英台在杭州同窗读书三年，后来梁山伯知道祝英台的女子身份后，两人相恋。但是，梁山伯错误地理解了提亲的时间，马文才抢先提亲成功，将要成为祝英台的夫君。梁山伯相思而死，祝英台在迎亲的路上跳进了梁山伯的坟墓。

生2：关键一句丢了，应加上"他们化成了形影不离的蝴蝶"。

师：这句很关键。赶紧在你的报告单中加进去。化蝶的结果是一种寄托，是民间故事寄托美好感情的最富有想象力的表达。

师：刚才我们抓住人物线索概括《牛郎织女》故事的主要内容，现在你们又用这样的方法概括其他故事的内容，真好。继续与《牛郎织女》比较，再聊聊这几个故事的主题吧。

生1：要说主题，得先说说故事结局。四个故事的结局是不同的，但我觉得其他三个故事跟《牛郎织女》一样，都有美满的地方。比如《梁山伯与祝英台》先是祝英台女扮男装，与梁山伯认识，后来梁山伯才因为马文才而病死，这才与祝英台化为蝴蝶。一开始，他们两人还是美满的，后面的结局比较悲惨。不管怎样，它们都表达了夫妻之间真挚的爱情。

生2：他们说了那么多，我想用一句话概括，就是：无论是悲是喜，哪怕生死离别，哪怕化蝶，哪怕压在雷峰塔下，哪怕投河自尽，所要表达的都是追求美满爱情的决心。（掌声）

师：有人说，民间故事是文学的母亲，也是人类的宿命。感谢幸福相随，也感谢生死离别，正因为有这些，让我们灵魂中有梦、有憧憬，愿意通过追求精神与心灵的美满，弥补现实生活的不足，使自己不论身处何时何地，对爱情的"美满"永远怀有决心与渴望。（回扣"美满"主题）让我们带着感动，走进他们的爱情故事。（朗读四个故事的结尾）文章的主题是关于爱情，纵观古今中外的文学作品，关于爱情故事的大都有一定的模式。窦老师正是通过分析我国《牛郎织女》这篇典型的民间爱情故事，将这类文学作品的基本结构、基本模式逐步揭示出来。《牛郎织女》讲述人和神之间的爱情故事，是寄托了人类美好愿望的爱情故事。在这一类关于爱情故事的模式中，无论人物对象怎样变化，环境怎样转移，故事的基本结构不会变，都包含有男女主人公，和男女主人公要好的人或动物（可称之为助手），男女主人公的对手（可以是人，也可以是其他一些力量，如规矩等），他们之间的关系便可以称之为作品的基本结构。"在分析文本时，着重研究故事情节发展过程中起不同作用的各种因素以及他们之间的相互关系。""将小说中出现的人、物、思想、理论以及时间、空间、气候，等等，根据他们在小说情节发展中所起的作用列出模式，然后再根据这个模式去进一步分析和研究作品。"窦老师在引导学生分析这篇文章的人物关系以及对人物关系进行归纳时就是在引导学生初步理清文章的基本结构，即：

（人）（神）

主人公：牛郎织女　一年一次相聚

（动物）

助　手：老牛　喜鹊

对　手：王母娘娘（天规）

不难发现《梁山伯与祝英台》、《孟姜女》、《白蛇传》这三个故事的基本结构也可以用这个表来表示：

（穷书生）（富家女）

主人公：梁山伯　祝英台　双双化蝶相聚

助　手：丫鬟

对　手：马文才　祝父祝母

主人公：万杞良　孟姜女　殉情相聚

助　手：孟母　孟老伯

对　手：秦始皇

（人）（妖）

主人公：许仙白素贞　双双成仙相聚

助　手：小青

对　手：法海

通过对其他三个民间爱情故事的对比分析后，我们发现民间爱情故事有自己固定的结构模式，"相爱——拆散——分离——回归"，故事有正面角色，有反面角色，不管结局如何，故事所反映的价值取向与主题指向不会变，那就是引导追求自由、追求"美满"的爱情，都反映了人们的美好愿望。无论故事里的人物怎么变换，故事的基本结构不会变。在明白了作品的基本结构之后，窦老师让学生"聊"其中的任何一篇文章。这时，学生不会随便感悟，随便断章取义，不管怎么"聊"，学生不会脱离民间爱情故事这一主题下文本的基本结构，都会围着这一结构主题来进行感悟，不会离了"谱"。

四、重构主题的意义

结构主义认为，文学作品有其固定的结构，掌握了这些基本结构关系，阅读就如同填空。然而，结构主义的这种过分强调定论的思想也有其局限性。我们知道了文本的基本结构，这只是一种表层的意义。文学作品虽有一定的稳定性，它强调这些结构的固定性。但是文学作品带有作者的思想情感，作品产生的文化背景、时代特征都对作品的创作有深刻的影响。时代性、地域性的不同，我们对文学作品的理解也就相应有诸多不同，这也是文学作品的变化性。理解文学作品应该掌握其"定"的基本结构，也要理解其"变"的思想。这便是我们所要探究的文本的深层次结构，也就要重建主题的意义。

爱情是个永恒的话题，当然它也有相应的时代性、地域性。古代的爱情观未必和现代人的相同，现代人新的思想、新的价值观可能会和以前的发生冲突。在今天这个宣扬快餐文化的社会里，爱情都可以变成快餐，牛郎织女的爱情会有多少人认为它是美满的？祝英台、孟姜女的殉情又有多少人会赞同？传统的爱情观又会对我们现代人产生多大的影响？理解是多元的，感悟也是多元的，我们尊重学生对爱情有不同的见解。比如窦老师引导学生学会和古人"对话"，通过让他们评价牛郎织女的爱情是不是"美满"的来适当表达自己的爱情观。如案例：

师：牛郎和织女的决心，打破了人间与天上的界限，他们是争取理想生活和爱情自由的英雄！他俩对爱情不灰心、不变心，始终坚守着一颗执著而坚贞的心。可毕竟他俩一年才见一面，在你眼里，你觉得这算是"美满的爱情"吗？

生1：我想，如果说让牛郎天天和织女在一起，是一种奢侈的愿望，那一年能见上一面，已经不错了。不过呢，像我们和爸爸妈妈，能天天在一起多好，一家人要一年才能见上一面，我觉得这也是不美满的。

师：庄子说，"相濡以沫"。不过后面还有一句，"不若相忘于江湖"。意思是表示两个人在最为难、最困难的时候，就像两条鱼被河水冲到岸边搁浅，它们为了保住对方的生命，就用它们的唾液来滋润对方，以此来延续对方的生命。但庄子认为，与其这样，不如赶快各自游回水里去，彼此忘记，反而减少对方的痛苦，那才是对对方真正的好。

生2：我认为，美满不一定是要天天在一起，如果彼此都保存着对对方真挚的爱的话，这也算很美满的。所以，不管天河有多长，天河有多宽，天河有多么的汹涌，我感觉牛郎和织女他们都能苦难见真情，他们都能够相依厮守。古人说得好："两情若是久长时，又岂在朝朝暮暮！"我憧憬这样的爱情。（大笑，热烈掌声）

师：因为爱，希望天天在一起；但也有天天在一起，反而不爱的；更有因爱，不想让对方承受痛苦，而选择放弃的。不管怎样，"爱情"是我们生命中绕不开的长长的日子。我尊重同学们的意见，敬重你们能这样大大方方地谈成人对你们刻意回避的问题。随着年龄的增长，相信你们会有更深的体悟。

生：不管如何，他们用自己这份坚定的信念，固守着心中对纯洁美好爱情的执著向往与追求，就足以让我们感动了。

师：亲爱的同学们，也许，正是这一年一见，才成就了这千年传诵的爱情故事，你们的理解和我们古人、和中华民族传承千年的文化传统相同。

（课件出示《鹊桥仙》，学生读）

师：也许，织女和牛郎追求的"美满"爱情，胜过人间无数。

这样的重构，很自然也很必须，学生在一定程度上学会用自己的思想品味古人的爱情观，深化了自己对于爱情真谛的一些理解，建立了新的认知结构。也许现在，他们还没有足够的知识和情感来理解爱情、感悟爱情，有的只是自己一些浅显的或是连自己也未必能弄明白的感悟。但是，从古人的爱情观里，他们或多或少能对中华民族传统的爱情观多一份凝重和敬畏。这样的重构，有思想的沉淀、情感的丰富、理想的展现，是积极的、纯洁的。

再比如窦老师的《晏子使楚》教学案例，学生理解了文本中晏子的"尊严"含义之后，如何让学生更进一步理解"尊严"的内涵？窦老师及时引入今天一位外交官的观点：晏子的语言，虽给人的感觉是有理有据，但感觉在做语言游戏。逗口舌之能进行外交对话，谈不上真正意义上的智慧，也获得不了真正的尊重。窦老师让学生认真思考说出自己的看法：赞成？不赞成？说不准？同学们各抒己见。有赞成的，他们认为：晏子确实有做语言游戏的感觉，真正的外交对话不可能像晏子那样。也有不赞成的，他们认为：晏子不是在耍嘴皮子，他既为自己的祖国赢得尊严又不伤害对楚王的尊重。也有说不准的，他们认为：这位外交官之所以这样说是因为他考虑了外交的含义，晏子如果得罪了楚王，就会对两国关系造成影响，所以晏子的用词必须像"绕口令"，晏子有自己的智慧，外交官说的也有一定的道理。面对这样的"各抒己见"，窦老师引导学生重新回到文本，分析晏子的"看了看"这个特定的行为，以及补充材料《胯下受辱》中当无赖叉开双腿，让韩信从他裤裆下钻过去的时候，韩信的"看了看"这个特定行为，通过两个特定行为的比较发现，韩信在这"看一看"的过程中想到的是无赖对自己一个人的侮辱，他可以忍辱负重。而晏子的"看一看"却让晏子深刻体会到自己是一个使者，楚王侮辱的不仅是自己个人，更是对自己国家的侮辱。不同的环境产生不同的行为，韩信接受了侮辱，忍辱负重，是大智若愚，赢得了后人的尊重；晏子却对楚王进行了有力的反击，为自己以及国家赢得了尊重。看似一样的"看了看"，却凸显了不同的智慧。晏子面对楚王一次次的侮辱，一次次地维护了自己国家的尊严。一个人要想获得尊重，不仅要有外在的道德智慧，更要有内在的实力。这是一次跨越时空的对话，窦老师的问题升华，从对个人的尊重导向对国家的尊重的思考，学生对"尊严"有了一个新的层面上的理解。

然而，意义的重新建构并没有到此结束，我们与古人的对话依然继续着。今天的一位历史学家这样评价晏子使楚：一个人的智慧不能代表国家的智慧；一次外交胜利并不能获得国家永久的尊重。"晏子使楚"与国家真正的尊严无关。又是一个要回答"赞成？不赞成？说不准"的问题。众说纷纭，窦老师再一次让学生从更高的角度分析晏子的智慧到底有没有为自己以及国家赢得尊重，让学生辩证地看待晏子，让学生从对晏子的个人崇拜中真正走出来，感悟更多的东西。于是，有的学生赞成史学家的话，他们认为：晏子很有智慧，但不代表齐国每个人都像晏子那样有智慧，一个人的智慧挽救不了一个国家。有的又不赞成，这些学生认为：晏子是一个外交家，在外交方面他理应为自己的国家赢得尊严，晏子做得很出色。晏子这次赢得了国家的尊重是事实，我们不能完全否定晏子的功劳，不能说晏子的努力和国家尊严无关。也有一部分学生说不清，他们认为：史学家可能是从历史的长河去看，最后齐国并没有获得真正的尊重，但是，晏子做了自己该做的事。似乎是公说公有理，婆说婆有理了。这时，窦老师引出补充材料《狼和小羊》的寓言故事，让学生思考：如果狼代表"楚王"，小羊代表"晏子"会怎么样？小羊和晏子一样有理有据、有礼有节，它也很有智慧的在和狼对抗，然而结果依然是被狼吃掉。为什么会出现小羊被狼吃掉，而晏子却赢得了楚王的尊重呢？很明显，这是一个实力差距问题，小羊根本无法和狼相抗衡。那晏子和楚王呢？特定人物行为的产生必然有特定的环境影响。窦老师引导学生重新回归文本第一句："春秋末期，齐国和楚国都是大国"。齐国和楚国都是"春秋五霸"中的一国。这样的社会环境背景必然导致晏子绝不可能被楚王杀掉。再对比《狼和小羊》，学生发现：晏子的这次外交胜利，并不是他一个人的功劳，最重要的是他有一个强大的国家在背后支持着。而一个国家要想获得尊重，不能靠一个人或一次外交，而是要靠每个人。只有每个人都努力做个有尊严的人，才能谈得上国家的尊严，国家才能获得由内到外的实力。这是站在更高层次上的与古人对话，从对国家的尊重引向对自我尊重的思考。学生对"尊严"的理解又一次得到了重构，得到了升华。

我们说意义的重构，是在所教文本主题下的意义重构，是对文本主题深层次结构的一种探究，它依然是围绕着一定的主题，充分尊重学生个体经验，通过与多个文本的碰撞交融，实现主题意义的重构。这种重构亦是主题意义上的升华。我们不能脱离文本本意去随意解读，胡乱感悟。探究文本的深层结构意义不是对文本进行"无限衍义"，如有人把《荷塘月色》中的情感"新解"为朱自清婚外恋的苦闷，把《孔雀东南飞》中刘兰芝的被休"新解"为刘兰芝的"不孕症"，[①] 如此歪解、荒诞的无稽之谈竟能得到教师的赞赏，并称其为"勇于革新，大胆创造"。我们允许学生对主题有"新解"，但这种"新解"是在主题意义上的升华，而不是任意地捏造、歪解主题。

总之，我们在进行探究性阅读教学的过程中，首要的是要确立正确的、有价值的主题，其次在主题的统领下，通过与文本对话，以及对相关的补充材料的解读，分析出同一类作品的基本结构，最后，在主题的引导下，让学生跨时空与文本对话，并让他们联系自己所处的时代，对作品的主题意义进行重新建构，以完善个人的认知结构，丰富自己的情感。

探究性阅读建立在结构主义以及结构主义文学分析方法的基础上，运用结构分析的原理来理解、分析作品。结构主义认为，构成文学作品的形式多种多样，但其内在有共同的规律。探究性阅读就是学生在教师的引导下，师生在具体的文本中共同探究这个共同的规律，即某类文学作品的基本结构或主题。找出作品的基本结构之后，教师注意引导学生

[①] 李景阳、李金国：《不可无限衍义"哈姆雷特"——谈对话与文本解读》，《中学语文教学参考》2004 年第 10 期。

对文本进行整体感悟,在文学作品的基本结构框架内进行整体感悟,从作品的基本结构关系(如特定的人物、特定的环境、关键的词语动作描述之间的关系等)入手,感悟作者写作的意义,以及人类的丰富情感。如果脱离了基本结构关系的框架,那么学生对文学作品的感悟就会随心所欲,不着边际,更不可能准确体会出作者所要表达的情感。此外,探究性阅读让学生明白,文学作品有一定的时代性地域性限制,理解文学作品不应该仅仅停留在作者的那个时代,而应该用当代人的思想来理解文本。在与古人的对话中达到知识与感情的升华。

第四节 主题阅读探究教学的基本要求

主题阅读探究教学的实施,是以主题阅读探究教学的理论基础和基本理论为指导的,在特定的阅读教学情境中,为实现主题阅读探究教学的教学目标而采取的系统决策活动。主题阅读探究教学模式只是预设了教学的基本思路或大致过程,教师教学时不能机械理解,生搬硬套,而是应当在正确理解主题阅读探究教学的基本思想的基础上,在开展与反思主题阅读探究教学实践的过程中,通过认识与行动、理论与实践的互动,不断加深对主题阅读探究教学的理解,提高其实施效果。下面从宏观与微观两个层面对主题阅读探究教学策略作说明。主题阅读探究教学的实施涉及到许多相关认识问题,诸如对主题的理解,对阅读过程的理解,对阅读教学目的的理解等,其中有的教师过去较少考虑,有的即使过去有所触及但不容易认识清楚,如何认识主题阅读探究的相关问题,对其实施有极大影响。教师实施主题探究性阅读教学时要考虑的问题很多,以下几方面尤其要注意。

一、选好主题

对于如何选择主题,不管是基于何种教育教学观,何种学科,前人都有过精辟的论述。例如，塔巴（Hilda Taba）对选择主题的建议是：主题应该是有冲突的，有激励的，能够产生文化换位的，相互依赖的。诺顿（Harry Noden）和万卡（Richard Vaca）将主题进一步区分为主题单元和主题系列（或主题循环）：如果学生需要使用各种不同的符号系统，比如阅读、写作、数学、音乐、科学、艺术等，来阐释专题，那么这种活动设计的就是主题系列的活动。如果学生利用专题来对音乐、艺术、数学……的相关概念进行探索，那么这种活动设计的就是主题单元。多尔（William Doll）指出，整合是后现代教育的必然：创造性的、变革性的课程必须将审美和科学相结合，审美和科学的结合也是选择主题的原则之一。雅各布确定了选择主题的一系列的标准。他认为，一个主题应该：应用广泛，设计广泛的专题领域；能够深入到所设计课程内容的实际应用；揭示各组成学科之间的相关性；展现学科之间的异同；对教师和学生具有吸引力。上述的论述多关注于理论层面意义，具体到语文阅读这一微观层面，在遵循上述一些理念精神的同时，还应该具备自己相应的特殊要求。

　　主题一般直现或隐含于文学作品之中。它往往表现为一些词语、关键字等等。教师引导学生探究那些连接着学生精神世界、现实生活或者是与历史典故、风土人情等有关的词语，这些词语是一个上位概念，不同于以往的思想教育主题、知识主题、写作主题等等，而是统领这样主题的主题。选择主题应站在哲学或者是文化的角度，使教学能够从高处、从大处着眼，让学生在潜移默化中受益。如《西厢记》、《罗密欧与朱丽叶》的主题隐含于作品之中，即对"爱情"的热烈追求；《陈情表》、《项脊轩志》，它们的主题是对亲情的绵绵追忆；《旧日的时光》、《箭与歌》、《别离》，则是对友情的一种执着怀恋。亲情、友情、爱情是人生不可或缺的三大主题，在教学中，站在这样宏观的背景立场上，更有利于学生打开思维，丰富其对人生的情感体悟。

　　因此，选择主题应遵循以下几点：

第一，广度。主题的含义必须具备相应的广度，能够从理论上纳入学生的全思维角度。如确定"爱情"这一主题，它既包含了古人的爱情观以及今人对爱情的看法，还包括学生自己对爱情的解读等。

第二，深度。有探究的力度及伸缩度。可根据学生的特点，将主题的探究从浅入深，由低到高逐步推进。如"落叶"这一主题，可先从物化的主题探究，进而扩展深化到意象上的主题。深度要有层次性。

第三，适度。确定主题时，可以根据学生认知发展的水平和教材本身的内涵，低年级的教学主题确定浅显一些，相对感性一些，适当地贴近学生日常生活；高年级则可以确定得稍微深刻一些，理性一些，更有探究的价值。

主题内容的选择是多角度的，确定主题时，教师要以教材为依据，根据学生自身特点为根本，还要能够恰到好处的从不同的角度、不同的层次选择补充材料，帮助学生理解、深化主题意义，以求教学能够高效完成。确定主题时，教师还要切忌错误主题和浅薄主题。主题统领整个教学环节，如果一篇文本的主题确定错误，无限扩大文本主题，学生会在文学的道路上越走越远，甚至导致价值观的扭曲，影响其身心的健康发展。如果文章主题确定的过于浅显，低于学生的认知发展水平，学生的学习只会在原有认知经验上徘徊。这样的主题对学生的身心发展没有更大的帮助意义，因而也就没有好的探究价值，也会影响学生学习的积极性。

确定主题对教师的个人素质要求较高，他要求教师不仅要有丰富的知识储备和良好的文化涵养，更要有吃苦耐劳的工作精神。教师在平时应该多读书、多思考，不能只守着教材来教学，要站在教材之上进行教学。《语文新课程标准》教材选文这样建议：虽然不是教材上的文章，但只要"体现时代特点和现代意识……有助于学生树立正确的世界观、人生观、价值观"，有助于"继承与弘扬中华民族优秀文化，有助于增强学生的民族自尊心和爱国主义感情"，"符合学生的身心发展特点，适应学生的认知水平，密切联系学生的经验世界和想象世界，有助于激发学生的学习兴趣和创新精神","具有典范性，文质兼美，富有文化内涵和时代气息","具有启发性，有利于学生在探究中学会学习"的文本都可以作为辅助教材，但是应该深刻地理解教材，多元地选择辅助教材。

二、平等对话

按照对话理论的观点，对话的主体主要有文本作者、教师和学生。三者的交流、沟通，就会产生真正的阅读行为。而只有当对话的多边关系都处于平等的地位的时候，对话才有可能顺利进行。因此，我们必须建立一个开放、民主的课堂对话平台。

（一）与文本作者平等对话

叶圣陶先生曾经说过：文字是一道桥梁，这边的桥墩站着读者，那边的桥墩站着作者，通过了这一道桥梁，读者才和作者会面，不但会面，并且了解作者的心情和作者的心情相契合。所以，读者必须带着自己的思想，沿着语言文字的"桥梁"，走进文本，和文本亲密接触，真正理解文本的内涵，走进作者，体会作者的思想感情。走进文本，走进作者，尊重文本作者。虽然文本作者对作品的解释可能并不比其他读者多，但是，文学作品是作家的生命寄托与生命体验，表现了作家的意志、愿望、感情、审美理想和生命意识，它天生具有作者的喜怒哀乐，具有历史的规定性。比如一部《红楼梦》，"经学家看见《易》，道学家看见淫，才子看见缠绵，革命家看见排满，流言家看见宫闱秘事……"但是这些理解都能从作品中找到你认为的依据。所以，对文本作者的尊重，既是对文本历史性的认可，也是理解文本的重要前提。

文本具有时代性和作者的个体思想性，学生是依据自己的原有认知结构在与文本对话，而他们的原有认知结构往往较为浅显，对文本的理解必然不可能和作品的原意一致；而且，不同的学生有不同的认知结构，所以，不同的学生对文本的理解又会不同，学生对文本的解读不可能千篇一律，我们允许学生对文本进行多元释义。但是，我们又不能允许学生对文本过度释义。因此，在教学过程中，学生常常显露出不成熟的世界观或人生观或已有成见的欠缺，往往对于教学问题的思考处于感性层面，这就要求教师要正确对待学生的一些"个性"、浅层次的解读，要帮助学生把他们的生活阅历以及"前理解"转化为新知识。

（二）与学生平等对话

师生地位平等、相互尊重是构建平等对话平台的基本前提。尊重学生，在课堂上体现为对学生人格的尊重及其思想权利的尊重上。学生不仅是一个自然的个体，更是一个有着独立精神和独立人格的社会人。现时代的学生眼界开阔，思维活跃，接受新事物较快，对传统文本和作品的解读往往带有很鲜明的个性特点，也很多元化，尊重学生的这些多元解读不仅是对学生权利的尊重，而且更容易使对话顺利进行并走向深入。

但是，在教学过程中，不仅要强调学生的主体地位，还要坚持教师在平等对话中的首席地位。学生的原有认知结构有时带有很大的消极作用，它限制学生解读的视野和解读的深度，甚至会导致错误的解读。教师具有丰富的知识经验，独特的人格魅力，应该在阅读教学过程中起首席地位，当学生出现错误解读、感悟时，应该适当的引导、帮助他们形成正确的解读，不断丰富学生的认知结构，为更进一步的解读文本做好准备。

三、合理感悟

感悟是一种整体理解，它强调的是对文本的"整体感知"和"整体把握"。文本具有时代性和作者的个体思想性，它是主观的，学生学习作品时，由于自身社会背景、知识经验、情感体会等多方面的不同，必然与文本作者产生碰撞，继而对文本产生一种个体的新的理解和感悟。这种感悟可能是新颖的、深刻的，也有可能是荒诞的、浅薄的，这就需要教师正确引导学生对文本进行合理感悟。如果没有教师作必要的引导，学生很容易受到原有经验的支配，脱离文本的真正意义，最后认知结构仍会停留在原有的认知水平上得不到任何提升，甚至会出现严重的价值观偏差。尊重学生对文本有自己的理解是正确的，然而，不作必要的及时的引导，任由学生天马行空的感悟，容易产生"跟着感觉走"的现象，没有主线串接，课堂如同一盘散沙，学生稀里糊涂，"你对我对大家对"，怎么可能理解好文本的结构及作者所要表达的真正意义，又如何能够有深度的重构主题的意义？

感悟的依据是什么？文本。合理感悟要切忌断章取义和无限衍义。"一千个读者就有一千个哈姆雷特"。我们可以把哈姆雷特理解成为勇敢的哈姆雷特、优柔寡断的哈姆雷特等等，但是我们绝不可能把他理解成为林黛玉。不管我们怎样理解哈姆雷特，我们的感悟依然脱离不了文本里的哈姆雷特这个本原。所以我们在感悟文本时，不能脱离文本，不能脱离主题，"无限衍义"。尊重学生的独特感悟，不等于脱离文本主题，脱离语文课自身的规律和特点。对于语文课堂中的一些大胆的感悟，教师不能一概的给与肯定，因为这些有可能是对文本主旨的无限衍义，可能是偏离文本价值取向的感悟，所以教师应该给予判定，并予以适当引导，使其能够树立正确的价值取向，达到自身的自我完善。

另外，我们还应该注意，在让学生进行感悟时，要切忌单纯为激发学生兴趣而脱离文本主题进行教学提问。这样的教学提问不是把学生从浅层的理解升华到高层次的理性思考，而是一种脱离文本主题的"另起炉灶"，学生到最后不会对文本的主题有更深层次上的理解和感悟，只会在没有意义的"思考"中徘徊。

第六章　数学问题解决学习教学模式

2001年的基础教育课程改革将"问题解决"作为数学教学中的四大目标之一，要求学生主动地进行探究学习，理解数学，热爱数学，强调培养学生解决现实生活中实际问题的能力，由此掀起了"问题解决"教学研究和实践探索的高潮，并在数学教材编写、数学教学实践方面取得了较大的突破和较多的成果。然而，在现实数学教学中，"问题解决"教学也存在形式化、表演化的误区。由于过分强调数学回归生活，原本的"主角"——数学知识却成为精妙情景背后的小丑，变得暗淡无光。数学原本所具有的学科味道与价值被隐没。下面这则案例在某种程度上反映了这种现象的存在。

执教教师创设了一个孩子们喜闻乐见的生活情境。上课伊始，教师谈话引入：同学们，双休日到了，你们最喜欢的事情是什么？

生：出去玩。

生：吃肯德基。

生：到儿童乐园去。

师：（大喜）好！今天，老师就带大家一起去美丽的儿童乐园。

（课件出示了一个精彩的短片——"美丽的儿童乐园游玩图"，教师紧接着让学生观察并提问）

师：你发现了什么？

（学生观察后纷纷发言）

生：我发现这里好热闹，玩儿的人很多！

生：我发现有人在玩过山车。

生：我发现有人在玩空中列车。

生：我还发现放着三张桌子，大家玩累的时候可以休息一会儿。

师：你观察得真仔细。其他同学还有不一样的发现吗？

（该生也正为自己与众不同的发现而得意，而我们的教师可着急了：空中列车每个座位所需人数相等，求人数等问题"犹抱琵琶半遮面"，迟迟未出现。在着急的等待中，教师将图片定格在"空中列车"上）

师：大家仔细看看，这列车上有多少小朋友，可以怎么求？

……

这样一个贴近生活、活泼有趣的情境，的确激发了学生的参与热情。但同时我们也发现，多彩的外壳里面却是空虚的内在，数学问题早已被学生抛之脑后，这节课原本的意义与数学知识本身的内涵在这样一个华丽的、充满生活味道的情境中变得飘渺虚无。片面注重与夸大学生的自主探究性与数学的应用性导致了一些我们预料不及的副作用。现代数学"问题解决"教学并不是对传统数学教育的彻底颠覆，而是继承发展，是扬弃。如何在学校数学教育中将数学的抽象性与数学的实用性很好地结合起来，把握好学生的自主探究与教师的引导作用之间的平衡，还给孩子们以真正的数学，是"问题解决"教学所面临的重要任务。

第一节　数学问题解决的教学目标

数学素养是现代公民必备的基本素养，也是数学教育的根本目的。素养目标要求数学教育应使学生掌握数学基本知识与基本技能，为学生未来生活、工作打下良好的基础；应致力于培养学生的创新精神和创新能力，顺应时代的发展需求；应引导学生体会数学的本质，关注学生的情感体验，形成正确的数学观。长期以来，我国数学教育比较关注第一个层面，强调系统知识的学习，也形成了启发式教学、重视"双基"等具有特色的优良传统。然而，由于对后两个层面的忽视，培养出的学生虽然能够熟记数学定理、公式，能够解决常规练习题、考试习题，却不能灵活应用所学数学知识解决日常情境中的真实问题，从情境中提出数学问题的能力也明显不足。学生没有经历数学知识的形成过程，不能深刻体会数学本质，无法感知丰富的数学思想。

学校中的数学课程是培养公民数学素养的基础课程。2001年的基础教育课程改革明确提出学生应该具备基本的数学素养，要求"改变课程实施过于强调接受学习、死记硬背、机械训练的现状，倡导学生主动参与、乐于探究、勤于动手，培养学生搜集和处理信息的能力、获取新知识的能力、分析和解决问题的能力以及交流与合作的能力。"2011年版的《义务教育数学课程标准》将义务教育阶段的数学学习总目标定为：学生能获得适应社会生活和进一步发展所必需的数学基本知识、基本技能、基本思想、基本活动体验；体会数学知识之间、数学与其他学科之间、数学与生活之间的联系，运用数学的思维方式进行思考，增强发现和提出问题的能力，分析和解决问题的能力；了解数学的价值，提高学习数学的兴趣，增强学好数学的信心，养成良好的学习习惯，具有初步的创新意识和科学态度。从知识与技能、数学思考、问题解决、情感态度四个方面具体阐述了总目标，其中"问题解决"目标是这样描述的：初步学会从数学的角度发现问题和提出问题，综合运用数学知识解决简单的实际问题，增强应用意识，提高实践能力；获得分析问题和解决问题的一些基本方法，体验解决问题方法的多样性，发展创新意识；学会与他人合作交流；初步形成评价与反思的意识。[1]

"数学素养"强调数学知识在各种不同情境的多样、反思性与领悟式的运用。现代数学"问题解决"教学对培养学生的数学素养具有重要意义，其目标设置力求做到全面、均衡，既注重数学知识的学习，又注重思维能力的培养；既尊重学生的主体性与情感态度，又不忽视教师

---

[1] 中华人民共和国教育部：《义务教育数学课程标准》，北京师范大学出版社2011年版，第8-9页。

主导作用的发挥；既强调数学学习的主动探究性与生活应用性，又要求学习过程不脱离数学的本质，还数学以"自身的魅力"。教师在"问题解决"教学的具体实施过程中要注重创设能反映现实世界的数学情境，激发学生从情境中主动地发现问题、分析问题并解决问题，增强数学应用意识以及运用数学知识解决实际问题的能力；要引导学生体会数学知识的本质，了解数学发展的历史，理解数学家共同体的文化，用数学自身的魅力打动学生，使学生真正爱上数学；通过使学生体验从现实情境中抽象出数学语言与符号并尝试运用数学方法解决问题的过程，培养出知晓数学实质，具备良好的数学认知结构、能力结构，具有科学探索精神，能应用数学知识解决复杂的真实问题的学生。

第二节 数学问题解决教学的理论基础

"问题解决"教学的提出不仅仅涉及到教学内容、教学方法和形式的转变，更为重要的是基本教育思想的转变，也就是对学生的学习活动和教师的教学活动有一个全新的认识。追溯"问题解决"教学的理论基础，有助于教师在了解数学学科的性质，准确把握学生在解决问题的过程中的认知特性，教师在教学过程中应扮演的角色等根本性问题的基础上有效开展问题解决教学。许多心理学家、教育家都给予"问题解决"以极大关注。美国学者纽厄尔（Allen Newell）和西蒙（Herbert A. Simon）认为问题是指这样一种情境：个体想做某件事，但不能马上知道完成这件事所需采取的一系列行动。美国著名的数学家和数学教育家波利亚（George Polya）在其《怎样解题》一书中，将解决问题的步骤分为四步：理解题目（清楚地看到所要求的是什么）、拟定方案（了解未知量和已知数据之间的关系，得到解题的思路）、执行方案、回顾并检查。数学"问题解决"教学发展至今，吸收了心理学与教育学的研究成果。因此，数学学科的性质、弗赖登塔尔（H. Freudenthal）的现实数学教育思想、建构主义数学学习观、建构主义数学教学观为数学"问题解决"教学提供了重要的理论支撑，新课程改革的基本理念也进一步推进了数学"问题解决"教学的具体实施。

一、数学的性质：抽象性与实用性的结合

数学是对现实世界进行抽象概括，形成方法与理论，并在实践中有广泛应用的科学语言与工具。在漫长的数学发展史中，应用数学与纯数学的发展相互交织，数学的发展有时会超越于其应用。比如，开普勒发现行星运行轨道是椭圆时，圆锥曲线理论才得以应用，而此时，这一理论已产生了两千多年。但总的来说，数学起源于应用，并发展于应用。正如荷兰数学教育家弗赖登塔尔所说："倘若无用，数学就不存在了。"① 数学发展至今，更是广泛地应用于现实社会和自然科学中。

实用性作为数学的重要特征，在数学教育领域却长期不被重视。传统数学教育强调数学的抽象性、严密性，注重学生抽象思维、演绎推理能力的培养。数学语言与符号直接被教给学生，学生掌握的是数学理论和算法，数学学习的评价几乎取决于解答纯数学题的能力高低。学生学习数学十几年，但留在头脑中的恐怕只有解答出题的兴奋与解不出题的失落，数学的本质迷失在数学教育中。可以说，传统数学教育更加强调的是学生能解决纯数学问题，不注重培养学生应用数学解决实际问题的能力。实际上，数学家研究数学并不单纯是自娱自乐地任意建立公理系统的逻辑游戏，他们在研究数学时会考虑"有什么用"的问题。公元前三百年左右，古希腊数学家欧几里得撰写的《几何原本》一书流传甚广，在相当长时期被认为是严谨的演绎推理的典范。《几何原本》从23 条定义、5 条公理和5 条公设出发，推证了数百条几何定理，它对数学及其他科学乃至人类思想产生了巨大推动作用。但是在 19 世纪，数

---

① ［荷兰］弗赖登塔尔：《作为教育任务的数学》，陈昌平等编译，上海教育出版社 1995 年版，第 16 页。

学家发现《几何原本》并非完美无缺，存在一些逻辑漏洞。再往后，俄国数学家罗巴切夫斯基（Николай Иванович Лобачевский）发现了另一种几何学——罗氏非欧几何，在这一几何体系中，过直线外一点可作无数条平行线，相似三角形必全等……数学家黎曼提出了黎曼几何，黎曼几何里不存在平行线，三角形内角和大于两直角……这些观点有悖于我们熟知的欧氏几何中的论点，然而不能说哪种几何体系是"真"的，哪种几何体系是"假"的，因为数学家所说的"真"，指的是逻辑上行得通，不自相矛盾。三种几何体系各自有各自的优缺点，适合运用于不同的问题中。比如，黎曼几何反映的是"弯曲"空间现象，适于描述广义相对论讨论的空间，欧氏几何反映的是"平直"空间现象，适于描述牛顿力学和狭义相对论讨论的空间，罗氏几何的创立者罗巴切夫斯基在天文测量中应用了罗氏几何，其也可以运用于狭义相对论中。从几何学的发展可以看出，数学理论总是在一定程度上反映了人们在社会实践中的经验，数学家当然希望自己的研究于人类有用。数学教育理应将数学与现实世界的这种联系传达给学生。

二、建构主义数学学习观

建构主义认为，学习不是教师向学生传授知识的过程，而是学生自己建构知识的过程。在学习过程中，学生不是被动地接受信息，而是主动地建构自己对新知识的理解。学生通过新旧知识经验之间反复的、双向的相互作用，来形成和调整自己的经验结构。建构主义对数学学习观产生了重要影响，数学学习活动的建构性并非仅仅是从一般意义的建构主义学习观来理解数学学习，而是认为数学学习实质上就是一个同化、顺应的过程。学生在原有数学知识的基础上，建构对新知识的理解，同时原有知识结构也会产生变化。数学学习活动的建构性相较于其他学科学习活动的建构性具有一定的特殊性，是数学这门学科特殊性质的具体表现。

（一）基本概念、原理法则与思想方法学习的主观建构性

数学学习大致可以分为这样三个部分：基本概念的学习、原理法则的学习与数学思想方法的学习。数学对象并非经验世界中的真实存在，而是仅存于我们大脑中的对具体事物的一种抽象。所谓抽象就是从许多事物中舍弃个别的、非本质的属性，抽出共同的、本质的属性的过程。从建构主义的角度来说，这种抽象就是一种建构活动，人们通过这一主观思维活动"创造"出了数学对象。当然这种主观创造并没有否定数学对象在内容上的"客观性"，主观创造最终要向客观存在转化。

我们在学习数学概念的时候，一开始并没有一个不经任何转化就可以直接进入大脑形成数学概念的直观对象摆在自己面前。需要借助对具体事物的演绎推理在头脑中形成一个现实中不存在的抽象概念。比如"集合"这个概念，我们并不能拿出"集合"这样一个实体教具来让学生形成直观印象，但是我们可以找到几只笔、几块橡皮给学生展示：5只笔构成一个集合，3块橡皮也构成一个集合，1只笔或者2块橡皮同样也可以构成一个集合……学生借助于笔和橡皮这样的具体事物，通过教师的演示抽象出集合的概念：一定范围的、确定的、可以区别的事物，当作一个整体来看待叫作集合。学生在这个过程中使新的学习材料在头脑中获得特定的意义，并与原有知识经验建立起实质性的联系，这一学习过程就是一个"主动建构"的过程。

数学中的原理法则的学习也是如此。不同于基础概念的学习，数学原理法则的学习一般没有明显的直观背景可以借助。我们需要在自主的发现学习中对原本抽象的基础概念或是原理法则进行再次抽象，才能在我们的头脑中构建出对新知识材料的有意义的理解，亦即皮亚杰所说的"自反抽象"。比如在教授余弦定理时，很难在生活中找到原形把它具体化为一种直观的教具。但我们可以在学生熟练掌握正弦、余弦、三角形等基本概念的基础上，引导他们进行推理证明，从而使新知识内化到原有的认知结构中。这一在抽象概念基础上进行再次抽象的过程是一种

"创造性"的建构活动。

数学思想方法较之数学基础知识有更高的层次。如果说数学知识是数学内容，可用文字和符号来记录和描述，那么数学思想方法则是数学意识，只能领会、运用，属于思维的范畴。教师不能直接将数学思想方法传授给学生，只能通过学生在创造性的思维活动中自己领悟。而这一创造性的领悟过程必然是学生主动建构的过程。

（二）数学学习活动需建立在已有知识经验的基础之上

数学学习具有很强的"连续性"，是一个层层向上的过程。数学知识在大脑中不是零散储存的，而是分门别类的形成一个个"小块"。新知识的学习过程实际上就是一个"归类"的过程，把新知识归结为已有某一类型中。已有知识为新知识的学习提供了一个必要的"框架"，是新的建构活动的必要基础。数学学习并不是一个从"无"到"有"的过程，而是必须以原有知识经验为基础的建构活动。

需要强调的是，在已有知识经验或者说"认识框架"的基础上解决问题的同时，原有认知结构不是一成不变的去同化新知识，某些时候它还需要一定的变形甚至是再创造才能接纳新的东西，而这也就是原有认知结构的顺应。在数学问题解决的过程中，我们常常需要对原有知识做出调整才能准确地解决问题。来看下面的例子。

如图所示，已知一个等腰△ABC的底边BC = 4cm，D、E、F为BC边上的三个四等分点，DG、EA、FH分别垂直于BC（图1），若以DG、EA、FH为折痕把△ABC折成一个下底为正方形的几何体（图2），求这个几何体的体积。

对于刚刚学会求解正方体、三棱锥、圆柱体等简单几何体体积的学生，看到这个问题的第一感觉就是求几何体体积的一般模式——知道底面积、高，如果是长方体则体积为底面积乘高，如果是棱锥体则是底面积乘以高再乘以1/3……他们希望将这个新题目归类进已学的某个公式中。然而，学生发现这个几何体是比较特殊的，无法用固定的公式求

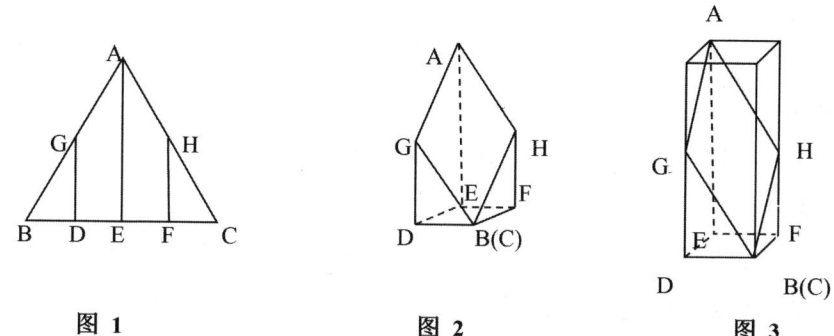

图1　　　　　　图2　　　　　　图3

解。教师却说这个题目没有超纲，提示可以将不规则几何体转化为"一般几何体"。同学们经过仔细观察与思考，找到了解题思路：将几何体添加几条辅助线（图3）从而得到一个长方体，而所求几何体体积是这个长方体的一半。

在这一解题过程中，学生原有知识经验（体积公式）是解决这个问题的基础。学生对原有数学知识做出调整，在固有解题思路上做出适当的改变，问题才得以解决。所以，数学学习是一个在原有知识经验基础上建构自己理解的过程，这一过程发生了原有知识对新知识的同化，而原有知识经验也需要做出调整，以顺应新知识的理解。

综上所述，学生对数学概念、原理法则、思想方法的学习是一个包含合作、沟通、协商、争论、妥协、折中、共识的建构性过程。这一过程建立在学生已有知识经验的基础上，需要教师的指导，需要与同学、家长等进行交流。明确建构主义的数学学习观对现代数学"问题解决"教学的有效开展具有重要意义。

三、建构主义数学教学观

建构主义数学教学观是对教师数学教学活动的本质认识，它建立在对学生数学学习活动的认识之上。传统的数学教学观认为教师只需要向学生讲授、灌输已有数学符号与规则，学生的数学学习是被动接受的过程。现代数学教学观认为学生在自主的学习活动中建构对新知识的理解并赋予其特殊的意义,学生学习数学的过程是一个"再创造"的过程。教师是学生学习过程的引导者,需要深入了解学生的思维活动,培养学生解决问题的能力。

(一) 教师是课堂教学的引导者

建构主义者认为,教师并不应该仅仅"告诉"学生知识。教师应该让学生体验到新知识是如何有效地应用于待解决的任务和问题,当学生已有知识经验对新知识的理解与接受产生阻碍时,教师要让学生感受到新知识何以更有效地解释现象和处理问题。学生的数学学习要建立在充分协商和对话的基础上。具体到数学课堂上,教师可以从以下几个方面发挥引导者的作用:第一,依据不同的教学内容采用不同的课堂组织形式,构造相应的数学学习活动的意境,创设恰当的学习环境;第二,把握整个教学进程,既要对整个教学过程有比较合理的预设,又要依据实际教学的多样化应对不同的教学生成,能够灵活机动地及时调整教学设计;第三,采取不同的教学方法,注重提高学生的学习兴趣,注重培养学生的研究探索能力,激发其对数学学习的兴趣;第四,学生在学习中遇到困难或出现错误时,教师应当采取合理的态度,既不能严加指责,也不能完全代劳,应该帮助学生找到关键所在,引导学生走出误区。

(二) 了解学生的思维活动

数学是思维的体操,正确把握学生的思维活动,了解学生的学习动向与学习水平,依据学生的实际情况进行教学是一个数学教师应该具备的基本素质。数学学习过程是学生在原有知识经验的基础上,主动建构自己对知识理解的过程。在这一过程中,学生的思维水平不断发展,但其发展并不是直线式的发展,其间会经历很多思维误区而停滞不前。教师必须学会深入了解学生的思维过程,通过与学生谈话、听学生讲解自己的思考过程来了解学生的具体思维路径。对于学生的思维误区,不能一味否定,而要弄清问题的症结并针对性地进行指导,向学生展示正确的思维过程。

（三）注重培养学生解决问题的能力

建构主义数学教学观不仅重视数学知识的授予，还注重促进学生数学思维的发展，培养学生解决问题的能力。教师应该尝试将数学教材上的内容组织成一系列相关联的问题，让学生体验问题情境，激发学生探索研究的热情；鼓励学生积极思考、采用多种方法从事问题解决活动，在解决问题的过程中发挥思维的最大潜力，通过掌握多种数学思想方法，提升思维层次；教师还应该采用恰当的方式评价学生解决问题的成败，听取学生解决问题过程中的思维路径，及时加以肯定或者予以纠正。学生的探究能力、创造性思维在解决问题的过程中得到发展，学习兴趣不断提高，体会到数学与生活的联系并能够将其更好地应用于日常生活中。

四、弗赖登塔尔的现实数学教育

弗赖登塔尔是荷兰著名的数学家和数学教育家，他不仅在数学研究领域成果非凡，也非常关注学校中的数学教育。荷兰在 20 世纪 60 年代，开始了由传统数学教育向现实数学教育的改革，在世界范围内也产生了一定影响。现实数学教育从不同角度阐明了传统数学教育的弊端，通过揭示数学的本质、反思学校教育，对数学教育进行了系统的理论阐述。现实数学教育思想对"问题解决"教学具有深刻的指导意义。

（一）日常生活、现实情境对数学教育的重要性

现实数学教育重视日常生活中的真实情境对数学教育的作用。情境问题指的是与真实世界紧密相关的、学生在日常生活中真切感受到的问题。这种现实不一定是完全"真实"的现实，可以是一种模拟的现实。现实问题具有直观性，与学生的生活联系紧密而易于想象，并且往往与学生的已有数学知识相关联，这种数学知识不仅包括严密的、系统的数学知识，还包括日常生活中学生对数量关系的直观感受、对平面图形与立体图形的直观认识等生活化的数学知识。学生通过解决这些现实问

题，逐步发展自身的数学概念与数学意识，养成对数学的学习兴趣。这种通过现实的数学问题进行教授的方法不同于传统的数学教育，传统数学教育忽视了数学与现实世界的联系。"问题解决"教学同样认为应当关注数学的实用性，将数学与真实世界联系起来，强调数学学习的主动探究性与生活应用性。因此，弗赖登塔尔的现实数学教育可以指导"问题解决"教学更好地设置与真实世界相关的情境问题。

（二）数学化、再发现

传统数学教育中，学生面对数学，所能做的唯一事情便是"复制"。复制已有的数学概念、定理，复制已有的解决问题的方法。在这种机械复制中，学生不能发展自身对数学的丰富感受。现实数学教育指出，学生应该通过再发现学习数学，通过"做"数学感受数学，积极进行创造性的数学思维活动。这种再发现应该是真实有效的，而不是简单的因袭与效仿。现实中的情境问题是具体的、生活化的问题，学生解决它需要进行数学化的思维。数学化指的是从一个现实的具体情境开始，通过将具体情境抽象为数学语言、符号，使之成为一般意义上的数学问题的过程。弗赖登塔尔指出，学生应该学习将非数学的（或是不完全数学的）内容数学化，也就是学习将非数学的内容组织成一个合乎数学的精确性要求的结构。[①] 数学"问题解决"教学注重通过让学生经历建立数学模型的过程发展学生数学化地思考问题的能力。这种能力是一种比较简单水平的"数学化"，但也能够让学生经历数学家研究数学问题的思维过程。现实数学教育有关"数学化、再发现"的观点为培养学生的这种建模能力提供了有力的理论支撑。

以上较详细地阐述了数学学科的性质、建构主义数学学习观、建构主义数学教学观、弗赖登塔尔的现实数学教育思想对数学"问题解决"

---

① ［荷兰］弗赖登塔尔：《作为教育任务的数学》，陈昌平等编译，上海教育出版社 1995 年版，第 123 页。

教学提供的理论支撑。我国于 2001 年开始的基础教育课程改革要求教师在教育过程中始终坚持学生的学习主体地位，顺应学生人生历程的发展需要，尊重学生的人格和尊严，关注学生的个体差异，发扬教学民主，促进学生全面而有个性的发展。针对数学学习，提出了自主探索、动手实践、合作交流、阅读自学等具体的数学学习方式；鼓励学生积极进行数学探究、数学建模，体验数学发现和创造的过程，注重提高学生的数学思维能力，经历直观感知、观察发现、归纳类比、空间想象、抽象概括、符号表示、运算求解、数据处理、演绎证明、反思与建构等思维过程；提出建立合理、科学的评价体系，既关注学生数学学习的水平，也要关注学习过程中情感态度的变化，关注学生个性与潜能的发展。基础教育课程改革对数学教学提出了实践层面的指导，"问题解决"教学应当按照课程改革提出的要求，为促进学生的发展做出努力。

第三节 数学问题解决教学的基本程序

现代"问题解决"教学是在关注数学学科的抽象性与实用性，在建构主义数学学习观、建构主义数学教学观以及弗赖登塔尔的现实数学教育思想的理论指导下提出的。通过对理论基础的学习及现有"问题解决"教学的研究，我们提出了"问题解决"教学实施的基本环节。数学问题解决教学主要有四个环节：创设情境，提出问题；建立数学模型，解决问题；研究数学模型，加深理解；拓展运用，总结反思。数学教学不必机械依照这四个步骤实施，但应基本体现从现实情境中提出数学问题、建立数学模型以解决问题、将数学模型运用到更广泛生活情境中的一般过程。

一、创设情境，提出问题

情境是指一个人在进行某种行动时所处的社会环境，是人们社会行为产生的具体条件。这种情境一般指的是社会情境。具体到数学教学中的情境,指的是蕴含数学知识的环境与背景,它有利于学习者对所学内容进行意义建构。PISA(Programme for International Student Assessment)在其 2006 年数学素养评价框架中指出,数学素养的一个重要方面是能在多种情境中运用数学,聚焦于真实生活情境中的问题,而不仅是学校中遇到的那种典型情境与问题。依据情境与学生生活世界的联系紧密程度,将情境分为个人情境、教育(职业)情境、公共情境、科学情境。[①]

(一)个人情境

个人情境与学生自身联系密切,主要与个人的生理或心理有关,学生在日常生活中会亲身经历。比如学生在生活中会玩积木游戏,用正方体的小积木块可以拼成大的正方体或者长方体。学生通过这一情境可以感受到体积的意义。

(二)教育(职业)情境

教育情境指学校教育生活中的情境,这类情境发生在学生的学校生活中,学生一般也会经历到。比如人教版小学数学五年级下册《统计》的学习中,教材设置了这样的情境:五(2)班要选 10 名同学组队参加集体舞比赛,给出了 20 名候选队员的身高情况,让学生讨论队员的身高是多少比较合适。通过这一情境的设置,让学生了解众数的意义及其在具体生活中的运用。

(三)公共情境

公共情境指学生在参与公共生活的过程中可能置身其中的情境。比如,到银行存 1000 元钱,有两种选择:一种是年利率为 4%,另一种是可立即得到 10 元奖金和 3% 的年利率。那么存钱一年则选择哪种方式更好,存两年选择哪种方式更好。这一问题情境是金融与银行的情境,

---

① Programme for International Student Assessment, Assessing Scientific, Reading and Mathematical Literacy: A Framework for PISA 2006, OECD Publishing, 2006: 81.

学生在参与公共生活的过程中很可能会遇到，属于公共情境。

（四）科学情境

科学情境则是更接近于抽象数学的情境，与现实世界的联系不如以上三种情境密切，只涉及数学的对象、符号或结构，而不参照数学世界之外的东西。运用数学探索假想情境、探索潜在的系统，在真实世界中不可能实行，也是数学的一个特征。比如，设置这样的情境：有可能形成只包含面额为3和5的货币的系统吗？具体而言，在这个基础上可以形成多大的货币金额？这样的货币系统理想吗？这个问题具有数学趣味，解决它需要与数学素养有关的能力，但其与真实世界的联系并不紧密。这种情境被分类为科学情境类型，更接近于纯数学情境。

以上对四种情境的划分只是为了研究的方便，有的数学情境可能同时属于以上两种情境，在具体教学中不必严格遵守这种划分。本节讨论的"情境"一般指与某一数学知识相关的微观情境，通常涉及到的数学知识比较明确，主要是为了教授学生新的知识。还有一种"情境"是比较宏观的情境，比如由温特贝尔特大学学习技术中心（CTGV）开发的"贾斯珀系列"就利用录像呈现了一些历险故事，这些历险故事都以发现和解决一些数学中的问题为核心。这里提供的问题情境包含了多种数学知识，还与科学、社会学等相关，解决问题需要的数据都镶嵌在故事中。学生通过分析，从故事中筛选出所需数据，并且需要提出很多子问题并加以解决，这样才能最终解决问题。重在培养学生解决真实世界中的数学相关问题的能力。这也是一种问题解决教学的方式，但更适合在学生学习了一个单元或几个单元之后进行，对老师有更高的要求，往往需要教育教学专家的指导才能设计出比较合适的情境。本节着重讨论第一种情境，也即微观情境。

二、建立数学模型，解决问题

创设出数学情境之后，需要引导学生数学性地思维，构建数学模型，进而解决问题。现实情境相对复杂，解决问题所需的数据、方法、思想隐藏其中。建立数学模型就是通过合理假设，从具体情境中抽象出数学语言、符号，进而用数学方法解决问题的过程。当一个数学模型建立起来之后，还需要运用到其他问题情境中加以检验，通过修改模型等过程，最终建立起比较理想的数学模型，至此，这一数学模型才得以广泛应用。"一笔画问题"就是建立数学模型的一个典型事例。现实情境是这样的：18 世纪，东普鲁士的城市哥尼斯堡中有一条河穿过城市，河里有两个小岛，两岸与小岛，岛与岛之间共有七座桥（图4）。问题是这样的：有没有可能从两岸或者两个小岛出发，不重复地经过七座桥，再次回到原点？这一问题看似简单，但由于这样的行走方式有几千种，很多人尝试解答却失败了。后来，数学家欧拉创造性地解答了这个问题。他将两岸及小岛抽象为点，将桥抽象为线（图5）。如下图所示：

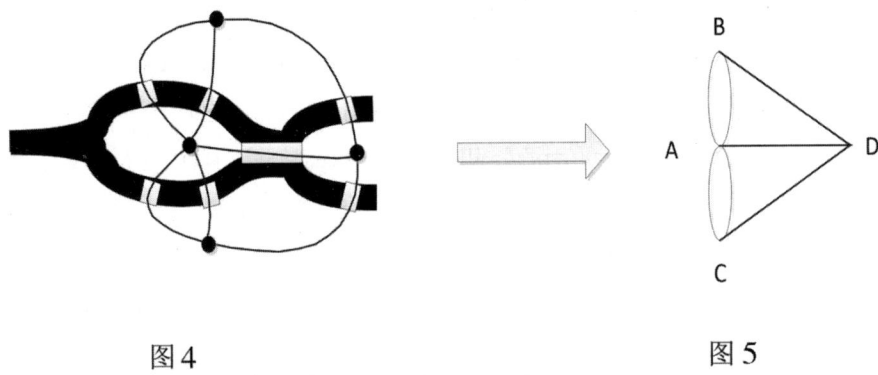

图4　　　　　　　　　　　图5

这样，问题就转换为能否从图5这个图形的 A、B、C、D 其中一点出发，沿着线条不重复地回到出发点。欧拉通过研究这个简化的示意图得出了结论：如果通奇数座桥的地方不止两个，则满足要求的路线是找不到的。然而，如果只有两个地方通奇数座桥，则可以从这两个地方之一出发，找出所要求的路线。最后，如果没有一个地方是通奇数座桥的，则无论从哪里出发，所要求的路线总能实现。① 欧拉通过建立数学模型，将复杂问题转化为能否"一笔画"画出这个几何图形的问题，简单明了，充满数学意味。"一笔画"问题成为数学中研究图论的起源，是数学建模史上的光辉典范。

三、研究数学模型，加深理解

数学家在初步建立数学模型之后，需要将其多次运用于具体问题之中，通过反复验证，多次修改，最终才获得比较理想的数学模型。这是一个不断循环、不断完善的过程。作为教学内容的数学模型与数学家的工作有所不同，学校教育中教给学生的都是经过验证，得到数学家认可的数学模型，因此往往不需要经过多次验证。在建立起数学模型之后，教师需要带领学生尽可能地经历数学家构造这个模型的过程，通过数学活动加深理解，体会模型的建立与其他数学知识之间的联系。

一位教师在教学"减法"这一内容时，采用了如下教学设计：

首先，向学生出示情境图：第一幅图显示有 5 个小朋友在浇花；第二幅图中，有 3 个小朋友去提水了，还剩下 2 个小朋友在浇花。教师让学生仔细观察这两幅图之后，尝试提出数学问题：有 5 个小朋友在浇花，走了 3 个，还剩几个？

大多数老师在学生提出这个问题之后，便会让学生直接列出式子：$5-3=2$。接着就完成了"减法"这一内容的教学。而这位老师的精彩教学过程才刚刚开始。

教师让学生拿出课前准备的小圆片，"大家能不能用圆片代替小朋友，将这一过程摆一摆呢？"学生独自用圆片摆出这一过程，教师让一个学生将圆片摆在情境图下面。实际上，学生通过"小朋友浇花"这一情境，以及"摆圆片"这个活动过程，已经建立了"减法"这一数

---

① 程钊：《图论中若干著名问题的历史注记》，《数学的实践与认识》2009 年第 24 期。

学模型。将具体的小朋友用相对抽象的圆片表示，而圆片可以代替许多其他的具体事物。接着，教师做出总结："5个小朋友浇花，走了3个，还剩下2个；从5个圆片中拿走3个，还剩2个。我们都可以用哪个算式来表示？"学生由此理解了5-3=2这个算式既可以表示小朋友人数的变化和圆片的个数变化，还可以表示很多其他的数学问题。比如，"桌上有5本书，拿走了3本，还剩2本"，"树上有5只小鸟，飞走了3只，还剩下2只"……学生通过这一学习过程，不是简单地掌握了"5-3=2"这一解答算式，而是举一反三，通过研究"减法"这一数学模型，真正理解了减法的意义。

这位教师对"减法"这一内容的教学充分重视构建"减法"这一数学模型，渗透建模思想。借助"圆片"这一具体可感的事物，与学生一起研究"减法"模型，巩固理解。在"问题解决"教学中，教师要善于运用具体、形象的教具，通过与学生的对话交流，与学生研究数学模型，加深对所学数学模型的理解。

四、拓展运用，总结反思

拓展就是把问题延伸到一般情形或者是其他特殊的情形，使学生优化知识结构，活化所学知识，深化思维层次，从而提高数学素质。应用有时意味着新一轮的"问题解决"，即用所学知识来解决现实生活中的实际问题。数学模型并非针对某一特定情境，在经过验证之后，可以广泛应用于现实生活中。学生学习了一个新的数学知识，知晓了某一数学知识的本质，接下来就要让学生体会这一数学模型在生活中有何实际运用。还应该对之前的问题情境进一步思考，看有没有新的发现。通过合理拓展，广泛运用，训练学生思维的灵活性和深刻性，培养学生的发散思维能力，感受数学与生活的紧密联系。

总结反思在一堂课的最后进行，每次解决一个问题，教师都要和学生一起对这个问题的解决过程做一次整体的回顾。归纳总结所学习的数学知识技能和蕴含其中的数学思想方法，反思自己在学与教过程中的得失。

创设情境，提出问题——建立数学模型，解决问题——研究数学模型，加深理解——拓展运用，总结反思。学生在这一基本程序中积极探究、合作交流，自由地做思维的体操。接下来，我们通过一个具体案例，对"问题解决"教学模式进行更为深入的分析。以全国著名特级教师华应龙执教的《圆的认识》一课为例，具体阐明以上论述的数学问题解决教学的基本程序：①

1. 创设情境，提出问题

上课伊始，教师用课件出示了一个有趣的"寻宝"的问题情境。

师：（很神秘地）小明参加头脑奥林匹克寻宝活动，得到这样一张纸条——"宝物距离你左脚 3 米"。宝物可能在哪儿呢？

这就是华老师创设的情境，虽然看似简短，却将圆的特征体现出来。宝物距离小明的左脚 3 米，圆心和半径（圆心是小明的左脚，半径为 3 米）就都确定了，圆也就确定了。这一情境与"圆"的特征联系紧密，为学生学习圆的特征打下了良好的基础。

问题的提出可以是直接蕴含在所创设情境中，由教师直接提出，《圆的认识》一课便是由老师直接提出"宝物可能在哪儿"这个问题。也可以由学生根据情境提出，对提出问题的学生教师要予以合理的评价和鼓励，并且要注意引导学生提出与本节知识相关的问题。要注重保护学生的求知欲，但也要根据教学时间、教学计划等进行适当引导，不能偏离教学主题。

2. 建立数学模型，解决问题

广义上讲，数学中的各种基本概念和基本算法都可以算作数学模型。在创设出"寻宝"的问题情境，并且提出"宝物可能在哪儿的"

---

① 华应龙：《我这样教数学——华应龙课堂实录》，华东师范大学出版社 2009 年版，第 192－205 页。

问题之后,华老师便引导学生尝试建立"圆"这一数学模型。

师:你手头的白纸上有一个红点,这个红点就代表小明的左脚,想一想:宝物可能在哪儿呢?用1厘米表示1米,请在纸上表示出你的想法。

(学生独立思考,在纸上画着……)

小学生的数学模型化思维比较有限,需要教师准确恰当地加以引导。"红点代表小明的左脚",这其实就是从"寻宝"这个具体情境中抽象出的数学语言、符号:将小明的左脚抽象为一个红点。这是建立数学模型的第一步,也是非常重要的一步。

师:刚才我看了一圈,同学们都在纸上表示出了自己的想法。(课件演示)宝物可能在这儿——

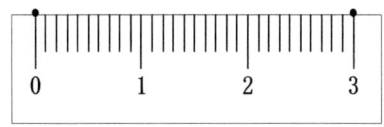

师:找到这个点的同学,请举手。(全班几乎都举起手)还可能在其他位置吗?

(学生们纷纷表示还有其他可能,课件依次出示2个点、3个点、4个点、8个点、16个点、32个点,直到连成一个圆)

师:这是什么?(板书:是什么?)

生:圆!

师:刚才想到圆的同学请举手!(十几位同学举手)开始没想到的同学,现在认同了吗?那宝物可能在哪儿呢?

生:(高兴地)宝物在这个圆上。

至此,通过老师精彩的引导,加上课件展示,在老师和同学的对话与交流中,这节课要学习的数学模型清晰地显现出来:圆。学生经历了从"宝物距离小明左脚3米"这个具体情境中,将小明的左脚抽象为红点,用1厘米表示1米的数学方法,通过在纸上画图,初步建立起数学中"圆"这一模型。接下来,华老师又将具体向同学们解释这个模型。

师：谁能说一说这是怎样的一个圆？

生：这是一个有宝物的圆。

生：宝物就在小明周围。

师：（点头）说得真好，"周围"这个词用得没错！周围的范围可大了——

生：（迫切地）宝物在距离左脚 3 米的位置上。

师：是啊，他强调了左脚。这个左脚也就是圆的什么？

生：（争先恐后地）圆心！圆心！

师：没错，叫圆心。（板书：圆心）也就是以左脚为圆心。他刚才强调了，距离左脚 3 米，这个距离 3 米，知道叫什么吗？

生：（纷纷地）直径！半径！

师：（板书：半径直径）直径还是半径？

生：（绝大部分）半径！

师：现在，用上"圆心"、"半径"，谁能清楚地说一说这个宝物可能在哪儿？

生：在以他左脚为圆心，半径 3 米的圆内。

师：在圆内还是在圆上？

生：（纷纷纠正）在圆上。

师：刚才××同学很精彩的发言，把两个要素都说出来了，是不是只要说"以什么为圆心，以多长为半径"就把这个圆确定下来了？（同学们纷纷点头）

在初步建立起"圆"的数学模型之后，华老师开始了与学生的精彩思维碰撞。让学生思考"这是一个怎样的圆"。学生从"周围"、"左脚"这些生活化的语言，在老师的引导下讲出"半径"、"圆心"这样的数学语言，思维已经进行了转换，从生活化思维转化为数学化思维。感受到"以什么为圆心，以多长为半径"即可以将某个"圆"确定下来。在建立起"圆"这一数学模型之后，初步认识到"圆心"、"半径"

是确定一个圆的核心要素。

3. 研究数学模型，加深理解

建立了"圆"这一数学模型，华老师通过将圆与之前学习过的图形进行比较以及让学生用圆规画圆带领学生研究数学模型，加深对"圆"这一数学模型的理解。

……

师：圆具有什么特征呢？有比较才有鉴别。我们可以把圆和以前学过的图形进行比较。（课件出示正三角形、正方形、正五边形、正六边形和圆）

……

生：长方形、正方形都是由四条直的线围成的，而圆是由曲线围成的。

师：几条曲线？

生：（齐）一条。

生：圆是个封闭图形。

师：这句话说得很专业！对，封闭图形。

师：孩子们，我们以前认识图形特征就是从边和角两个方面来研究的，圆确实具有大家说的这些特点。知道古人是怎么说圆的特征的吗？

（板书：圆，一中同长也）

师：明白这句话的意思吗？"一中"指什么？

生：（抢着）一个中心点。

师：（笑着）什么"同长"？

生：（争抢着）半径的长度都是一样的！直径的长度都是一样的！

接着，教师引导学生将圆与正三角形、正方形、正五边形、正六边形进行比较，探讨这些图形是不是也是"一中同长"。学生思考、交流后，得出结论：其他图形如果把线连在顶点上，线的长度就是一样的，但连在不是顶点的其他点上线就不一样长，而圆上的点都是平等的，没有哪个点搞特殊，线连在圆上任意位置，长度都相等。

师：谁来说说，半径是一条怎样的线段？

生：一端在圆心，一端是圆上任意的一个点。（教师竖起大拇指）

师：（神秘地）请看——（课件演示正多边形边数不断增多最终转变成圆的动态过程）

生：（惊奇地）成一个圆了！

师：（笑着）现在是正819边形。看到刚才这个画面，你有什么想法？

生：（争着站起来，大声地）我认为圆是一个正无数边形。

师：（欣赏地）佩服佩服！用老子的话说就是"大方无隅"，（板书：大方无隅）大方就是指最大最大的方；"无隅"，猜一猜，"隅"是什么意思？

生：（异口同声地）角！

师：（肯定地）真佩服！不用猜都知道！这样看来，圆是不是"一中同长"？

生：（十分认可地）对！

师：（感慨地）圆真是具有这样的特征！……"圆，一中同长也"，才是圆的特征，由这个特征能衍生出圆的其他特点来。

师："圆，一中同长也"，是墨子说的。墨子的发现比西方人早了一千多年……

师："圆，一中同长也"，在寻宝的问题里，"一中"就是小明的"左脚"，"同长"就是3米，具备圆的特征，当然就是圆了。为什么宝物所在的位置是个圆的问题解决了吗？

（学生们频频点头）

在以上呈现的这段教学实录中，华老师将圆与学生已经学习过的正三角形、正方形、正五边形、正六边形这些图形进行对比，利用之前研究这些图形的方法（研究图形的"边"和"角"），与学生一起发现圆心到圆上任意一点的距离是一样的。通过课件演示正多边形数不断增多最后变成圆的过程。用老子的"大方无隅"以及墨子的"一中同长"

概括圆的特征。并强调这个特征是圆的本质特征。这样，圆的"一中同长"的特征通过对问题的答案"圆"进行初步解释浮现出来，加深了认识。

接下来，老师让学生用圆规画一个直径是 4 厘米的圆，通过展示学生画的"不圆"的作品，让学生思考为什么有的同学画出来的不圆（圆规的两个脚能动）。通过提问"画圆时我们的手应该拿住哪儿才行"（手应该拿住把柄），"圆规两脚之间的距离应该是多少"（是半径的长度，也就是 2 厘米），以及让学生画出黑板上圆的半径与直径，进一步加深学生对圆"一中同长"的特征的理解。最后，教师总结，因为确定了长度——"同长"，确定了圆心——"一中"，所以画出的曲线上的所有点和圆心的距离都一样长，这就符合圆的特点——"圆，一中同长也"。符合圆的特点，当然就是一个圆了。

在研究数学模型这个阶段，教师通过追问"为什么宝物可能在的位置是一个圆"以及让学生用圆规画圆这样的教学过程，使得学生积极思维、积极动手，圆"一中同长"的特征非常清晰地显示了出来，也深刻地留在学生的头脑中。

4. 拓展应用，总结反思

数学学习的一个重要方面是获得运用数学有效解决现实生活问题的能力。因此，在引导学生建立数学模型、研究数学模型之后，需要通过将模型应用到生活中让学生体会数学模型的重要价值，体会数学的实际用处。

师：（出示篮球场画面，并用课件播放 NBA 开赛录像）篮球场的中间是什么？为什么？篮球场的中间为什么要做成一个圆呢？看过篮球比赛吗？如果你没有注意过篮球比赛是怎么开始的，你就不能很好地回答这个问题。

生：这样才公平。

生：我帮他补充一下，这样谁的反应快，球就归谁了。

生：因为圆的半径是处处相等的，所以球员站在圆的旁边是很公平的，他们离球的距离都一样。

师：其实还是要回到圆的特点上来说。"圆，一中同长也"，大家都在圆上，球在圆心，大家离球的距离都一样，这样才公平。再想想，怎样画这个大圆呢？

……

生：我觉得先要量出想要画的圆的半径，然后用一根绳子固定住中心点，然后绕一个圈，就是一个圆了。

（老师用绳子比画画圆，同学们的掌声响起来）

生：我觉得可以先确定圆心，画一个很小的圆，然后一米一米地扩大，一直扩大到比较合适的地方，然后把它用油漆画下来就好了。

……

师：（课件出示用绳子画圆）为什么没有规矩也画出了圆呢？

生：因为他确定了圆心。

生：还确定了半径。

生：道理都是一样的——确定了圆心，确定了半径，然后再绕一圈。

（老师竖起大拇指，同学们给予掌声）

师：是啊，圆心只能"一中"，半径一定"同长"。只有当我们真正理解了祖先说的"圆，一中同长也"时，才知道以前所说的"圆心"、"半径"是多么重要的两个词啊！……

将圆以及圆的特征在生活中的实际用处通过"篮球场"这个例子展示出来。这堂课上到这里，效果已经很好了，圆"一中同长"的特征嵌入在教学进程中，每一段教学设计都是为了让学生更好地体会这个特征。从学生的课堂反应来看，大多数同学也已经较好地理解并掌握了圆的特征。但华老师的课并没有就此停止。

师：20世纪最伟大的科学家爱因斯坦说：我没有什么特别的才能，不过喜欢寻根刨底追究问题罢了。孩子们，我要告诉你，科学家们还喜欢追问这个问题:"一定这样吗?"

(板书:一定这样吗?)

师:请看——"宝物距离你左脚 3 米",宝物一定在以左脚为圆心,半径是 3 米的圆上吗?

(教室很安静,学生们陷入紧张的思考中,没有手举起来。教师出示半个西瓜图片,有很多学生恍然大悟,马上举起手来。)

生:宝物有可能在地下、在西瓜皮上。

生:在以左脚为球心,半径是 3 米的球上。

师:是啊!现在看,圆是一中同长的,球也是一中同长的。圆和球最大的不同是什么?

生:一个是平面的,一个是立体的。

师:说得真专业!关于球,细致的研究要到高中。不过,在一个平面内,"一中同长"的就是圆,而不是球。

教师将平面上的圆拓展到立体空间的球,培养学生的发散思维以及善于反思的学习习惯。最后,教师又出示了一组图片,时钟、纽扣、圆桌、车轮、篮球……展现生活中多姿多彩的圆。

……

创设情境,提出问题(创设"寻宝"的问题情境,提出"宝物在哪儿"的问题);建立数学模型,解决问题(从具体情境中抽象出圆心、半径,建立"圆"这一数学模型,得出问题答案"宝物在圆上");研究数学模型,加深理解(通过"追问"及"画圆",理解圆"一中同长"的特征);拓展运用,总结反思(篮球场上对圆的特征的运用,宝物还可能在球上的拓展思考,以及生活中无处不在的圆)。学生通过这堂课的学习,获得了"圆,一中同长也"这一数学基本知识,掌握了画圆的基本技能,体会到圆与正多边形的紧密联系,感受了生活中圆的用处,并通过思考宝物是不是一定在圆上,发展了反思的意识,不失为一堂优秀的数学课。在这堂课中,教师始终用启发性的教学语言鼓励学生自己说出问题答案，将学生置于主体地位，同时又扮演了引导者的角色。数学问题解决教学强调学生的主动探究，学生是问题的真正拥有者，也是解决问题的主体。教师的角色由知识的传授者变为教学的组织者、指导者、参与者，教师考虑的不单是如何"教"，更重要的是关注学生如何"学"，要防止教师把问题攥在手里，引导学生围着自己的思维转，课堂的主人仍是教师的状况。

本节举出的是小学数学阶段的课例，涉及的数学知识比较简单，建立数学模型的过程相应地也比较简单。在学生掌握了较多知识，学习更加高深的数学时，需要建立的数学模型涉及其他学科的知识，蕴含的数学理论也更加深入，具有多样性、复杂性、综合性的特点。因此，学生数学建模能力的培养是一个循序渐进的过程，在掌握数学基本知识和基本技能的基础上，教师要有意识地培养学生从现实情境中提取相关信息的能力、提升学生将现实情境数学化的能力、体验数学在现实生活及其他学科中的应用，在日常教学中渗透数学建模的思想。

第四节　数学问题解决教学实施要求

数学"问题解决"教学作为一种重要的数学教学模式，在具体实施过程中需要遵循一些基本要求，避免将"问题解决"教学形式化。

一、情境的创设要体现数学知识的本质

创设情境是"问题解决"教学的起始环节，也是重要的一环。只有创设了恰当的情境，才能够更好地引导学生学习蕴藏在情境中的数学知识，体会数学知识的本质。创设出的数学情境应该具备以下特征：首先，情境要与数学知识联系紧密。创设数学情境是为了更好地教会学生数学知识，引导学生体验数学在实际生活中的重要作用，发展数学意识与数学思维。教学中不能为了单纯追求课堂的活跃创设一些空有多彩的

外壳，却缺乏实质性内容的情境。这是为了"情境"而"情境"，是不可取的。其次，数学情境要体现数学知识的本质，学生通过解决情境中的问题，通过建立数学模型，要能够体会到某一数学知识或理论的本质特征。"问题解决"教学应依据不同的教学内容，灵活创设个人情境、教育（职业）情境、公共情境、科学情境，不应像传统数学教育那样仅强调科学情境，也不能过分强调生活情境。

二、问题的设置要关注学生已有经验

学生在学习新知识时，需要已学知识铺垫下扎实的根基。教学过程中设置问题时，需要充分考虑学生的已有经验，既包括学生的生活体验，也包括学生的已有知识经验。学生对数学概念的理解包括日常概念和科学概念，日常概念指生活中发展的对数学相关问题的直观体验，比如通过人数的多少感知到数量的大小，通过生活中随处可见的几何图形体会出平面图形与立体图形的区别与联系等。科学概念则指经过规范学习获得的逻辑较严密、系统化的知识体系。成熟的概念在概念的科学版本和日常版本融为一体时获得。因此，问题的设置应贴近学生的日常生活，利用学生这些不完善的数学体验，搭建通向系统化数学的桥梁。同时，要把握好学生的最近发展区，符合学生的现有认知水平，且兼具一定的挑战性。

三、注重将数学建模过程外显化

学生在学习阶段，往往不能很好地自主完成从现实情境中抽象出数学语言、符号，进而用数学方法解决问题的思维过程。教师在教学过程中需要适时引导，启发学生数学化地思考，培养学生的数学意识与解决问题的实践能力。在上述《圆的认识》的教学中，教师跟学生说"可以用红点表示左脚"，以及用多媒体展示多个点逐渐构成一个圆的过程，这都是将数学建模过程外显化的很好措施。低年级段的学生，抽象思维

能力发展有限,更加需要这种引导。比如,在小学数学三年级学生初步认识一位小数时,可以设计以下教学过程:①

教师出示到超市购买的物品和相应价格:水彩笔 12 元,美工刀 3 元 5 角,铅笔 0.4 元。当"0.4 元"出现后,教师提问。

师:知道"0.4 元"是多少钱吗?

生:"0.4 元"就是 4 角钱。

(板书:4 角=0.4 元)

师:4 角有没有 1 元多。

生:没有。

师:看来,和 1 元相比,0.4 元只能算是一个"零头"了。如果我们用这样的一个长方形来表示 1 元(出示图 6),你能把它分一分、涂一涂,将 0.4 元表示出来吗?

(学生拿出练习纸画画涂涂,把自己的想法表示出来。交流时,寻找共性特点:平均分成 10 份,涂出其中的 4 份。)

师:为什么这样就将"0.4 元"表示出来了呢?

生:因为 1 元等于 10 角,平均分成 10 份,1 份就是 1 角,4 份就是 4 角。

师:看着大家画出的图示,让我想起以前咱们学什么时,也是这样

---

① 许卫兵:《磨·模·魔——小学数学教学中渗透模型思想的思考》,《课程·教材·教法》2012 年第 1 期。

平均分一分、涂一涂？

生：分数。

师：那0.4元如果用分数表示，如何表示呢？

生：十分之四元。

师：数学真是有趣，原来0.4元也就是我们熟悉的十分之四。

……

在以上案例中，执教教师抓住一位小数和十进分数的关系，借助直观图形（长方形），让学生通过等分、涂色的过程，感受小数和分数的关系。通过这种直观的模型载体，将抽象的分数与小数所表示的意义呈现给学生，有助于学生更好地建立小数的概念。

教师要综合运用多种教学手段，借助教学语言与现代信息技术，为学生展示建立数学模型的过程，发展学生的数学化思维能力。随着学生的发展，其抽象思维能力逐渐加强，则可以鼓励学生自己尝试从具体情境中抽象出数学语言、符号，并建立恰当的数学模型。将自己的建模过程说出来，同学间、同学与教师间相互交流，共同进步。

四、注重学生数学观的形成

数学观是人们对数学的基本看法和整体认识，学生对"数学是什么"的认知直接影响他们学习数学的方式。如果认为数学是"知识或绝对真理的集合"或者"数学是处理数量关系的工具"，那么，必然导致机械的记忆与解题练习，一部分学生失去对数学的学习兴趣，即使"数学成绩优秀"的学生也并不一定真正了解数学、喜欢数学。"问题解决"教学旨在让学生体会数学与实际生活的联系，经历数学建模的过程。在教学过程中要将数学观的培养和数学文化的浸润纳入到数学知识的学习、思维的训练、能力的提高和情感教育等过程中，引导学生在数学问题的探索和解决过程中体会数学的真谛。

数学这门学科自身在不断进步，其发展不是直线式的。数学家坚持不懈地修正某一知识体系的逻辑漏洞,攀登数学高峰上还未摘取的桂冠。经过无数数学家的努力,甚至经历了多次"数学危机",才形成当前比较完善的数学体系。但当前的数学还存在一些悬而未决的问题,也有着继续发展的潜力。在当前数学教学中,一般都是采用规范的逻辑思维引导学生解决问题、得出结论,忽视了培养学生其他的诸如合情推理、直觉思维、想象等非理性的思维方式。学生认为数学是"确定"的,数学理论是依靠逻辑思维,采用"正统"的方法获得的,具有不可动摇性。"问题解决"教学要改变这种僵化的数学观,让学生感受到数学不仅仅是具备严密逻辑系统,与图形、数量相关的一门抽象科学,它不是永恒不变的绝对真理。引导学生体会数学与社会实践、日常生活具有紧密联系,其发展受到社会、文化等因素的影响。

五、善于运用现代科学技术

现代科学技术的发展为教育教学手段带来了新的变革。"问题解决"教学模式强调情境的创设,强调从现实情境中抽象出数学语言与符号,进而建立数学模型。因此可以很好地与信息技术结合起来。用图像、视频呈现更加真实的情境,用数学绘图工具等呈现建立数学模型的过程。现代信息技术还可以创设更有效的交互平台,让学生自主学习的兴趣与效率提高。总之,"问题解决"教学依托现代信息技术的发展,会更好地为学生的数学学习服务。

六、合理看待"问题解决"教学模式

数学是一门基础教育学科,学生接受数学教育的年限长、年龄跨度大,在不同学段学习的数学知识特点也不尽相同。因此,并非所有的数学内容,所有的学段都适合采用"问题解决"教学模式。比如在教授习题课时会用到"导练建构式"的教学模式,这一模式强调对问题的变式拓展,其主要作用是在基本掌握所学知识的基础上再次进行巩固、加深，训练学生灵活应用的能力。也并非所有的"问题解决"教学模式都要严格按照上一节中的教学基本程序进行。在实际教学过程中，我们既要关注现实生活情境，也要关注知识的系统性，将"问题解决"教学模式和其他教学模式相结合，充分挖掘每种教学模式的教学功能，避免陷入教学模式单一僵化的误区。另外，从教学改革的角度看，教学模式的综合、灵活运用，本身就是创新和发展。作为一名新型数学教师，本身也应具备创造性教学能力。我们要学会在继承和发扬每种教学模式传统优势的基础上，不断整合与创建更新更有效的教学模式，以求达到更好的教学效果。

第七章 思想品德探究教学模式

探究教学是目前世界各国课程改革与实践共同关注的核心问题之一，是当前我国新一轮基础教育课程改革的一大亮点和热点，受到理论与实践领域的密切关注。这里以几个教学案例作为开始来研究我国中小学的思想品德探究教学，这几个案例均来自我国中小学思想品德课程的教学实践。

[案例一]

初一年级《思想品德》第六单元第三节的内容是"自立自强"。为了让学生理解自立自强是一种优秀品质，培养学生的自立、自强精神，我常常用著名的盲聋女作家、教育家海伦·凯勒和我国桑兰、邓亚萍等人的事迹作为教育材料。这些内容很有针对性，也有很好的教育价值，但是学生都太熟悉了。偶尔在杂志上看见《两个乡下人的不同命运》的故事，我就巧妙引用，收到了很好的教育效果。

故事是两个乡下人外出打工，一个去上海，一个去北京。可在候车厅等车时，却都又改变了主意，因为邻座的人议论说，上海人精明，外地人问路都收费；北京人质朴，见吃不上饭的人，不仅给馒头，还送衣服。

去上海的人想，还是北京好，挣不到钱也饿不死，幸亏还没上车，不然真就掉进了火坑；去北京的人想，还是上海好，给人带路都能挣钱，还有什么不能挣钱的？幸亏还没上车，不然就失去了一次致富的机会。

于是，他们在退票时相遇了。原来要去北京的人得到了上海的票，去上海的人得到了北京的票。

去北京的人发现，北京果然好。他初到北京一个月，什么都没干，竟然没有饿着，不仅银行大厅里的太空水可以白喝，而且大商场里欢迎品尝的点心也可以白吃。

去上海的人发现，上海果然是一个可以发财的城市，干什么都可以赚钱。带路可以赚钱，开厕所可以赚钱，弄盆凉水让人洗脸也可以赚钱。只要想点办法，再花点力气就可以赚钱。凭着乡下人对泥土的感情和认识，去上海的人在建筑工地装了十包含有沙子和树叶的土，以"花盆土"的名义，向不见泥土而又爱花的上海人兜售。当天他在城郊间往返六次，净赚了五十元钱。一年后，凭"花盆土"他竟然在大上海拥有了一间小小的门面。

在长年奔波中，他又有一个新的发现：一些公司只负责洗楼不负责洗招牌。他立即抓住这一空当办起了一个小型清洗公司。如今他的公司已有150多名员工，业务也由上海发展到杭州和南京。

前不久，他坐火车去北京考察清洗市场。在北京站，他刚要下车，一个捡破烂的人把头伸进软卧车厢，向他要一个空啤酒瓶，就在递瓶时，俩人都愣住了，因为五年前，他们曾换过一次票。

这堂课，让初一学生明白一个道理：

1. 5年前，两个乡下人在候车厅退票处相遇时可以说他们是站在人生的同一起跑线上，可是到了5年之后，他们之间的差距却很大。一个是西装革履，拥有150多个员工的清洗公司的老板；一个是破衣烂衫，靠捡破烂维持生存的乞丐。之所以会造成如此大的差距，我们认为，原来打算要去北京而后又去了上海的那个乡下人，抱着自立自强、积极进取的人生态度，树立乐观向上的世界观，所以，他认为选择去上海就是选择了发财致富的好路子。那个打算去上海却去了北京的乡下人，则抱着消极被动、安于现状和不思进取的人生态度，树立了与世无争的世界观。因此，在他看来选择去上海便是跳进了火坑，还是去北京的好——挣不到钱也饿不死。

2. 古往今来，成就伟大事业的人，都是自立自强的人。一个人只有不依赖于别人，能够自立，才能走向自强；一个人只有自强不息，才能做到坚韧不拔，不畏困难与挫折，才能做到志存高远，为着远大的理想和目标执著追求。人不能没有这种精神，对于一个国家和民族也同样如此。

3. 自立自强的精神，经过一代又一代的不断发展，已深深熔铸在中华民族的生命力、创造力和凝聚力之中，成为中华民族精神的精髓。无论过去、现在或将来，自强不息都是我们国家和民族屹立于世界民族之林的精神动力。

［案例二］

此课是人民教育出版社七年级《思想品德》下册第八课"法律护我成长"中的第三课时，本课包括三个子目：依法律己、依法做事、依法维权；维护合法权益是我们的责任；机智勇敢、不能硬拼。

教学实录

1. 联系实际，资料导入

教师利用多媒体向学生展示课前关于"是否有被抢过钱的经历及处理方式"的调查结果：本次接受调查的学生共有321人，其中有49人曾被抢过钱，约占15.3%，这些被抢过钱的同学的处理方式大体上可以分为以下三种：第一种，先把钱交出来，然后告诉家长、教师或报警，共有31名同学。第二种，当时把钱交出去，过后找人将抢钱的人痛打一顿，共有5名同学。第三种，仅仅是把钱交出来，之后再也没有声张，有13名同学。

师：为什么在被抢的49名同学中有31人采取了第一种方式呢？

（学生通过评议明确这种做法的优势，教师只是借学生们的评议点拨。）师：这些同学的做法可谓一举两得，不仅保护了自己，还能使不法行为受到法律的制裁。而这种做法正是我们这节课要探究的内容。

（多媒体显示：第八课第三课时善于斗争。）

2. 评议行为，明确观念

师：同学们，你们能评议一下采取第二种方式的五名同学的行为吗？

（学生通过评议明确这种做法的不可取之处，教师借学生的评议总结。）师：我们生活在法治社会，应时时处处遵守法律，决不能用违法犯罪的方法制止违法犯罪的行为，尤其是我们青少年，更应该依法律己、依法做事、依法维权。这样才能保护自己健康成长，维护法律的尊严和社会的稳定。

（多媒体显示：依法律己依法做事依法维权。）

师：下面请同学们再来评议一下第三种行为。

（学生通过评议明确这种忍气吞声方式的不可取之处，教师适当点拨使学生明确当自己的合法权益受到侵害时，必须依法维权。）

3. 反面案例，激起责任

师：当你的合法权益受到侵害时，你应该依法维权，那么，当国家、集体、他人的合法权益受到侵害时你应该怎样呢？我们先来看一个案例。

（多媒体显示案例：刘女士发现有人在偷自己的钱包，就拼命往回抢，其姐也过来帮忙，谁知又来了四五个年轻男子，一起殴打刘氏姐妹。双方相持五六分钟，有上百人围观，无一人帮忙，最终以刘氏姐妹受伤、钱包被抢而告终。）

师：看完这个案例，你有何感想？如果当时你在场你会怎么做？

（这个反面案例，使学生激愤不已，通过大家评议，他们明确了自己的责任，教师总结。）

师：同学们，我为有你们这样富有正义感和责任心的学生而感到自豪。我们不仅要维护自己的合法权益，更要维护国家、集体和他人的权益，这是我们的责任。

（多媒体显示：维护合法权益是我们的责任。）

教师借学生的发言中一些机智的做法进行总结，引出下一个话题：机智勇敢，不能硬拼。

师：在我为你们感到自豪的同时，我也感到庆幸，庆幸的是大多数同学的做法都很机智，这正是我们提倡的：机智勇敢，不能硬拼。

（多媒体显示：机智勇敢，不能硬拼。）

4. 角色模拟现场演练

（多媒体显示：小刚放学回家，刚要拿钥匙开门，却发现门开着一条小缝，有三个人正在他家翻东西，由于紧张，小刚不小心碰了门一下，其中一人迅速走到门口……）

师：请同学们分组讨论一下，如果你是小刚，你会怎么做？各小组讨论之后请表演一下，之后各组再为其他组的做法提几条建议。

（学生经过讨论、表演、观看、集体评议这些合作学习的环节，积累了许多行之有效的方法。教师再适时总结。）

师：当我们面对不法侵害时，一定要沉着冷静，设法稳住歹徒，记住歹徒的相貌，或者留意他们的去向，及时拨打110或向邻居、家人、保安等求助，要机智而不能硬拼。

5. 儿歌结尾总结概括

教师以自编儿歌将本节课内容总结，师生共同朗读，总结升华。

（多媒体显示：

依法二字要记牢，

保护自己很重要，

国家集体和他人，

同样需要你关照。

面对歹徒要沉着，

记住去向和面貌，

社会力量不可少，

警察更能及时到。）

这两个案例中的教师均充分利用各种教育媒介和教育资源，吸引了学生的注意力，充分调动了学生学习的兴趣，顺利地完成了教学，同时学生也是积极有效地完成学习，达到一种双赢的效果。反观我们很多的教师，完全是照本宣科，把学生当成储存知识的"容器"，无兴趣激发、无思维碰撞、无知识迁移、无情感陶冶和激励。课堂气氛沉闷、无欢声笑语，无思想交锋，使学生的学习仅仅处于知识的"传授——接受"状态，使他们丧失了学习的主动性以及探究知识的热情。因此，在思想品德课教学中，亟待优化教学和德育方法，使课堂气氛活跃，使教师的主导作用、学生的主体作用和思维的主线作用发挥充分，使教学充满情趣和艺术化，使学生觉得上课是一种享受。那么，思想品德课为什么要采用探究教学，又怎样进行探究教学呢？

第一节 思想品德探究教学的基本目标

在学习思想品德探究教学的基本目标之前，我们必须首先明确两个问题：一是什么是"探究教学"，二是什么是思想品德探究教学。探究教学，是指在教师的启发诱导下，以学生独立自主学习和合作讨论为前提，以现行教材为基本探究内容，以学生周围世界和生活实际为参照对象，为学生提供充分自由表达、质疑、探究、讨论问题的机会，让学生通过个人、小组、集体的解难、释疑、答辩等多种活动，将自己所学知识应用于解决实际问题的一种教学活动。

就思想品德课而言，"探究教学"是指以《思想品德》新教材和新课标为依据，在学生心理、生理、年龄特征基础上，在学生已有的认知规律和发展水平上，以问题为核心，创设问题情境，为学生提供充分自由表达、质疑、探究、讨论问题的机会，让学生通过小组和集体的交流与合作，将所学知识应用于解决问题的一种教学方式。借此过程促进学生掌握灵活的知识基础和发展高层次思维技能、问题能力及自主学习能力，掌握科学的探究方法，为终身学习和工作奠定基础。又因思想品德课属社会科学范畴，在课程中具有主渠道作用，作为教育工作者更为重要的是通过教学活动为学生指明思想、行动的方向,为他们创造性思维发展提供更为广阔的空间。初中思想品德课探究教学,坚持以学生发展为本,为了每一个学生的发展,充分体现开放性、主体性、互动性、创新性、平等性的特点,使学生能够在课堂上体验探究问题的过程,将枯燥的理论学习"任务"与生活化的"问题"结合,为学生的自由成长和发展提供广阔空间,着力于培养学生的创新能力,是一种动态的开放式教学方法。

义务教育《思想品德课程标准(实验稿)》指出:思想品德课是帮助学生逐步形成良好的心理素质和道德品质,养成遵纪守法和文明礼貌的行为习惯,增强爱国主义、集体主义和社会主义信念,初步形成正确的世界观、人生观和价值观的一门课程。教学目标上,新的课程完全改变了过去识记、理解、运用的梯级认知目标体系,而是以情感、态度、价值观目标为首,统领能力目标、知识目标。

纵观我们的教育实践,虽然思想品德课程的教材是新的,然而在课程实施方面,单纯讲解、讲述、讲授的教学方式占了绝大多数,以教师、课堂、书本为中心,忽视交流、合作、主动参与、探究等学习方式,学生创新能力的发展受到一定的束缚。重视知识的学习和记忆,忽视培养学生解决实际问题的能力,忽视学生的情感和个性发展,严重制约着新课程的有效实施和课程目标的有效实现。解决以上问题是当前中学思想品德课教学改革的需要,也是实施素质教育促进学生健康成长的需要,为此提出在中学思想品德课中开展探究教学,力图使道德学习不再是在事不关己的符号学习中进行,而是让学生在活动中探究,在探究中发现问题和解决问题,使道德学习成为一种真实具体、可触可感、可理解可实践的积极主动的活动,真正起到引导学生道德生活和德行成长的作用。

探究教学要求学生从只是获得书本知识和间接经验,转变到同时重视通过实践活动、体验来获得直接经验并解决问题;从单纯地关注对学科知识体系的掌握程度、学习模仿和再现书本知识的能力，转变到同时重视培养学生对大量信息的收集、分析、判断、反思和运用能力。这一指向使得探究学习需定位为具体的目标。这些目标，主要包括如下几个方面的内容：（1）获得亲身参与研究探索的体验；（2）培养发现问题和解决问题的能力；（3）培养收集、分析和利用信息的能力；（4）学会分享与合作；（5）培养科学态度和科学道德；（6）培养对社会的责任心和使命。

爱因斯坦曾说过：发展独立思考和独立判断的一般能力，应当始终放在首位。如果一个人掌握了他的学科的基础理论，并且学会了独立地思考和工作，他必定会找到自己的道路，而且比起那种主要以获得细节知识为其培训内容的人来，他一定会更好地适应进步和变化。爱因斯坦强调的也正是通过思想品德课的探究教学培养学生创新精神、实践能力的题中之意。因此，思想品德课探究教学的目标是：

一、对理论知识的深层理解

学生对理论知识的深层理解，不在于其字面的简单解读和条条框框的死记硬背，而在于对其自身理论的现实把握。通过探究教学的探索活动，可以使课堂教学"活"起来，使学生的自主性和积极性充分发挥出来，从而使他们能够以历史的标准、现实的方式、真善美的尺度去深刻地理解理论和真实地把握现实。这是他们获得面向未来的自我改造力量的根本所在。

二、关注学生的亲历体验和感受

思想品德课的探究教学不但是对问题的探究，更是对问题的解决。而无论是探究问题还是解决问题，都是关注学生在探究过程中所产生的丰富多彩的学习体验和个性化的创造性表现。

三、对学生探究能力的培养

学生能够把所学的政治、经济、文化、哲学、伦理、法律的基本观点和理论用于新的具体情景中去分析或解决生活中的实际问题，提高其运用所学知识发现问题、提出问题、判断问题的能力。

四、培养科学态度和科学道德

在探究过程中，学生学会从实际出发，通过认真踏实的探究，实事求是地获得结论，并懂得尊重他人的成果。在思想品德课的探究学习过程中锻炼和培养学生不断追求的进取精神、严谨的科学态度、克服困难的意志品质等。

五、培养对社会的责任心和使命感

通过联系社会实际开展的探究活动，让学生切实感受国家进步发展的伟大成就，体验先进理论的重要作用，为学生的社会责任心和使命感的发展创造条件，使之成为具备良好政治、思想、道德素质的好公民。

第二节 思想品德探究教学的理论依据

一、人性理论

一切关于人的理论和实践都应该建立在马克思主义关于人性的科学假说上。马克思在人性的认识上，以"人的生命"为切入点，他认为，动物和它的生命活动是直接统一的，"人则使自己的生命活动本身变成自己的意志和意识的对象。他的生命活动是有意识的……有意识的生命活动把人同动物的生命活动直接区别开来。"① 正是人把自己的生命活动成为意识的对象，才使人具有了超越自然生命活动的价值生命，即精神活动，人也因之在具备生物自然性的同时而具备精神性。这种精神性表明，人是一个精神实体，具有自我意识、价值追求而不断超越的精神特性。人能认识自我、体验自我、调控自我，人能改变现实、超越极限、创造奇迹。超越就意味着应然不断地代替实然，可能不断代替现实，在这个否定过程中，意味着人的生命的自我生成和自我实现，意味着人的价值生命的不断跃进和提升。

从马克思主义关于人性的哲学视角来看，建立在人性基础上的道德教育，应当是关注个体生命、以个体生命为基点的道德教育。道德教育必须走出无"人"之域，向"以人为本""以学生为本"，关注学生个体的生命世界，促进学生个性完满发展的方向转型。而探究活动正是人的本性的内在需要，是人的本性的彰显，是人存在、发展和追求生命意义的根本方式。探究活动使人成其为人，并使人在与社会和自然的斗争中获得更多的自由，从而创造了人类的悠久历史、光辉传统和灿烂文化。探究活动对于人的生命之升华、对于人的精神之解放具有十分重要的意义。因为，教育的终极目标就在于追求人的全面和谐发展，而人的全面和谐发展首先应当是探究活动的丰富与发展。没有探究活动就没有人类社会的进步，也就没有人的发展。相反，随着人类探究活动方式的增多、探究活动内容的丰富以及探究活动水平的提高，人的发展才会越来越充分和全面。因此，学校道德教育应提倡探究学习，给予青少年学生更多地参与现实社会探究活动的机会，唯其如此，才能使学校道德教育紧跟时代的步伐，才能真正实现学生德行的健康发展、身心的全面发展。

二、个体道德发生学说

从道德的产生和起源上看，道德是人为的，它是人们在社会生活和

---

① 《马克思恩格斯全集》第42卷，人民出版社1979年版，第96页。

实践活动中主动选择和创生的。人在社会活动中交往，就必须经常面对并妥善处理人与人之间、人与社会之间的关系。由于人与人、人与社会之间并不总是一致的，而是存在着各种各样的矛盾与冲突，为了解决这些冲突与矛盾，就必然产生相应的准则和规范，道德正是这样一种由人创生和使用的准则和规范。从个体道德发生学的角度来说，这些道德准则和规范形成以后，又需要在社会生活和社会实践中，通过个体的不断感受和思索、理解和交流、自主选择、自主建构才能逐渐生成为个体的道德品质。"无论是把道德视为一种社会现象还是个体的生理心理机制，它都是从无到有、不断发生发展的。在此过程中，人是道德的建构者、设计者，道德是人的活动的成果，而不是相反。"[①]

　　道德产生于人的特殊需要，它是人为了满足自身需要而创造出来的用以探索、认识、肯定、发展和完善自我的一种积极手段，是人类在进入自觉的理性价值生活王国时人性高度进步的标志。道德因人而存在，但人并不只是既定道德的被动接受者和服从者，而更多地表现为道德的主动参与者和制定者，人在道德生活中表现出极为强烈的主体性。即积极性、主动性和创造性。只有人才能真正利用自己的主体意识和自主能力，自觉地认识、体悟、理解和探究社会道德所体现出来的人与人、人与社会的关系以及人在社会中地位的高低，从而积极主动地进行道德判断，并做出道德选择。同时，也只有人才是道德行为的最终执行者，并在执行和接受道德规范的同时能动地改造和完善道德规范，创造出更加符合社会发展需要、更加符合人性需要的道德体系。并且，也只有人在进行道德实践和道德行为时，才能自我约束、自我监督、自我评价、自我改造，表现出道德建构的高度自主性。

[①] 戚万学、唐汉卫：《以人为本的道德和以学生为本的道德教育》，《中国教育学刊》2003 年第 1 期。

三、建构主义学习理论

探究教学的提出虽然源于教学实践的现实需要，但从理论上来看并非无源之水、无本之木，而是建立在广泛的理论基础之上的。近年来国际科学教育领域可谓成就辉煌，研究范式、教学范式以及学习范式的转变，似乎都与建构主义有着不可分割的联系。建构主义进入我国已有十年的时间，极大地推动了我国科学教育研究的发展，尤其是对探索基于科学探究的科学学习方式，促进科学课程多元化提供了强大的理论指导和支撑。20年里，无论人们怎样褒贬不一，作为一种科学哲学认识论、一种科学学习理论和研究范式以及一种科学教学实践的方法论基础，建构主义成为当今正规教育理念中不可或缺的组成部分，以顽强的生命力存在着。

建构主义学习理论从知识和学习观上给予探究学习更深层次的诠释。建构主义者一般主张，世界是客观存在的，但对于世界的理解和赋予意义都是由每个人自己决定的，人们是以自己的知识为基础来建构现实或解释现实的。他们更为关注如何以原有的经验和信念为基础来建构知识，强调学习的主动性、社会性和情境性。他们认为学习是一个积极主动的建构过程，学习者不是被动地接受外在信息，而是根据先前认知结构主动地、有选择地感知外在信息，建构自己的知识。"情境""协作""交流""意义建构"是建构主义理论的四大要素。

学习者的建构是多元的。在对知识的看法上，建构主义者一般强调，知识并不是对现实世界的准确表征，它只是对现实世界的一种解释或假设，并不是问题的最终答案。相反，它会随着人类的进步而不断地被"革命"掉或"革新"掉，并随之出现新的解释或假设。知识并不能准确地概括世界的法则，在具体问题中，并不是拿来便可以利用，而是需要针对具体情境进行再创造。建构主义者认为，不能把知识作为预先决定的东西教给学生，学生对知识的接受要靠自己建构来完成，以自己的经验和信念为背景来分析知识的合理性。学生的学习不仅是对知识的理解，而且是对新知识的分析与判断。学生学习知识要把握知识在具体情境中的复杂变化，更重视具体情境中的教学，强调"情境性教学"。

在对学生学习活动的认识上，建构主义者认为学习不是由教师向学生传授知识，而是学生自己建构知识的过程，教师的作用只是促进学生自己建构知识。学生的学习是主动的，学生不是被动的刺激接受者，能对外部系统做主动的选择和加工，每个学习者都在以自己原有的经验为基础对新的信息进行编码，建构自己的理解。学习总是与一定的社会文化背景即情境相联系，在实际情境下进行学习，可以使学习者用原有认知结构中的有关经验去同化和顺应当前的新知识，从而赋予新知识某种意义。

在关于如何看待学习者上，建构主义者认为，学习者在"接受"新知识时，头脑中并不是一片空白，在以往的日常生活和学习中，他们已经形成了丰富的经验。而且，有些问题即使他们没有接触过，没有现成的经验，也可以根据以往的相关经验，形成对问题的某种解释或推断出合乎逻辑的假设。教师要把学生现有的知识经验作为新知识的生长点，引导学生从原有知识经验中生成新的知识。建构主义者重视学习活动中学生的主体性，重视学生面对具体情境进行意义建构，主张建立一个民主宽松的教学环境，为当前的探究教学提供了一定的理论依据。

四、现代教学论的基本观点

现代教学特别强调在教师的启发指导下，让学生通过独立思考获得对基本知识的领悟和形成技能技巧；强调激发学生的学习兴趣，形成强烈的学习动机；强调体现学生的主体地位，发挥学生的主动精神，培养学生的探究能力。美国哈佛大学教授、心理学家布鲁纳提出了"发现学习"的教学思想。他主张，在教学过程中，学生在教师的指导下，围绕一定的问题，依据教师和教材提供的资料，通过积极的思维活动，亲自探索和主动研究，并让学生亲自把事物整理就绪，使自己成为"发现者"。当然，这些发现对于学生来说是未知的，而对于人类是已知的问题，它要求教师培养学生的直觉思维，强调学生要大胆猜测，要用直觉思维去感知问题情境，从而"顿悟"，解决问题。美国心理学家奥苏伯尔在其"有意义学习理论"的框架下，提出了著名的处理教材内容的先行组织者策略。他进而认为，学生接受学习的过程不应是一个被动的过程，而应是一个新旧知识相互作用的过程。学生既有原有的知识结构，又有对新知识的顺应和同化的思维属性，所以学生能自主探究、自主学习。当然，这一自主探究并不是盲目的随意学习，而是在教师指导下，有意义、有目的的自主探究学习。美国芝加哥大学教授施瓦布也提出"探究学习"的理论，强调不只是把教材作为探究过程显示出来，而应该把探究材料作为过程显示出来。

第三节 思想品德探究教学的基本程序

新一轮基础教育课程改革给德育课程开展探究教学带来机遇与挑战。它要求德育紧密结合学生的现实生活与社会实际，基于学生自身的感受与需要，通过研究或探究的学习方式，学会了解和融入社会，领悟社会主义思想政治方面的基本观点，确立正确的人生观。这些要求明确写在各级课程标准中。如全日制义务教育小学《品德与社会课程标准（实验稿）》指出：儿童的品德和社会性源于他们对生活的认识、体验和感悟，儿童的现实生活对其品德的形成和社会性发展具有特殊的价值。教育的内容和形式必须贴近儿童的生活，反映儿童的需要，让他们从自己的世界出发，用自己的眼睛观察社会，用自己的心灵感受社会，用自己的方式研究社会。课程以儿童生活为基础，但并不是儿童生活的简单翻版，课程的教育意义在于对儿童生活的引导，用经过生活锤炼的有意义的教育内容教育儿童。普通高中《思想政治课程标准（实验稿）》要求：高中思想政治课进行马克思列宁主义、毛泽东思想、邓小平理论和"三个代表"重要思想的基本观点教育，以社会主义物质文明、政治文明、精神文明建设常识为基本内容，引导学生紧密结合与自己息息相关的经济、政治、文化生活，经历探究学习和社会实践的过程，领悟辩证唯物主义和历史唯物主义的基本观点和方法，切实提高参与现代社会生活的能力，逐步树立建设中国特色社会主义的共同理想，初步形成正确的世界观、人生观、价值观，为终身发展奠定思想政治素质基础。德育教科书编者也积极响应，给学生留下大量探究的空间与时机。如高中《思想政治》教科书就在每个主题单元后面安排了与内容相关的综合探究活动，其中必修教材共安排了 16 个综合探究活动，选修教材共安排了 5 个探究活动。这一做法既能对单元知识提供一定的事例佐证和体系归纳，便于学生更好地理解相关教材理论，又给学生提供了开展探究活动的新平台，更好地体现生活类教材的特点，为提高学生综合实践能力服务。

　　那么，德育课的探究学习该如何进行？各级课程标准在实施建议中只提出一般要求，没有作明确的说明。比如，《品德与社会课程标准（实验稿）》要求教师引导学生开展自主探究学习：注意引导学生从自己的世界出发，用多种感官去观察、体验、感悟社会，获得对世界的真实感受，让学生在活动中探究，在探究中发现和解决问题，要及时鼓励学生的各种尝试和有创造性的思考，引导学生得出有价值的观点或结论。《思想政治课程标准（实验稿）》同样泛泛而说：鼓励学生独立思考、合作探究，为学生提供足够的选择空间和交流机会，能够从各自的特长和关切出发，主动经历观察、操作、讨论、质疑、探究的过程，富有个性地发表自己的见解，以利于培养求真务实的态度和创新精神。但学生在德育课中要发现的到底是什么问题？应该怎么解决？它们与其他学科的问题及解决有什么不同？课程标准虽不能对此作详细说明，但教师教学时却必须明确，否则只能根据自己的理解或想当然来开展。

从德育教学实践来看，新课改所倡导的自主、合作、探究的学习，虽已得到许多教师的认同，对转变我国中小学德育课堂的学习方式起了积极的促进作用，但同时也存在值得思考与研究的问题。有调查表明，思想品德探究学习的实施存在着形式化、浅层化、低效化、虚无化等现象。① 这里不妨让我看一个似是而非的案例。如有位小学教师在上题为《直面挫折》的探究活动课时，根据教材提供的问题情境："如果我们在半山腰，突然遇到大雨，应该怎么办？"教师让学生通过小组讨论或即兴表演来探讨解决问题的方法。学生的"探究"有讨论交流，有小品表演，表面上看，学生真可谓"动"起来了，课堂非常热闹，但是，学生的这种"动"并非是真动，他们并没有思考真正要解决的是什么问题以及如何解决。本节课的教学目标是"在活动中寻找解决问题的方法，提高解决问题的能力，增强战胜挫折的勇气和信心"，但在活动中，大部分学生把注意力放在了是继续上山好还是马上下山好，或是原地停留好，对"哪种方法好"的兴趣远远超过了"经受挫折考验"本身。综观整个教学过程，学生活动质量不高，活动目的不明确。如此"活跃"的课堂，只是成了教师落实新课标的一种装饰性教育，学生成为解释教师所谓新的教学思想、教学方式的道具，陷入了"为活动而活动"的形式主义。

由于广大教师对探究教学较为陌生，而现有文献又主要是关于国外自然科学探究教学方面的介绍，缺乏可供直接应用的研究成果，出现上述问题在所难免。本书认为，要提高德育探究教学的针对性和实效性，须充分认识德育学科的独特性，把握思想品德与其他学科在问题的性质及其解决方式上的不同。关于这方面的问题，可借鉴我国古代学者的探索，不需言必称国外，机械照搬国外的模式或做法。事实上，无论是孔

---

① 卢若飞：《思想品德探究学习教学存在的问题及对策》，《基础教育研究》2009年第1期。

子的"学而不思则罔,思而不学则殆",还是韩愈的"人非生而知之者,熟能无惑。惑而不从师,其为惑也终不解矣。"亦或宋明的朱熹、王守仁的学、问、思、辨,都强调独立思考、自主学习的重要,包含丰富的探究学习思想。尤其是儒家创始人孔子对人生困惑及其解决的论述,非常有助于我们认识思想品德问题的独特性,摆脱思想品德探究教学对科学思维的机械模仿。这里拟从孔子的"生惑"、"解惑"、"无惑"展开分析。

一、生惑:德育探究问题的形成

我国古代教育中素有"解惑"的传统,其中所谓的"惑"类似于科学研究中所说的"问题",惑的产生实际上也就是引发探究问题的形成。而且就德育课程的性质而言,"惑"比"问题"更适合用来描述引起思想品德探究教学的诱因。

(一)惑:两难选择

到底什么样的问题适合开展德育探究教学呢?对此,孔子有独到的见解。与客观立场不同,孔子从主体出发,将个人遇到的人生问题称为"惑"。"惑"字在汉语中的最早出处尚无考证,其字义《说文》解释为"乱也,从心,或声。""惑"的本义从心,被动用法,意思是心中不定,弄不清情况,拿不定主意,处于"乱"的状态,后扩展为"蛊惑"等主动用法,指有意识地混淆是非,使他人感到迷惑。在孔子的教育活动中,解惑是极其重要的组成部分,据统计《论语》一书中"惑"的使用达10处之多。① 那么,孔子要解的"惑"到底是什么意思呢?尽管《论语》没有对"惑"下明确的定义,只是从特定的角度作说明,如"知者不惑"、"四十而不惑",但从孔子帮助弟子解惑如"子见南子"、"管仲相齐"是否不仁等事例中可以获得理解。

---

① 杨伯峻:《论语译著》,中华书局1957年版,第290页。

"子见南子"出自《论语·雍也》:"子见南子,子路不说。夫子矢之曰:'予所否者,天厌之!天厌之!'"南子是卫灵公的夫人,因为淫乱名声不好,更何况"男女授受不亲"乃儒家之大忌,孔子到卫国后南子提出要见他,按常理孔子不应当去,但孔子还是与南子相见,老师竟然会做违反道德原则的事,子路不理解、不高兴。"管仲相齐"出自《论语·宪问》:"子路曰:'桓公杀公子纠,召忽死之,管仲不死。'曰:'未仁乎?'""子贡曰:'管仲非仁者与?'桓公杀公子纠,不能死,又相之。"管仲是春秋前期的政客,在其旧主公子纠被齐桓公杀死后,不但没有效法同僚召忽以死相报,或弃之而去,归隐市井或山林,反而归顺桓公,并为其称霸天下建功立业。究竟该怎样评价管仲?按儒家礼制的要求,好女不侍二夫,忠臣不事二主,管仲是旷世名相,却作了这样的选择,子路、子贡怀疑管种"未仁"、"非仁",却又不十分肯定,所以向孔子请教。

从上面两例可以看出,子路、子贡显然知道"男女有别"、"忠诚"等儒家道德原则的,并怀疑孔子、管仲违反这些原则,所以他们的"惑"不是出于道德上的无知,而是把道德知识运用到具体对象或情境时产生的困难。由于具体道德情境涉及到复杂利害关系,可以作两种或多种选择,不能简单用某一条道德原则来解决,往往是符合这条却违反另一条,难以做出明确的选择。子路、子贡正是由于只见其一,不知其二,才在不同的选择面前失去了判断的依据,产生了迷茫。简言之,孔子要解的"惑"是道德实践中的两难或多难选择。

(二) 惑与科学问题的区别

为进一步把握"惑"的本质,这里将其与科学问题作对比来说明。科学问题属于对自然的认识,是价值无涉的"实然"性认识,孔子所说的"惑"是对社会现象的认识,是关涉价值选择的"应然"性认识。正如有学者指出,二者本质区别在于:前者是单纯的知识性认识,后者是知识性认识与价值性认识的统一,前者试图排除主体的主观性,后者则是主体与客体自我涉及、自我相关。① 根据心理学对问题的界定，科学探究教学十分重视问题情境的创设，学生置身问题情境虽然也会感到困惑、诧异，但它们的性质不同：认知冲突是已知与未知出现矛盾，"惑"则是两种或多种利益选择之间存在冲突；认知冲突并非一定要亲身探索，有时经他人讲解或直接告诉答案便可消除，排开个人主观性即达成不因具体条件、情境而改变的共识，"惑"涉及到主体的情感与价值取向，"惑"的消除即主体情感需要与价值选择的满足，常随着具体情境、条件而改变。总之，情感、价值观方面的"惑"不是因为个人缺乏道德知识与道德觉悟，而是面对特定的情境不知道根据何种道德原则来采取行动，它所引起的不安与焦虑有时如此强烈，以致足以令人疯狂甚至死亡。这一点可从许多事中得到反映。诸如在二战电影《苏菲的选择》中，当纳粹要求苏菲从自己的儿子和女儿选择一个留下，另一个将被投入焚化炉中烧死时，不作选择两个将全被烧死，苏菲无论选择留下哪一个，都将间接导致另一个的死亡。这种选择是何等艰难，苏菲虽然被迫选择留下儿子，但最终也因为女儿的死亡而自责至死。再如琼瑶小说中女主人公面对两个同等相爱恋人的选择，心理学中所说的布里丹驴子面对屋内墙角两堆草的诱惑，都说明了同样的道理。当科学领域的认知冲突也具备这种力量时，就不再是单纯的认知，而是上升到信念与价值观了。

（三）惑的意义

"惑"有重要的现实意义，有助于反思当前的德育探究教学，使其真正回归学生的日常生活。当前的德育探究教学虽然也注意联系学生的实际，以讲故事、角色扮演等方法设置道德问题情境，吸引学生参与，但由于着眼点放在书本知识的获得与理解上，对学生而言问题情境的性质是虚拟的、游戏性的，与学生切身利益无关，不能引起学生道德上的

---

① 张凳巧：《价值论视野中的社会认识论研究》，《齐鲁学刊》2009年第2期。

困惑，更不会导致道德行为，难免不导致形式化与低效化。我国德育教学中创设虚拟问题情境的情况相当普遍。如一位老师在初中思想政治课教授"坚持内外因相结合"的观点时，采用如下故事来设置问题情境：①

从前有个年轻力壮的小伙子，好吃懒做，以乞讨为生。一天，他在一农家门前乞讨，这家的主人一位老妈妈手端一碗稀饭，准备施舍时，见站在面前的是一个小伙子，就把稀饭倒在地上喂狗了。老妈妈的这一行动无异于一把利剑，直穿他的心窝，他在羞愧中反省自己的行为，心里暗暗发誓：一定要争口气，干出个人样来。于是他毅然投军了，在军队里，由于作战勇敢，很快就从一个普通的士兵成长为一个统率数千人的将军，后来他领兵路过自己受辱的地方，特意置办重礼到老妈妈家致谢。

这个故事虽然生动，小伙受了刺激才发奋图强做将军，能够说明内外相结合的道理，但却不是学生自己的经历，不能引起学生的共鸣。所以，听完故事后，有的学生却说："这老太婆太过分了，还谢他干啥!"教师听到学生的议论后，尽管提出了一连串的问题：假如你是这位受辱的乞讨青年，面对这位老妈妈的行为，你会怎样做？小伙子由乞丐变为将军与这位老妈妈的行为有什么关系？如何正确看待老妈妈的行为？这体现了什么哲理？你还要揍老妈妈吗？学生到底作何反应，文中没有说明。可以推想，学生即使完全明白其中的道理，能满意回答这些问题，这种反应也主要是认知上的，没受到情感的触动，未必会采取相应的行动。

根据"惑"的特征，德育探究教学应围绕道德知识的应用来开展，这样才有机会暴露、触动与发展学生的价值观，形成相应的道德行为。为此，教师可选择那些与学生日常生活或实际需要紧密联系的道德问题，让学生讨论与判断各种可能的价值选择，使他们真正生惑并进而解惑。从实际来看，真正困扰学生的不是缺乏道德知识，而是如何在现实

---

① 凌以敏：《探究式教学方法在思想品德课中的应用》，《教育艺术》2008年第1期。

情境去躬身力行。因为在全球化、信息化的当今世界，国外不同的思想意识形态逐步渗透到我们的日常生活中，在拓展学生的视野的同时，也引发他们思想上的冲突与矛盾。日常观察与大量调查表明，我国有许多大中小学生在处理爱情与学业、诚实与欺骗、利己与利人、个人与集体、理想与现实、精神与物质、民主与集中、资本主义与社会主义等方面的关系时，不同程度地存在着犹豫不决、左右摇摆的两难选择状况。[①] 这些日常生活中必须面对和处理的困惑，正在是引发探究教学的问题所在。

比如：在二年级"品德与生活"的教学中，为了上好《水果》这堂课，章老师向学生提出了这样的要求："明天每人带一个水果到学校来。注意，不能忘记，也不能多带。做不到的老师要给予批评。昨天二（一）班的同学一共带了八种水果，我想咱们班的同学一定能超过他们！"第二天，章老师上课时发现，并不是所有的同学都按照老师的要求去做了，有几个同学带了两三个水果，课代表吴燕燕带了六种水果。一个学生见到老师不高兴，偷偷地将多出的苹果留在地上，引起一阵骚乱。看到这种情况，生气的章老师将包括吴燕燕在内的没有按照老师的要求去做的学生狠狠批评了一顿。由于气氛不好，在这堂课中，学生的积极性和主动参与精神受到一定的抑制。课后章老师了解了一下吴燕燕的情况。原来，吴燕燕是怕班里同学带来的水果少于八种，落在一班的后面，特地里与妈妈到市场买的。[②]

在这个事件中，为完成老师的任务，课代表吴燕燕等少数同学正面临一个两难性质的道德冲突：按照老师的要求去做，担心水果少于其他班级；多带几种水果，却明显违反了老师的要求。他们要在维护班级荣誉与遵守纪律之间做出选择。

---

① 张卫萍：《思想政治工作如何直面道德冲突》，《思想政治工作研究》2007 年第 12 期。
② 傅维利：《真实的道德冲突与学生的道德成长》，《教育研究》2005 年第 3 期。

二、解惑：思想品德问题的解决

不同性质的问题，需要采用不同的思路与方法来解决，思路合理、有效，才能事半功倍地解决问题，反之则会事倍功半，甚至南辕北辙。道德问题的解决需要采用道德思维，道德思维与科学思维不同，这些差异是制约和引导学生开展德育探究教学，学会道德思维，避免探究泛化的基本规范。孔子正是采用不同于科学思维方式的路子来解惑的，与当今许多人所倡导的解决方式不同。

（一）道德思维的特征

如何开展探究教学，解决学生思想品德上的"惑"？这个问题尚没有清晰的说明。有的学者主张"以类似科学研究的方法去获取政治理论知识并运用其分析现实问题"；[①]《品德与生活课程标准（实验稿）》在内容标准中也要求学生"对自然现象或生活中的问题有探究的兴趣。""学习用观察、比较、小实验等方法进行简单的探究活动。"这类主张和要求处理得不好，很容易导致德育探究教学机械模仿自然科学的思维方式与实验方法，采用"设置情境、提出问题、分析讨论、归纳结论、验证结论"这种类似科学发现过程的探究模式。这种思路显然不能解决思想品德上的问题，因为自然科学研究采用对象性思维，假定事物本身具有内在的、不以人的意志为转移的客观本质和规律，认识的目的在于揭示这些本质与规律，真理即是对事物本质与规律的真实反映，在解决科学问题时，对象性思维进而又预设主体与客体、主观与客观的分离，试图以客观对象为出发点与归宿，通过实验方法排除人的各种主观干扰，以期客观地、中立地把握客体的存在、本质与规律。简单地将对象性思维移植到属于价值领域的道德（品德）问题，就会对社会道德与政治问题作类似于客观"事实"与"真理"的处理：认为某种社会道德规

[①] 袁军：《探究性学习教学示例：政治》，浙江教育出版社 2004 年版，第 6 页。

范与政治制度本身就具有价值,是一种客观存在的价值属性,与主体以及主体的活动无关,与主体不断变化发展的需要、利益、理想与能力无关。这种试图撇开主体需要,客观地、一劳永逸地把握价值本质的对象性思维,显然无法解释道德规范与政治制度时代性、阶级性与社会性,不能解释同一道德规范或政治制度对不同的主体具有不同的意义,不能解释同一主体在不同时间、条件下为什么会有不同的道德与政治追求。

德国哲学家洛采认为:价值领域的特征首先是它的理想性和合目的性,价值同意图、目的、理想、意义不可分离,这正是价值与事实的主要区别所在。价值领域的问题需采用相应的思维方式即道德思维才能解决。道德思维是人类思维的一种形式,它与科学思维、艺术思维、宗教思维相对,在人类道德实践中起着核心的判断和指示作用。如果说科学借助抽象思维来认为世界,艺术借助形象思维来反思世界,宗教借助信仰来实现内心的宁静与超脱,那么道德思维则借助价值判断来揭示人与人以及人与社会的关系。道德思维具有四个特征:从内容看,它是一种利益行为思维,一种处理自我利益、他人利益与社会利益关系的思维;从思维对象的把握方式看,它以应该或不应该为善的评价方式进行的,具有强烈的实践性;从思维的结构看,它是一种类我思维,把思维对象纳入自我之类,把他人看作自己的同类而不是异类;从心理机制上看,它包含着情与理的交融,主体的理性、情感、意志相互作用。简言之,道德思维不是客观求真的过程,而是主观求善的过程。

显然,要解决思想品德上的"惑",就必须转换思路,顺应价值本身的性质与特征,将视角从客体对象转换到认识主体方面来,确立主体性思维方式。进一步说,与解决科学问题的自然认识不同,解决思想品德问题的价值认识,不是"去主体"的验证过程,而是基于主体需要实现价值理想的价值选择过程。在这个选择过程中,人的需要是人进行道德与政治选择的重要依据和来源,而人的需要是多方面的,并随着实践的变化而不断变化,因此,选择是否合理或合理性程度的大小,取决于是否考虑了人的长远需要与现实需要、个人需要与社会需要、精神需要与物质需要的统一。尽管不同的主体也有共同的需要，道德原则与政治理想的确立要以共同的需要为基础，但它们在实践中的应用或个体生道德价值的选择，必须充分考虑其所处的具体环境、自身的不同状况以及特殊的需要与能力。总之，道德判断与选择必须是个性的，必须体现主体自身的特点。

（二）解惑：权衡利弊

孔子解惑的思路正好与价值需要和道德思维的特征相符。面对复杂的道德情境，孔子基于自己的道德信念与政治抱负，审时度势，权衡利弊得失，做出最符合自己需要的选择，因而能够不惑，并帮助弟子解惑。看到子路对自己见南子一事不理解，孔子对天发誓，说自己没有私心，否则会受上天的处罚。有学者考证后认为，孔子见南子实际上是一场思想博弈的结果。由于卫灵公宠幸南子，孔子为了能够在卫灵公的帮助下实现自己的政治理想，经过反复权衡，才决定违反道德常规，屈身就道，去见南子。子路由于不能把握孔子的权衡与应变，所以才产生怀疑与困惑。[①] 孔子解弟子对"管仲相齐"的疑惑，同样是通过比较与权衡。面对子路、子贡对管仲的怀疑，孔子说："桓公九合诸侯，不以兵车，管仲之功也。如其仁！如其仁！""管仲相桓公，霸诸侯，一匡天下，民到于今受其赐。微管仲，吾其被发左衽矣。岂若匹夫匹妇之为谅也，自经于沟渎而莫知也？"（《论语·宪问》）在孔子看来，桓公九合诸侯而不用武力，这都是管仲的力量和仁德，老百姓到今天还享受到他的好处。尽管孔子也承认管仲不忠，人品有问题："管仲之器小哉！""管氏知礼，孰不知礼？"（《论语·八佾》）但同他给社会带来的和平与造福百姓的大仁大义相比，人品问题只是小节，所以不必要求他像老百姓那样因守小节而自杀在小山沟里。

---

① 黎红雷：《"子见南子"："儒者的困惑与解惑"》，《中山大学学报》2006年第1期。

可见，孔子解惑是依据具体情况，从不同角度反复权衡利弊得失，甚至是两害相权取其轻，或两利相较择其重，以最大程度地满足自己的道德与政治追求。所以，面对不同、矛盾或对立的诸多关涉不同价值取向的道德规范与政治制度，懂得权衡则不惑，不知道权衡则会迷失于多种可能性的选择中，处于无所适从、进退失据的状态。在孔子看来，"权"是一种极高的思想境界，并非人人都能达到。"子曰：'可与共学，未可与适道；可与适道，未可与立；可与立，未可与权。'"（《论语·子罕》）子路、子贡虽能守道，但却不懂得随机应变，所以才产生了困惑。

（三）权的价值

根据孔子的示范，对于日常道德实践中的困惑，采用权的方式来处理，虽不能尽善尽美，但却可以争取把副作用控制在最低程度。从思想品德是知识性认识与价值性认识的统一以及孔子的应变权衡中，我们可以得出以下两个解惑的基本原则。一是利己与利他的统一。利己是自我发展的需要，利他是社会发展的需要，但人是社会中的人，社会是人的社会，个人与社会相互依赖，不可分离，所以道德判断与选择时应把利己与利他有机统一起来。管仲相齐既保全了性命，又减少了武力杀伐，子见南子既是为实现个人的政治理想，又是希望恢复社会等级秩序，减轻老百姓的动乱之苦。诚如管仲、孔子为大局而不拘小节一样，面对沿街乞讨是仁慈施与还是视而不见、面对伤者是及时援手还是袖手旁观、面对激烈升学竞争是热心帮助同学还是只顾自己优胜、面对犯错是诚实相告还是瞒天过海、面对物质诱惑是勤俭节约还是纵情享受等两难选择，不能要求学生只选择前者，或放纵学生选择后者，而应当引导学生既护自己又给予他人、既见义勇为又不被诬陷、既帮助同学又提高自己、既承认错误又吸取教训、既适度消费又反对浪费，这样才能把个人利益与他人利益、个人价值和社会价值、眼前利益与长远利益结合起来，使各方面利益达到最大化。二是动机与效果的统一。孔子冒着留下骂名的危险去见南子，当他感到卫灵公只是虚慕自己的名声，并非真想采纳自己的治国之道时，便果断离开卫国。可见，善良的愿望未必能产生好的结果，因而不能只讲动机不讲结果。拿上述两难来说，只强调其中的前一难，很可能会助长欺骗、反遭诬陷、自误学业、招致严惩、受人讥笑；同理，好的后果未必出自道德动机，因而也不能只讲结果不讲动机。如果只强调上述两难中的后一难，就会逃避前一难的道德选择，甚至做出为达目的不选择手段的不道德行为。因此，要把动机与结果相结合，做到具体情况具体分析，该给予才给予、救人而不害己、认错又不重犯、消费而不浪费。这样，就可以把义与利、功利价值和道德价值、物质文明和精神文明结合起来。

三、无惑：确立信仰

通过权衡利弊得失来解惑，绝不是要培养唯利是图的人，而是要在现有社会条件下争取最大的可能实现自己的人生理想与信念。而且，这种个人的理想与信念又总是超越自身的利益，是对与社会发现趋势相符合的人类最高利益的追求。正是在这种信念的引导和推动下，个人才会在求善的道路上百折不挠，一往无前。

（一）信念与不惑

"子曰：吾十有五而志于学，三十而立，四十而不惑，五十而知天命，六十而耳顺，七十而从心所欲、不逾矩。"（《论语·为政》）这是孔子对自身生命历程各阶段人生境界的描述。惑是极其普遍的心理现象，这类问题孔子在四十岁之前与四十岁之后都要面对，因而孔子不惑，不是没有引发惑的问题出现，也不是孔子突然洞悉天机，变得神通广大，而是因为有着更丰富的处理道德难题的经验，善于权变的结果。当然，孔子的权变绝不等于丧失立场，毫无原则，阿谀奉承，为达目的不择手段，而是"执经达权"：一方面要把握永恒不变的基本原则——先王之道，即孔子所倡导的仁义与礼制，另一方面又要因不断变化的内外环境，因地、因时、因人、因事制宜。所以，在特定的环境和条件下，为了实现政治理想，孔子会"屈身行道"，不惜牺牲自己的名声，周旋于权贵之间，与淫妇南子打交道，但绝不会"屈道求身"，为了荣华富贵而放弃自己的理想。所以，当孔子拜见南子后不久，看见卫灵公与南子依然故我，一心玩乐，怠慢朝政，"好色"而不"好德"，羞于与之为伍，于是离开卫国。正所谓："道不同，不相为谋。"（《论语·卫灵公》），哪怕是颠沛游离，如同"丧家之犬"，也义无反顾。可见，孔子不惑是因为有坚定信念作支撑。

孔子对"道"的执着追求不同于狂热的宗教信仰，"只含一丁点的理智内容……只是一种模糊的、一半是精神一半是生理的热情"，① 而是基于理性认识与分析之上。"子曰：'知者不惑，仁者不忧，勇者不惧。'"（《论语·子罕》）知作智解，而智从知来。"子曰：'殷因于夏礼，所损益可知也；周因于殷礼，所损益可知也。其或继周者，虽百世可知也。'"（《论语·为政》）孔子勤奋好学，对礼的历史与礼的精神有深刻的了解，认为先朝的礼制经过继承与发展，可经世致用。所以，面对春秋时期礼崩乐坏、战乱频频、周王朝名存实亡、百姓饱受疾苦的现实，孔子坚信只有恢复先王的礼制，才能消除这种混乱状况，维持社会秩序。在礼与现实社会和政治生活脱节的情况下，要恢复它当然是一件不容易的事，所以不能感情用事，否则不但不能实现理想，还会危害自己及亲人。子曰："一朝之忿，忘其身，以及其亲，非惑与？"（《论语·颜渊》）而应当根据仁的精神实质，灵活掌握和运用礼的原则与规范，在运用中调节取舍，提高运用能力，这才是智的体现。子曰："可与共学，未可与适道；可与适道，未可与立；可与立，未可与权。"（《论语·子罕》）子路、子贡就是因为未可与权，才会感到迷惑。遗憾的是，虽然孔子懂得权衡，但周礼的时代已成过去，不适合春秋时期群

---

① ［美］詹姆士：《宗教经验种种》，尚新建译，华夏出版社2008年版，第368页。

雄竞起的社会现实，他的信念与社会发展潮流背道而驰，所以最终未能如愿以偿。

（二）确立人生信念

任何道德规范都具有价值导向作用，反映了特定社会的价值追求，对社会成员的思想行为是一种潜在的约束和推动。但由于个人情感、需要、价值观不尽相同，在日常社会生活活动中，惑是每个人不可避免的人生境遇，自古以来莫不如此。孔子自道四十不惑，是因为他有坚定的人生信念以及灵活把握和运用道德原则的能力。作为圣贤，孔子树立的典范，虽不是常人所能企及，却为我们的道德修养与道德教育提示了方向。因此，学生要学会解惑并最终无惑，也需要确立坚定的人生信念，而且这种信念要符合社会发展的远大理想。我国既然把共产主义思想、政治与道德确立为全体社会成员的行为规范与价值追求，那么就必须对学生进行共产主义理想与信念教育，这一方向无论如何不可动摇，否则就失去道德行为的依据，与此同时，共产主义行为规范与价值理想的实现，又需紧密联系当前我国政治经济发展水平，与个人的现实需要相结合，不然终成空中楼阁，落不到实处。鉴于我国尚处于社会主义初级阶段，实行的是公制为主、多种经济成分并存的市场经济，必然存在着与此相应的多种主体需要，因而对学生的道德信念教育可以分以下三个阶段或层次。一是利己不损人。社会主义市场经济允许追求与满足个人利益，但必须采取正当手段，不得损害他人与社会利益，这是社会公民的底线，还谈不上是道德行为。二是利己与利他结合。满足自己需要的同时，也尽力给国家、社会、他人带来福利，谋求国家、集体、个人三者利益的统一。兼顾三者利益，个人行为才具有基本的道德意义，而且视其动机与结果，越是倾向利他，道德意义越大。三是完全利他，即毫不利己，专门利人，或主观利他，客观利己。全心全意为他人与社会服务，个人利益与社会利益发生冲突时，牺牲个人利益，这是共产主义道德的最高要求与境界。道德教育时，可根据具体情况以及学生的发展特点，从低到高，引导学生逐步确立共产主义信念与理想。

让学生在解决道德困惑的过程中逐步树立人生信念，是德育新课改的要求。我国新课程理念要求德育贴近儿童、贴近生活、贴近实际，使他们逐步形成正确的价值观、人生观。诸如全日制义务教育《品德与生活课程标准》要求尊重儿童的需要与体验，引导他们热爱生活、学习做人，为"形成健全的人格和正确的价值观、人生观打下基础"；初中《品德与社会课程标准》要求在扩展学生生活经验的基础上，正确认识自我，"处理好与他人，与集体、国家和社会的关系"，"学习做负责任的公民"；《普通高中思想政治课程标准》要求结合学生生活与时代特征，"坚持马克思主义基本观点"，"加强思想政治方向的引导"，"初步形成正确的世界观、人生观、价值观"。这里，儿童的生活与需要是基础，在扩大生活范围过程中要处理的与他人、集体、国家、社会的关系是道德困惑的来源，马克思主义思想政治方向是指导解惑、做出价值判断与选择的依据。德育探究教学应使学生在不断解惑的过程中，提高道德认识，丰富道德体验，磨砺道德意志，强化道德行为，坚定人生信念。

从现实来看，当前对学生进行共产主义信念教育尤其迫切。对"80后"的大学生抽样调查表明，总体上他们的政治信仰和追求是积极的，但也有相当一部分大学生表现出了理想信念上的淡漠，或思想认识上的模糊不清、困惑动摇。[①] 如"社会主义正在与资本主义逐步融合、走向趋同"的观点，26.8%的大学生表示"同意"，表示"现在难以判断"的占39.2%，表示"没想过"的占9.2%，明确表示"不同意"的只占24.8%；在"您对什么是社会主义及其与资本主义的区别了解程度如何？"的回答中，表示"非常了解"的占8%，"比较了解"的占44.2%，"略知一二"的占38.7%，"不了解，说不清"的占9.1%，后两项合计占47.8%，表明有近一半的大学生对该问题知之甚少；对未

---

① 林建辉：《"80后"大学生思想特点的调查与分析》，《钦州学院学报》2008年第10期。

来共产主义社会的看法，认为"纯粹是空想，永远不能实现"的占14.3%，认为"是人类历史发展的必然趋势，可以实现"的占32%，认为"是一种美好的理想，但难以实现"的占40%，表示"说不清"的占13.7%；认为"当前对大学生进行共产主义理想教育""没什么必要，可有可无"的占19%，认为"根本没必要"的占8%，表示"说不清"的占9%。这些数据虽与调查样本、问卷信效度有关，不一定具有普遍代表性，但却在一定程度上说明当今大学生在理想信念方面的确存在问题，各级学校教育就加强引导学生确立人生信念。

众所周知，西方偏爱对象性思维，擅解自然之谜，我国儒家传统文化偏爱主体性思维，关注和解决人自身的困惑。因此，就解决思想品德上的困惑而言，不必套用西方科学探究的模式，挖掘和运用孔子对"惑"的论述更实际、有效，也更利于建设有中国特色的探究教学理论。而且，相对于道教教人消极遁世，通过泯是非消除烦恼，佛教教人忍受现世苦难，寄希望于来世来摆脱烦恼，孔子教人灵活利用现实条件，辨别与解决人生困惑，是更加积极的人生态度，有助于我们追求和享受现实的人生。

第四节　实施思想品德探究教学的基本要求

一、初中思想品德课探究教学对教师的要求

（一）教师要具有指导学生学习的能力和综合管理的能力

在思想品德课探究教学中，学生是学习的主体，学生自主地探究问题。但这种自主需要在教师的指导下通过不断学习逐步形成。教师不是"教"而是"导"，指导、启发、诱导、疏导……因为思想品德课研究性学习要求学生能从多种渠道去寻找自己所需要的信息资料，能了解科研的一般流程和方法，能准确地表达自己的见解和观点，教师的指导作

用就是要按照学生的实际要求，提供信息，启发思路，补充相关知识，引导学生对某些已有结论进行质疑，探究不同的结论，大胆创新，促进学生学习。思想品德课探究学习打破了校园的围墙，学校、家庭、社会连成一体，拓展和更新了学习内容和学习情境，要求教师不仅针对教室的校园环境来设计、组织、管理全班的教学，而且要善于以"社会"为"课堂"来设计、组织、管理教学，对教师的组织、管理能力提出了严峻的挑战。由此必将推动着教师综合管理能力的提高。

（二）教师必须转变教育观念，要具有合作性教学的能力

以往的思想品德课课堂教学中，教师独立地完成教学工作，但在探究学习中，由于问题来源的多元化和问题解决的复杂性，多种学科的知识在思想品德课探究性学习的"问题解决"中交汇、融合，新的知识在这里生成，学科与学科之间、学科教学与现实生活之间的联系变得空前密切，教师已不能单独驾驭对学生在知识、方法、技术方面的所有指导工作。这就要求教师必须与其他同事建立联系，从仅关注本学科走向关注其他相关学科，从习惯于单兵作战到学会欣赏其他教师的工作和能力，从独立完成教学任务到和其他教师合作，完成对学生的指导工作。这就要求教师从个体走向合作，具有合作性教学的能力。综上所述，思想品德课探究教学对教师的挑战是全方位的、深刻的。这种深刻性是一种范式的根本转换，以探究教学为开端，教师将从思想观念、知识结构、工作方式和行为方式等方面挑战自己、改变自己和完善自己。在此意义上说，探究教学对教师既是严峻的挑战也是难得的机遇，是教师提升自己素质的一个良好契机。

二、初中思想品德课探究教学对学生的要求

思想品德课探究教学的实施对学生的素质提出了新的更高的要求。在探究过程中，对学生的概括能力、语言表达能力、质疑能力、应变能力、合作能力等均有一定的要求。传统教学模式下，学生为了获得好成

绩，拼命地记忆知识而疏于创造，机械地复述知识而懒于创新。而思想品德课研究性学习则使社会对学生的期望发生了改变，其学习结果创造性的特点要求学生去亲自体验，用自己的头脑去思考、分析、判断、总结，这就要求学生去努力实现这种角色期望，充分发掘自身的智慧潜能。同时，思想品德课探究教学的开放式特点，又要求学生主动与社会接触，提前开始学生个体社会化的进程，力求发展中学生对社会生活的认同感，为其顺利迈入社会生活做好铺垫。在进行探究学习过程中，许多学生都把克服在寻找资料、拜访专家、社会调查中遇到的"困难"和"成功"作为极其重要的方面总结出来，并且充满了自豪感，特别是原来一些有"社交障碍"的中学生的转变是惊人的。这些变化也是世界发展对中学生的起码要求！

另外，在传统的学校教育中。中学生仅仅是作为"配角"而存在的，虽然强调学生为主体，但在实际的教学活动过程中，很难做到这一点，中学生一直都处于事实上的受支配地位，师生关系更倾向于被异化为"人——物"关系，学习的主体地位很难体现。学生在班级中，面对教师时所充当的更多的是趋于物的角色，缺少的是为人的尊严与权利。在传统社会角色中，中学生处于被动地位，必须按照教师的安排进行学习活动。这种缺乏自主能动性的角色安排实际上在学生内心中并不能得到认同，进而教师的教学活动也很难得到学生全面、积极、主动的回应。

在思想品德课探究教学中，学生处于主动地位，这就要求他们单独或以群体的形式来进行自己所喜欢的主题学习活动，他们的地位角色由传统教学模式中的从属的、封闭的，转变成了自主的、开放的，教师的职责则是引导和帮助。学生的学习主体角色在思想品德课研究性学习中得到彻底认同，它要求学生必须以极大的学习热情，变"要我做"为"我要做"，开始积极主动地去探索、去尝试，去谋求个体创造潜能的充分发挥。在思想品德课探究教学中，学生要根据自己的兴趣、爱好、特长，自主选择研究课题，从选题、收集资料开始到撰写报告、答辩、成果展示的全过程，这都对学生自主决断能力提出很高要求。这种主动性和自主性，将学生从原来的那种从属于教师的角色真正转换成了与教师平等的角色，学生对自己的地位角色有了高度的认同感，这就使得在整个学习过程中，中学生真正展示了自信、自立、自强的精神风貌。在上述操作的思想品德课不同的探究学习的专题研究中，学生素质的良莠不齐最终的确影响了研究的成果。可见探究教学虽然转换了学生的地位角色，提高了中学生的学习兴趣，培养和锻炼了学生的钻研精神，但作为中学生必须从自身素质上不断提高，以适应新的教学方式的需要，才能在这场革命性的变化中取得长足发展。

三、实施探究性教学过程中必须要处理好几种关系

（一）教师与学生的关系

师生在人格上应该是平等的关系。新的课程模式要求我们的教师放下"师道尊严"的架子，从居高临下的权威走向平等中的首席，师生之间更多的是一种互助合作的朋友式的关系。具体来讲，学生作为平等人格的个体，是自己学习的积极主动的建构者、参与者，教师是学生知识建构和探究学习的设计者、组织者、促进者。教师要尊重学生的人格、平等地对待学生、热爱学生，特别是要关心、爱护帮助"学困生"。教师要尊重学生的选择，不横加干涉，教师要发展学生的个性，保护学生的创造性，决不能挫伤学生的积极性。要宽容对待学生的见解，精心呵护学生的自尊心和自我发展意识。同时又要看到学生是处在半成熟、发展中的个体，需要对他们加以引导。美国教育专家依·波尔（E. L. Boyer）有个被现代教育界广泛接受的理念："21 世纪的学校，应是学生生动活泼的学习共同体，这个共同体的基础是师生有共同理想，平等对话。"

在教学的具体过程中要处理好"双主体"之间的关系。教学过程

中不仅要体现学生学习主体地位，更要体现教师在教学中的主导性主体地位。从笼中喂鸟到打开鸟笼无疑是一次解放，探究学习打开了学科栅栏、教室之门，但是，如果没有教师参与下的科学设计和严格指导，其效果是可以预见的："新鲜劲"一过，又纷纷回到鸟笼之中。我们既反对过去"三中心"下以全面落实知识和技能为目标去实施教学，也反对教师一味追求表面化、形式化，或实际安排好的所谓的"讨论式""研究式""探究式""网络学习式"的教学方式。平时我们听课经常看到学生似是"非常投入、非常有组织、非常热烈"，或者教师一味退缩到旁观者的地位，完全放弃教学中教师应有的主导性主体地位，盲目地跟着学生走。其实，不管是过度地凸显教师的主导地位，还是完全放弃教师的教学应有的主体性，都无法实现教学的最好效果。任何教学活动必须体现"两个主体"，且教师要非常贴切地处理好"两个主体"的位置，教师的主体性要体现在"导"学生学习知识和能力发展训练上，要"导"学生的学习态度、组织纪律、注意力、兴趣、意志、情绪情感、智力活动、创新思维、实践能力等提高上。学生的主体性则体现在教师的引领下，学生的讨论质疑、体验和表达、实践和操作、合作与交流的学习活动中。只有充分发挥教师主导和学生自主这"两个主体"的积极性，才能实现学生最大的发展。

（二）教材与教学内容的关系

传统教学中，师生往往把教材视为"圣经"，教师的工作就是"注经"，然后向学生"布道"。不少教师把教完一本书作为政治课教学的全部任务，所教所讲均是固定的知识，少有自己的独到见解，几年甚至几十年总在重复那些老的内容，精神全被束缚，没有任何创造。这不仅仅限制了教材功能的发挥，也将思想品德课教学引入了一条死胡同。探究教学要求教师变"教教材"为"用教材"，由"分析教材"到"研究教材"，通过自己独立的思考探索，把教材知识激活，然后根据学生身心发展特点和自身的认知风格，对教材进行重新整合。在教学的过程中应该自始至终贯穿学法的指导，从而达到"授之以渔"的学习目的。作为学生学习活动有力的促进者和合作者，教师应该明白在探究性教学中，自己面对的不仅仅是依靠本门学科知识就能解决的问题，知识的整合性要求教师应该具备多学科的丰富而渊博的知识，教师不再是"一桶水"，而是"一条流动的河"。探究活动涉及广泛的科学内容和方法，教师必须对科学知识的本质有清楚的了解，对科学探究的方法有明了的系统把握。作为信息源的提供者，教师应该学会利用网络资源，发挥信息技术的优势。学生的探究活动需要丰富的信息，如何向学生提供这些信息并保障信息渠道的畅通，是教师义不容辞的责任和义务。

（三）学习结果与学习评价的关系

传统的教学评估，基本上都是对学习的结果进行量化的比较，手段单一，重分数的高低而忽视综合素质的考查。而探究性教学的评价形式则应该体现多样性和灵活性的特点。"从评价主体来看，可以是教师评价、学生自评、学生互评、小组互评，还可以由其他主体参与评价。从评价的表现形式来看，则可以采取书面评价、口头评价、定性评价以及定量评价等多种形式。"评价关注学生探究成果的质量、关注学生探究结果的获得，更关注学生对知识技能的应用，即强调学生把学到的知识和技能应用到实际问题的提出和解决中去，联系生活实际，联系现代科学的发展，在问题的提出和解决过程中主动获取知识、应用知识。要强调的是，在对课堂教学的评价中，教师必须及时地用精练而恰当的语言对学生探究的问题进行总结性和指导性的点评，重点在于对探究过程中遇到的问题、解决问题的方法、学生参与活动的态度和情感体验、学生创新精神和实践能力的发展、学生遇到困难的坚持程度、学生团体合作情况等予以评价。一学生在自己的日记上谈了他们上品德课的体会："通过课堂中的探究性活动，我们对品德课的学习由被动变成了主动，将所学的知识与社会热点、社会实践结合起来，激发了我们学习的兴趣，培养了我们的合作意识，提高了我们认识问题、解决问题的能力，使我们在课堂上有一种当家做主的感觉。"不过，既然是课堂教学，必须要完成学科教学、传授学科知识的任务，它要求"多、快、好、省"即："多"——教学容量大，知识容量大；"快"——学生以最少的时间掌握最多的知识；"好"——教师以最符合学生特点的形式指导学生学习并圆满完成教学任务，取得最佳的教学效果；"省"——耗费时间少，学习效率高。因此，品德教师应力求使各方面的目标达到和谐的统一。

四、初中思想品德课探究教学应注意解决的几个问题

（一）探究教学活动虚无化

由于一些教师没有摆脱陈旧的教育教学观念和过去模式化教学方法的影响，仍然固守传统的学科本位的教学，把生动、复杂的教学活动局限于固定、狭窄的认知主义的框框之中，只注重学生对学科知识的记忆，而不关注学生在教学活动中的情感体验，学习方法的习得，学生自我发展能力的提升，创新思维和实践能力的形成。有的教师错误地认为，学生学习方式的转变是"花架子"，是可有可无的，"扎扎实实的应试教育才是硬道理"。同时，由于受现行班级授课制、教育体制和机制的制约，探究学习难以在平时有限的课堂教学时间内完成，教师开展课外教学的工作量繁重且无法评估，也会严重影响师生开展探究学习的积极性。为了保证教材知识点的讲授，有的教师就简化或取消课堂探究学习活动。还有的教师在整合实验教材时，感觉困难很大，力不从心，找不到教学与学生生活实际的结合点和切入口，教学方式停留在"理论灌输""死记硬背"的层面上，探究学习活动实际上处于一种虚无状态。

（二）探究教学活动形式化

有时我们在一些课堂上会看到，教师可以在有限的时间内，使学生完整地经历探究学习的基本环节，走完探究学习的基本程序，"探究"的样子也做得像模像样了，先后组织了学生多次的讨论与交流。表面上看，学生真可谓"动"起来了。但是，大量时间都花在教学的形式上了，这对学生的学习缺乏实际意义，也不会有很好的学习效果。我们知道，探究学习活动是用类似科学研究的方法，激发学生的学习动力，让学生从学科或生活的问题或学习任务出发，通过形式多样的探究活动，经历探索过程，获得理智的情感体验，积累知识和方法的学习方式。具体表现为：在教师的指导下，发挥学生的主体作用，通过发现问题，提出问题，进行假设，收集资料，进行分析、解决问题，实质上是实验、操作、调查、信息收集与处理、表达与交流等探索活动，是学生获得知识、形成技能、发展情感态度价值观的学习方式和学习过程。如果师生在平时的探究学习活动中，缺乏明确的活动学习目的，仅"为活动而活动"，使探究学习泛化和虚无化，使学习变成没有内涵的"空壳"，极易导致"探究"的形式化，学生有外在的学习活动却没有真正的内心体验和学习收获，不能感悟探究学习的实质和魅力，从而影响学习效果和学生学习能力的培养。

（三）探究教学活动绝对化

我们知道学生的情感体验、学习方法的习得、自我发展能力的提高、创新思维和实践能力的形成，都离不开探究（研究）过程，但并不是所有的知识都要经过课堂探究才能获得。我们强调"探究学习"的重要性是要找回"探究学习"在课程教学中应有的位置，而非贬低"接受学习"的价值。探究学习体现了新课程改革的要求，有助于培养学生的创新精神和实践能力，但也不能不分时间场合绝对地套用。比如，有些学习本身并无探究必要，无谓的探究不仅使简单问题复杂化，也无助于问题的解决。探究学习必须以学生的探究热情和学生已有的知识水平、经验为依托。如果探究学习主题与学习现有的水平之间具有较大距离，滥用探究学习必然会影响探究学习的效果。

第八章　教师在探究学习中的作用

学生探究学习时教师应发挥什么作用？怎样发挥这样的作用？这似乎是个难以把握的问题。教师对课堂掌控太多，学生不能自主探究，掌控太少，学生可能随心所欲或无所适从，不能获得所预期的学习结果或理解。如何既引导学生探究学习，而又不越俎代庖，其分寸的把握对教师是个巨大挑战。下面的案例反映出教师引导学生探究学习时的无可奈何：①

"我们很熟悉的东西，其实我们并不一定了解。"罗吉老师说，"比如，水，天天喝，天天用，可它的一些性质我们仍然没注意到。不信，请看下面的实验。"

实验装置为玻璃管下连着一圆底烧瓶，即在塞紧了胶塞的烧瓶上，插入一根筷子粗的玻璃管。

"里面有什么？"老师问。

"红色液体。"学生回答。

"说详细一点。"

"红色液体充满了烧瓶，并上升到玻璃管中。"

"对。"老师点头，然后说："红色液体其实是水，为便于观察，老师加了两滴红墨水。"

"将装置放到热水中，会出现什么现象？"

---

① 赵光平、罗星凯：《一堂"失败"的好课》，《人民教育》2002年第10期。

"烧瓶变热！"

"烧瓶里的东西也将变热！"

老师听后笑道："真的不了解水！我们来动手试一试。"

一试，玻璃管里果然出现了怪事，学生十分惊讶。

"你们惊奇什么？"老师明知故问。

学生兴奋地嚷道："玻璃管里的红水会动，会往上跑！"

"这说明了什么？"

一些学生说："水增加了。"

"根据是什么？"

"玻璃管的水面上升，所以水增加了。"

老师问："水增加了，是水的质量增加了，还是水的——"话到了嘴边，她又咬住了。显然她不愿意说出："水的体积增加"这几个字。

她换了一种问法："水增加了，是不是你们加进了水？"

"没有啊！"学生们说。

"没有加进水，那水怎么上升了？"

"这——这——"学生们张着嘴说不出来。

"给你们5分钟，小组讨论一下，为什么水上升了？这说明了什么？"

（"说明什么，不就说明水的体积增加了吗？"后面一个听课的老师小声说。她的同伴则说"可这话必须从学生嘴里说出来，否则，怎么体现课改新理念！"）

"明白了吗？"罗老师问。

"明白了。"学生回答。

一个男孩抢着说道："水没有增加，是烧瓶里的热空气把水挤起来了。"

"塞子把烧瓶里的空气堵住了，空气变热，把水推上玻璃管去了。"另一个学生补充到。

"还有其他意见吗?"罗老师一连问了三次没有人出声。

"这两位同学的说法,你们同意吗?"

学生们说:"同意。"

"烧瓶里明明装满了水,怎么会有空气?"教师急了,声音变高。

"水上升,说明水的体积大了,是不是?"没有时间再拖延,教师直接问了。

"是。"两个女孩应和道。

"是什么使体积增大?"

"热气。"几个学生脱口而出。

"你们说的热气实际是热量。"老师解释说,"吸收了热量,水的体积变大。"

各组又按教师的吩咐,将装置从热水中取出,放入冷水中。

"看到了什么?"教师问。

"玻璃里的红水下降了。"

"为什么下降?给你们一分钟想一想。"

(我们以为,一般情况下,有了前面的铺垫,学生准会说:"水受冷,体积缩小,水面下降。"可学生偏不这样说。)

"水下降,是因为玻璃管里的水退到烧瓶里;水之所以退回去,是因为烧瓶变大了。"

"烧瓶会变大?"教师惊奇地说,"烧瓶可不是气球哟,想变大就变大,想变小就变小。"这句话逗得学生笑了起来。

"其实,因为受冷,水的体积缩小,水面就下降了。"老师给出答案。

各组学生又用酒精做了实验。然后师生们共同总结道:

"水有热胀冷缩的性质,酒精有热胀冷缩的性质,水、酒精都是液体,由此可以推出,液体都有热胀冷缩的性质。"

"刚才得出了什么结论?"老师问。

"液体有热胀冷缩的性质。"学生说。

老师举起一个烧瓶说道:"这是煤油它有热胀冷缩的性质吗?"

"没有!"学生毫不含糊地说。

"怎么?它不是液体吗?"

"是液体,但不是红色的液体,所以没有热胀冷缩的性质。"

"你们愿不愿意用煤油做一下实验?"老师问。

"愿意。"学生说。

几分钟后,各组都做完了煤油实验。

老师问:"你们刚才的想法对吗?"

全班叫道:"错了,液体的颜色不影响热胀冷缩。"

(这堂课,经过一波三折,似乎快要成功了!)

"今天学习了液体的热胀冷缩。下面做道题,看看掌握得如何。"老师说。

"这是一道是非判断题,题目为:酱油、菜油都有热胀冷缩的性质。对还是错?"老师问。

全班学生异口同声地叫道:"错!"

教师愣住了,片刻后问道:"难道说酱油和菜油不是液体?"

"是液体,但酱油和菜油都是可以吃的。"一些学生说。

"酱油有色素。"有几个学生说。

"菜油烧不着,所以不会热胀冷缩。"另一些学生则说。

"刚才做过实验,酒精、煤油会不会热胀冷缩?"教师问。

学生说:"会。"

"现在,菜油和酱油会不会遇热就膨胀,遇冷就收缩?"老师又问道。

"不会。"学生们坚定地说。

"这只是你们的猜测,"老师苦笑着说,"实际上,是会的。"

"啊！"学生情不自禁地叫出了声。

（下课了，罗老师心情沉重地走出了教室。下面就要开始评课了，不知道听课的专家和领导会说什么。）

上述案例明显看出教师所处的困境：自己作为科学教师不能把结果告诉学生，然而不告诉学生，他们自己又不能获得结果。这个案例反映了探究学习过程中教师指导学生时所遇到的挑战，教师要发挥的作用是给学生提供某种程度的支持，以便他们能够在探究学习过程中完成知识的建构，而不至于在努力挣扎后仍一无所获。

在回顾与反思探究学习现状时指出，我国探究学习开展已有10年，虽取得成绩但还存在这样那样的问题，探究学习仍有待深入，影响深入的因素固然很多，但在我们看来教师的引导作用至关重要。在许多一线教师看来，探究学习应该是学学生的自主学习，教师不应该干预，一切由他们自己做主，结果导致探究学习的放任自流。从现有研究来看，国外虽有研究考查教师自身的因素对探究学习的影响，如教师的信念与态度、教师的知识能力及其教学行为等都对探究学习产生影响，但关于教师在探究学习中到底起什么作用，就手头掌握的文献来看专门研究很少。国内也是如此。在中国学术文献网络出版总库中进行检索，仅得到30篇相关文献。再对这30篇论文进行分析发现，内容重复雷同的文章较多，而且级别较低，仅有1篇硕士论文和4篇核心期刊论文。除此之外，有些关于教师引导作用方面的论述，散见于有关探究学习的硕博论文中。归纳起来看，这些研究主要涉及以下几个方面：第一，宏观引导策略。如指出教师在探究学习中发挥指导作用，表现为激发、鼓励、引导学生的探究学习，不能"越俎代庖"，要适时、有效，应及时调控和组织参与，要有弹性和坡度。第二，探究过程中的指导。结合实例论述了某学科教师在提出问题、猜想假设、收集数据、进行实验、分析论证以及评估交流等探究过程各阶段中具体应如何指导。第三，案例分析。

如通过介绍一节国外小学科学课,提出探究学习中要重视教师的引导作用。显然,要把探究学习推向深入,有必要进一步作学理上的探讨,弄清为什么要引导,从哪些方面引导,以及通过什么方式引导。

第一节 探究学习中教师引导作用的缺失

探究学习是学校教育的重要活动方式,它对学生来说并不是随心所欲的,而是一种有目的、有计划、有组织的学习活动。在这种活动过程中教师不是旁观或放手不管,而是加以引导,使它更加有效。"引导",顾名思义,含有"带着人向某个目标行动"的意思。具体到探究学习,教师的引导应该包括探究活动中给学生指引探究的方向,在学生遇到困难时给予必要的提示,更重要的是,通过具体的探究活动带领学生理解学科性质,促进学生实现最佳发展。需要特别说明的是,这里所说的"引导"与"指导",含义有交叉相似之处,但引导作用并无绝对的标准,而是存在程度大小的不同,而且,这种引导作用要随着学生探究学习的自主程度而变化。

探究学习有不同的类型,对教师所发挥的作用提出不同要求。国外学者根据学生提出问题和回答问题的独立程度,将探究学习分为三种类型或水平:结构型探究(一级水平)、指导型探究(二级水平)、自由型探究(三级水平)。

探究学习的水平、类型[①]

探究学习类型	探究特征
结构型探究 （一级水平）	探究时给学生提供将要调查研究的问题、解决问题所要使用的方法和材料，但不提供预期结果。学生自己要根据收集到的数据进行概括，发现某种联系，找到问题的答案。结构型探究和相应的证明活动，又被习惯地称作"食谱式活动"。
指导型探究 （二级水平）	探究时只给学生提供要调查研究的问题，有时也提供材料，学生必须自己对收集到的数据进行概括，弄清楚如何回答探究问题。
自由型探究 （三级水平）	在探究活动时学生必须自己独立完成所有的探究任务，当然也包括形成要调查研究的问题。从许多方面来看，自由探究类似搞"研究"，即学科专家的探究活动。

在上表的三种类型探究中，水平越高，就越接近学科专家的探究，其开放性就越高，但结构性却越弱；反之，探究水平越低，就越远离学科家的探究，其开放性就越低，但结构性却越强。在实际的课堂教学中，学生探究能力的形成与发展是渐进式的，而不是突发式的，是历经一级水平到三级水平的螺旋上升。因此，教师在探究学习的展开中对学生的引导也必须经历一个由"扶"到"放"的过程，也即是教师的引导作用应从直接向间接过渡。换言之，这种过程还不是一个逐渐减少直至全无的线性过程，而是不同的探究学习需要采用不同形式的引导。即使是第三水平的探究也不意味着不需要教师的引导，而且仍需要教师的间接提示或方向上的引领。无论是结构型探究、指导性探究还是开放型探究，都离不开教师的引导，它们的区别不仅引导程度不同，而且在于引导的方式。在探究学习中，由于学生个体的知识水平、思维水平和个性特征等方面存在着差异，探究活动也就具有一种不可预见性与控制

---

① 徐学福编译：《美国"探究学习"研究30年》，《全球教育展望》2001年第8期。

性，这就决定了教师在探究过程中不能撒手不管、放任自流，而应以目标为导向，划定一个动态生成的"圈"，启发学生进行自主探究。然而，在当前的探究学习实践中，常出现教师作用绝对化的现象，探究过程中教师要么包办代替，要么放任自流。

一、包办代替

探究学习中，教师或担心无法按时完成相应知识的教学，或担心学生水平有限不能自主探究，不引导学生经独立思考后完成探究活动，而是包办代替。主要表现有：

（一）以教师的问题取代学生的问题

在选择探究问题时，很多教师或是担心学生自己选择的问题没有意义，或是不知如何对学生自己的选择给予支持和帮助，而最终选择自己事先准备好的问题。这些问题有些来自教材，有些来自其他资料，但这种问题是从教师角度而不是从学生角度出发的，或是教师感兴趣、认为有意义的问题，而不是学生感兴趣的问题。很多情况下，教师开始告诉同学们，我们今天来研究某某，关于这一方面你们想知道什么或有什么问题呢，在学生提出许多自己想研究而教师又没有准备的问题后，教师最后说我们来研究某某问题，而置学生感兴趣的问题于不顾。当前，关于探究学习案例的著作很多，有不少教师干脆直接从中选择一些来让学生跟着做，把探究变成了模仿，这显然不是有效的探究学习。从心理上讲，只有那些能激发学生认知冲突的问题才能引起学生的探究兴趣，教师或书本上认为有意义的问题未必是学生感兴趣的，而学生感兴趣的问题又未必是有教育意义的，这意味着教师要根据学生的心理特点，设置相应的问题情境，将书本知识转化为学生感兴趣的问题。可以说，如何设置激发学生探究学习的问题情境对教师是个巨大挑战，需要教师的智慧与独出心裁，绝非学生的任意提问或书本中练习题可代替。

（二）以预设的答案取代多样化的结果

在科学探究中，由于仪器和误差等多种原因，常常会有失败的探究结果。但是，在当今探究课堂上，许多教师也常倾向于追求一种探究结果，那就是标准答案。一旦出现小小的误差，有些教师就怀疑器材，或通过编改数据来达到"正确"答案。这样就失去了一次更好的探究机会与教育机会，即失去寻找失败原因的机会，以及从失败的经历中养成正确的科学精神和科学态度的机会。例如，有物理教师在引导学生探究水的沸点时，忘了带有盖的烧杯，用的是无盖加热，结果水怎么加热也没有沸腾，而教师却直接宣布"水的沸点是100℃，今天不成功是因为天太冷了"。事实上这样就错过了一个值得探究的点，即为什么水没有沸腾？

（三）以教师的讲解取代学生的讨论

讨论与交流是探究学习最重要的过程之一，头脑风暴式的讨论是新思维、新思想的源泉。讨论给予学生充分表达自己观点和想法的机会，锻炼言语表达能力；它也能培养团体合作意识，有助于开展集体主义教育；它还能提高学生的参与感，激发学生探究过程的情感体验。然而，为追求教学"效率"，教师对学生"漫长"或"牛头不对马嘴"的讨论缺乏耐心，迫不及待地用自己的讲解取而代之，而且还可能重复多遍地详细地讲解。从概念到应用，从理论到实践，面面俱到。殊不知这种"迫不及待"的讲解，却伤害了学生探究的积极性，失去动脑思考的机会，使探究活动失去了它本来的意义。例如在某生物探究课堂上，学生刚开始讨论青蛙对生态环境的意义时，甲学生提出可以将其卖给餐馆当美食，教师觉得离题太远，就立即停止了讨论，并用课件展示青蛙的生态意义，一条一条列出并详细讲解。

（四）以教师的演示取代学生的操作

在探究课堂中，教师适当演示是可行的，而且也是必要的。但若自始至终都只有教师演示，那么学生就成了观看表演的观众。这样，学生不仅难以获得参与感，而且也得不到动手能力的锻炼，最后只获得表面的理论知识而没有发展实践能力。其实很多实验或操作对学生来说即使有一定困难,也应该让他们自己亲自动手。因为即使学生失败了,他也能获得一次珍贵的经验。何况学生的创造力是无穷的,也许他们就能在"做"中去发现从而获得成功。如物理探究课"凸透镜的成像规律",教师完全可以让学生自己从"做"中去发现,而不是一味演示。

（五）以教师的"诱导"取代学生的思考

在探究学习过程中,学生常常会陷入思考之中,课堂也就会变得比较安静。然而,这时不少教师就按捺不住,不想看到学生的"痛苦"挣扎,急切地以各种方式"诱导"学生,事实上等于把答案告诉了学生。如一位教师在上《热的传导》一课时,探究的问题是,小明拿炉火上锅中的卤鸡蛋吃,手却被烫到了,这是为什么?他刚提完问题就转身在黑板上写下了这样的板书:炉火—锅—水—蛋。这种明显的"诱导",实际上等于把答案告诉了学生。其实,在探究学习过程中,正是这"痛苦"的思考让学生收获最多,教师应给予学生足够的独立思考时间,让学生亲历思维的"痛苦"历程。

上述包办代替现象,会给探究学习带来极大的危害性。首先,它否定了探究学习本身,失去了探究的应有之意。因为,包办代替使探究学习流于形式,表面上在探究,实则与传统教学没有本质区别,只能传授极其有限的科学知识,而不能真正地培养学生的科学精神和科学态度。其次,它是对学生主体性的否定,不能真正地促进学生的发展。尊重学生的主体地位,促进学生的全面发展,是新课程改革更是探究学习的重要理念。而包办代替是教师剥夺学生主体地位的表现,没有关注学生的兴趣、体验,也就无所谓促进学生的最佳发展。因此,在探究学习中,教师应尽量避免包办代替。

二、放任自流

大量案例表明,许多教师由于对学生主体性的理解存在偏差,把主体回归的课堂变成主体放任的课堂,弱化教师的引导作用。他们在学生进行探究学习时不敢引导，怕戴上"牵着学生鼻子走"的帽子；也不敢表达自己的观点，对学生的提问与答问一味地赞成；更不敢制止学生的不当行为。这种情况在各学科探究学习中不同程度存在，而语文教学尤其严重。"你喜欢读哪一段？""你最想学什么？""你想怎么学就怎么学"等让学生自定学习内容、自选学习方法的做法，可以说是当今阅读课上的"流行曲"。这种放羊式教学实际上使自主探究异化为放任自流。

（一）铺垫导入时的放任自流

引导学生读中理解、读中感悟、读思结合，既是我国传统语文教学的精华，也是《语文课程标准》所倡导的阅读教学的重要理念。课标指出阅读教学"应该让学生在主动积极的思维和情感活动中，加深理解和体验，有所感悟和思考"。然而，在现实的语文课堂上，有些教师对教学内容的相关背景不作适当铺垫，在学生不得要领时不作画龙点睛的引导，而是一味地让学生一遍又一遍地朗读，使得学生对文本缺乏理解和情感体验，只好学着别人的样子，读得有形无神。比如，一位教师在上《看雪》一课时，[①] 教学环节为：（1）听课文录音，标出文中的生字，读一读；（2）进行生字教学；（3）小组探究，将可以看出台湾小朋友非常盼望到北京来看雪的句子找出来，并有感情地读一读；（4）指名部分学生有感情地朗读相关句子，并谈谈自己的感悟。读后教师问："他读得怎么样？有没有感情？怎样才能读得更好？"学生评价之后，第二个、第三个学生接着读，还是没有读出感情。没办法，教师只好自己范读，然后让学生照着样子来读。其实，这位教师如果在探究学习前作些适当的铺垫、引导，比如，让学生在地图上找找北京与台湾的位置，欣赏一下北方雪景图片，就能给学生的想象添上翅膀，为学生的探索和感悟打下基础并扫除障碍，这样一举多得，何乐而不为呢？

[①] 王慧琴：《语文探究性学习中教师"不作为"现象透视》，《小学教学参考》2005 年第 4 期。

（二）提出问题时的放任自流

探究学习始于让人疑惑并感兴趣的问题。探究学习"丢了问题"，就如同人"丢了魂儿"。因此，在提出问题阶段，教师应充分发挥引导作用，引导学生提出值得探究的问题。然而，在实际教学中，许多教师没有引导的意识，学生"想怎样就怎样"，学生"喜欢什么就探究什么"，从而导致不能找到真正的问题或者纠缠在一些鸡毛蒜皮的问题上。比如，在学习《塞翁失马》一课时，[①] 有学生问："老师，塞翁丢失的是公马还是母马？"执教老师显得很兴奋，当即决定放弃原来的教学设计，抓住这个问题与学生一起讨论。一节语文课，师生就在这种塞翁丢失的是公马还是母马的讨论中过去了。让人不明白的是，这种争论对学生学习这个寓言、领悟这个寓言背后的隐喻有多少价值，这样的讨论又含有多少语文学习的色彩，长此以往，学生的语文素养能得到多大的提高，实在值得怀疑。

（三）探究交流时的放任自流

当今的语文教学，应该做到多元解读与价值导向的辩证统一，既要尊重学生的独特体验和对文本的多元解读，更要注重学习内容的价值取向，实现情感态度和价值观的正确导向。因为，学生在学习过程中，必然有自己的感悟，但由于学生认知水平的局限，对文本做出的多元反应并不一定都是正确、合理的，难免有高下、是非之分，需要教师做出科学评价，引领学生辨别真伪，树立正确的真理观、价值观。然而在实际教学中，存在着一种错误倾向，即教师一味强调学生在探究学习中的独特体验，而对文本的价值取向不够重视。比如，学生在探究学习《狐狸与乌鸦》一课时，[②] 有学生发表这样的看法：狐狸很"狡猾"，因为它说的话一次比一次"动听"，最后使乌鸦"动心"，受骗上当。也有学

---

① 张忠诚：《生成性只是教学应该追求的境界》，《人民教育》2004 年第 6 期。
② 钱正权：《尊重学生体验可以不顾语文价值取向吗?》，《人民教育》2004 年第 3-4 期。

生说，狐狸很"聪明"，而且很有"坚持性"，因为它善于察言观色，不断改变说话的口气，由向乌鸦问好，到"关心"它的孩子，到赞美乌鸦的羽毛和嗓子，直到乌鸦开口……对此，教师没有做出任何判断或引导。显然，这一课从狐狸的角度来说，其虚情假意违背了公民道德规范——诚信。假如把这种违背诚信的道德行为视为"聪明"来欣赏，那么又该怎样让学生看待社会上江湖骗子假、冒、骗的行为呢？这种放任的教学忽视了价值引领，也就丧失了育人功能，不仅不能提升学生的思维水平，反而有害于学生正确价值观的培养。

（四）拓展迁移时的放任自流

不同的学科共同构建了人类的知识大厦，共同承担着发展人的整体素质的神圣使命。因此，各学科之间有着相互关联、彼此沟通的一面，语文教学应向邻近学科开放，以培养学生的综合素质。但不同学科反映着不同的知识领域，有着各自不同的任务。作为语文教师，要防止语文本体弱化。让学生在语言文字实践中学习语文，是语文教学之基。然而，在实际教学中，特别是在探究拓展时，有些教师不作适当引导，使得教学失去学科味语文味。比如，有位教师在上完《称赞》一课后，设计了这样几个拓展题：（1）你认为我们班谁值得你称赞？选一件她最值得你称赞的事情，约几个同学一起演一演；（2）设计一张称赞卡，画上你要称赞的这个同学的头像，适当地美化卡的四周，再写上你称赞他的一句话；（3）几个同学合编一首歌，题目就是《称赞》。可以看出，教师在最后这个拓展环节花费了很多心血，课堂气氛十分活跃，教室里热闹非凡：学生中有唱唱跳跳的，有谈笑风生的，有吵吵闹闹的，有埋头画画的。这种轻松愉快的气氛给学生带来了久违的快乐。但是不禁要问：这是语文课，还是思想品德课，或者是音乐、美术课？原汁原味的"语文"味去哪儿了？

下面再以自己亲身经历的一堂课来说明。我们曾到重庆市北碚区中山路小学听一堂数学课。在探究学习基本知识之后，教师提出拓展问题："树上有5只鸟，猎人开枪打死2只，还剩下几只？"有一个学生回答道："一只也没有剩下，因为它们是一家子，猎人打死的是父母亲，这样三只小鸟就一只也活不下去了。"这个学生的回答显然完全脱离了数学课堂，而这位教师不仅没有给予必要的引导，相反，任凭学生就此展开讨论。如果这不是一道数学题，那么学生的回答是非常精彩的，但事实上，这是数学课上数学老师提出的数学问题，其性质和答案都很明确，所以教师应该引导学生学习"$5-2=3$"这一数学计算知识，而不应"顺水推舟"展开讨论。这位教师显然误解了学科综合，主客倒置，完全放弃了学科之本，使数学课丧失了数学味，即所谓的"种了别人的田，荒了自己的地"，最终不仅影响学生学科知识和技能的掌握，而且影响教育教学质量，这并不是探究学习的初衷，因此应提高警惕。

探究学习中，教师不引导、不作为，同样具有极大的危害性。首先，放任自流使探究学习耗费大量的时间，导致完不成教学任务，达不到教学目标。在义务教育阶段，按照课程标准，每科在每个学期都有既定的必须完成的教学任务。然而这种放任自流的探究学习是相当占用时间的，效率极其低下，会使教学任务的完成大打折扣，降低教学标准。其次，放任自流的教学达不到探究学习的本真目的。自始至终都是学生自己探究，其水平的提高是极其有限的。教师的引导也是对学生学习的反馈，一个缺乏反馈的系统是难以维持的，因为它不仅容易使学生失去探究兴趣，而且也难以提高教学质量。最后，教师放任自流是对整个教育教学的否定。因为放任自流首先就是对教师引导作用的否定，也就是对教师作用和地位的否定。当教师都处于被否定的状态时，教育教学也就没有存在的必要。

总之，探究学习中，教师不管是包办代替还是放任不管，实际上都体现了对学生的片面或极端认识。前者认为学生缺乏自主探究的能力，后者相信学生完全具备独立探究的能力，这实际上是历史所谓的"教师中心"与"学生中心"在探究学习中的反映。关于教学中师生地位的片面认识，已有相当的分析和批判，教学既要发挥老师教师的主导作用，又要体现学生的主体地位，似乎已是人们的共识，但实践中如何辩证处理二者关系却是个处理不好的难题。

第二节　教师引导是探究学习的内在要求

关于探究学习及教师的作用问题，教育家们曾提出不同看法。卢梭（Jean - Jacques Rousseau）最早提出了"探讨发现"的教学原则，要求注重培养儿童独立探索的能力。他主张尊重儿童的天性，倡导儿童率性发展，因此，他创造性地提出了"自然后果"教育方法，认为教师在"大自然里"进行教学时，最主要的问题是让学生通过观察山、树、森林、太阳等自然现象之后，提出问题，进行探索，获得知识，也就是主张儿童自主发展，不要过多地干预。卢梭的自然主义教育思想具有重要的历史价值和现实意义，但实际上，他设置了一个现实中几乎不存在的理想主义教育环境，存在着乌托邦气息和不切实际的浪漫倾向。

杜威在卢梭自然主义教育思想的基础上，从实用主义角度提出了让儿童"从做中学"的观点，鼓励探究与创新，促进儿童的发展。尽管杜威赞赏卢梭对儿童天性和潜能的尊重，但他反对卢梭所谓的"自然后果"教育。他认为，"自由若不加以限制，就是自由的消极方面，其价值仅仅在于他是一种取得力量的自由的工具。"[①] 在强调"儿童中心"思想的同时，杜威并不同意教师采取"放手"政策。教师不仅应该给儿童提供生长的适当机会和条件，而且应该观察儿童的生长并给以真正的引导。他说："'放手'政策和任何别的方针同样有那么多成人强加的影响，因为采取这种方针，就是年长的人决定让儿童任凭偶然的接触

---

① ［美］约翰·杜威：《我们怎样思维·经验与教育》，姜文闵译，人民教育出版社 2004 年版，第 277 页。

和刺激摆布，放弃他们的指导责任。"① 由此看来，杜威虽十分强调儿童自主探究，但并不忽视教师的引导作用，可以说，杜威所谓的"探究"与"引导"与本文所要论述的"探究"与"引导"颇为接近。

20 世纪中期，布鲁纳率先倡导"发现法"，并系统论证了发现学习的合理性。对布鲁纳产生影响最大、最直接的是皮亚杰的个人建构主义思想。该思想将个体作为关注的焦点，强调个人发现，认为儿童思维的发展是通过儿童主体的认知结构与外界环境刺激之间不断的同化和顺应活动达到平衡而实现的。在吸取皮亚杰思想的基础上，布鲁纳反对把人看成是一个在认识上被动的接受者，而是把人的认识过程看成是一种积极主动的建构过程。因此，他认为学生的学习过程不是被动的而是主动的，学生有学习的潜能，他们有独立发现问题、解决问题的能力，他们的学习主要受学习的内部动机（如好奇心等）的激发、指引、维持、促成。其认知—发现说强调学生应独立去完成学习，鼓励学生利用教师或教材所提供的材料，亲自去"发现"应该学到的学科基本结构或规律，成为一个"发现者"。然而，布鲁纳的发现教学理论，无论在其课程改革运动还是在教学方法改革方面，都遭到了失败。其原因显而易见，即布鲁纳过于重视发现法，一味地强调学生个人的发现而忽视了教师的作用。布鲁纳从理论上强调教师在教学过程中的作用，并认为教师在教学过程中有重要的地位，但在具体实践中，在学生发现学习过程中，又忽视了教师的引导作用。他强调"发现法"，要求学生亲自去探索事物的规律和规则，形成自己的认知结构，但很少明确教师在这一过程中应如何引导，启发学生逐渐掌握知识。由于过分强调探索与发现的效用，离开教师应起的引导作用而单纯强调发挥儿童在学习中的自主作用，夸大儿童学习的主观能动性，势必造成把"教"与"学"的双边活动变成单方或单边活动，最终导致其教学改革的失败。

---

① 赵祥麟、王承绪编译：《杜威教育论著选》，华东师范大学出版社 1981 年版，第 324 页。

无论是卢梭、杜威还是布鲁纳，他们关于教师作用的理解都是时代发展的产物，都与当时有关教学的认识或研究成果密切相关。毫无疑问，随着时代的发展，人们对教学的认识和研究也在发展，进而对探究学习提出不同要求。当前，学者们较认同社会建构主义学习观，认为它更好地解释了人是如何学习的。根据社会建构主义学习理论，教师应对学生的学习和建构活动提供帮助或合作，在探究学习中发挥引导作用。社会建构主义的代表人物维果斯基认为，人的心理机能有高低之分，儿童心理发展的过程，就其实质而言，是在社会文化的参与下，通过内化，由低级心理机能逐渐向高级心理机能转化的过程。由此向我们陈述了这样一个基本法则：儿童的新能力最先在与作为文化载体的成人的合作中表现出来，然后内化为儿童心理的一部分。这种在合作中建构起来的共享的能力指向儿童内部个人能力的形成区域即"最近发展区"。所谓"最近发展区"，即指儿童在成人指导和帮助下能达到的水平与他在独立活动中能达到的水平之间的差距，这个差距就是儿童的最近发展区。最近发展区是一个非常敏感的动力区，处在这一区域中的儿童在"跳一跳"的情况下就可以达到一个相对稍高于他本人的现有发展水平。具体到教学中，维果斯基的理论要义就是，"教学应该走在发展的前面"，学生在教师的有效引导下才能得到最佳发展。换句话说，任何教学都离不开教师的引导。显然，在探究学习这种学生自主程度较高的学习中，要想达到预期效果，促进学生最佳发展，充分发挥教师的引导作用更是非常必要的。

一、探究学习是一种建构性活动

在社会建构主义学习理论看来，探究学习作为一种主动的学习方式，与传统接受学习的重要区别在于，它把探究看成是一种建构性的学习活动。其基本原理是：学习不仅仅是一种信息的传递和接收，它首先是一种知识的自我建构过程，它发生于我们日常的问题解决和工作劳动中。尽管探究学习与传统学校学习的重心——知识传递有一定的联系，但它不是消极的被动接受，而与知识、技能的主动自我建构以及能力发展有着更为密切的联系。因此，探究学习的目标不仅仅是知识的掌握，更重要的是发展问题解决能力、判断推理能力以及批判思维能力（即积极主动的反思、运用知识和自我调节的能力），此外，学会学习即学习过程本身也是学习目标和教育目的。那么，探究学习作为一种建构性活动，要实现这些目标，其重要条件或者重要特征是：

（一）支持多种表达观点的角度和方式

探究学习注意培养学生的创造性思维，鼓励学生从自身经验出发大胆表达观点。由于每个学生原有的认知结构、知识经验和信念是不一样的，因此，针对同一问题，他们的理解与答案可能有多种甚至完全不同。这就要求教师在教学过程中应激发学生学习的主动性，鼓励学生探究各种复杂和真实的问题，承认学生以自己的方式理解事物意义的合理性，并充分尊重学生的不同看法和多种问题解决方式。然而，在实际教学过程中，并非所有的问题都是开放性的，并非所有的争论都是同样有效或同样合理的。因此，在面对有明确答案的问题时，教师不能一味地任由学生提出新奇观点；当学生为一个简单问题作无谓争论时，教师应做出正确引导，帮助学生超越最近发展区，实现更高的思维水平。

（二）鼓励学习过程中学生自主

在传统接受学习中，学生被动地接收教师传递的知识，而探究学习则强调学生在学习过程中扮演主动建构者、"主要决策者"的角色，决定学习事件何时、如何发生。在这个过程中，教师只在必要时创设情境、提供资源、给予引导，而非充当控制者的角色。但这并不意味着探究学习中教师的地位有所下降，相反，要让学生有效地建构知识，要使探究学习达到更好的效果，教师的作用尤为重要。因为，教师若没有给学生提供一个与学习任务有关的合适的学习情境，若在必要时没有给予学生适时的引导，学生就不能快速地跳出原有认知结构的局限实现思维水平的超越，也就无法有效地建构知识。可以说，没有教师引导的学生自主是低效甚至无效的自主。

（三）培养学生自我知识建构的意识

所谓"知识的自我建构"，是指学生在学习过程中通过同化或顺应，激活原有知识，重建新知识的主动获取知识的过程。探究学习作为一种建构性活动，它鼓励学生自主，注重培养学生独立思考和自我知识建构的意识。然而，由于自身经验不足，学生在探究学习过程中不可避免地会遇到一些困难，这就需要充分发挥教师的作用。当学生存在认识偏差或错误时，教师不应全盘否定，而应引导学生去思考，发现错误之所在；当学生思维受阻时，教师要给予充分鼓励，也可以从另一个角度重新提出问题或提供辅助性的问题，帮助他们克服思维障碍；当学生经过思考得出正确结论或新解法时，教师要给予学生肯定性的评价。若教师只顾自己表演，对学生的课堂表现不闻不问，会无形中扼杀他们的创造欲望，更谈不上培养他们自我知识建构的意识。

（四）重视学习过程

学习过程围绕认知、情感和元认知这三种基本学习功能的实现而实现。其中，认知学习功能主要包括"寻找先前遗漏的知识"或"寻找先前学习的知识与新知识、技能之间的联系"，"实践和应用"，"总结新知识和技能"或"思考未来的应用和迁移范畴"；情感学习功能主要包括"寻找挑战"或"组合不同的目标和计划"，"增强动机和自信"，"奖励"或"对学习结果进行归因"；元认知学习功能主要包括"学习目标的定位"或"学习时间、顺序和地点的规划"，"诊断造成失败和困难的原因"，"评价学习过程和结果"。传统学习主要强调认知功能，重知识传递，而探究学习注重学习过程，强调认知、情感和元认知三方面功能的实现。因此，探究学习中，教师在设计教学目标时应兼顾认知、情感和元认知三种学习功能，在进行教学评价时应兼顾学习过程和学习结果，不能只强调其一而忽略其他。

从上述特征来看，探究学习作为一种建构性活动，并非简单地指让学生自己动手操作，教师可以坐视不管，相反，在学生进行自我建构知识的过程中，自始至终，教师的作用都非常重要，可以说，没有教师的引导，就无所谓学生的建构。

二、探究学习是一种情境性活动

社会建构主义认为，学习总是与一定的社会文化背景相联系的，是在某种具体情境中进行了的，具体情境有利于学习者对新知识的意义建构，有利于学习者用真实的方式应用所学的知识，也有利于学习者的学习迁移，从而有利于长期维持学习的积极性。"体验一种相关的新知识与直接告知这种相关的新知识完全不同"，[1] 因此，探究学习作为一种情境性活动或情境性学习，其学习的目标是"创造意义"或理解、应用特殊知识和技能的过程，教师的教学设计应包括一些实践训练活动、模拟思考实践活动以及相关领域的实践运用活动，学生需要参与校内校外的各种不同类型的实践活动。

探究学习作为一种情境性活动，其要义在于如何区分教师和学生的角色。在传统学习环境中，教师掌控学习过程，学生简单地执行命令。在这种环境中，学习不包括实践领域，因此也就是非情境化的；学生不能独立学习，因为缺少能够让他们依靠自己的实践活动来完成学习的相关环境。与传统学习环境相比，探究学习，其学习过程倾向于更加高度情境化，学习者能够依靠自己的学习活动和相关领域的知识技能的实践运用活动达到一个更高程度的学习水平，学习过程的主要责任由教师逐步转向学生。其中，教师的职责是模拟学习过程和技能，监督学生学习、思考和组织活动，提供元认知学习策略指导，激励学生反思自己的学习活动，学生的职责是自我调节，自我规范。也就是说，传统教学环

---

[1] 李永健、何克抗：《认知工具：一种以多媒体计算机为基础的学习环境教学设计的新思路》，《北京师范大学学报》1997 年第 2 期。

境中对教学过程的外部控制，被学习者通过自身调节实现的对学习过程的内部控制所取代。

在探究学习中，情境越丰富、越真实、越相关，就越有利于学生的学习。换句话说，更大程度地强调探究学习的情境性有利于学习结果发生更大程度的迁移。然而，这种环境、情境的创设是学生自己没法完成的，而是需要教师来完成。因此，在探究学习过程中，教师的任务是引导学习情境，以利于学生的知识建构。也就是说，教师应创造与学习有关的、尽可能真实的情境，激发学生的联想思维，使其能利用自己原有认知结构中的相关经验去同化当前学习的新知识，由此在新旧知识之间建立联系并赋予新知识以某种意义。这使得学生利用自己的知识经验作为资源，加上教师提供的环境、任务及条件的辅助作用，去主动地进行知识建构，这种围绕一定情境进行自我探索的学习方式大大提高了学生学习的自觉性，既充分体现了学生的主体作用，又发挥了教师的引导作用。

三、探究学习是一种社会性活动

根据维果斯基的社会建构主义理论，"学习是一种社会性过程"，而不仅仅是个体内部的心理活动。其含义是，知识是由一群学习者或一个团体创造的一种社会性观念，个体的学习受社会活动参与的影响，学习是社会情境性的，因此，学习是一种社会性过程。"学习是一种情境性活动"与"学习是一种社会性活动"都强调社会环境或"社区团体"的重要性。"学习是一种情境性活动"这一观点强调相关知识和技能在具体环境中的实际运用，而"学习是一种社会性活动"强调团体中各成员之间的合作。参与团体活动要求团体中各成员之间的相互作用，因此，学习一些诸如交流、协商或谈判等社会技能显得尤为重要，因为这些技能是知识建构所必需的。也就是说，学习者们必须一起合作完成学习目标。探究学习正是这样一种社会性学习或社会性活动。

探究学习作为一种社会性活动，其要义在于不同学习者形成一个彼此紧密联系的探究共同体。也就是说，探究学习不仅仅是一种个体独立的活动，而且是一种需要学习者之间合作完成的活动。合作学习的倡导者约翰逊（P. Johnson）认为不同学习者之间的关系在三种不同的学习环境中形成，那就是竞争性的、个体性的和合作性的学习环境。在竞争性学习环境中，一个人的学习明显只对他自己而不对同伴有益，学习者之间实际上是相互竞争的关系；在个体性学习环境中，人们的学习明显只对他们自己有益，而与其他人的学习毫无关系，学习者有其独立的、个体的职责；在合作性学习环境中，每个人的学习想方设法对团体中的每个成员产生益处，学习者之间保持合作伙伴的关系。在传统学习中，学习者之间的关系大多是个体性的，有少数是竞争性的，而在探究学习中，学习者之间的合作性关系得以强调。

在探究学习中，学习者之间也存在个体性的关系，但应消除不利于探究的竞争关系。竞争性环境中的学习，不符合"学习是一种社会性活动"这一原理。探究学习中，学习者根据自己的经历与现有认知水平，从不同的角度或经历对问题解决发表不同的看法，有利于知识的建构与理解。当然，这并不意味着学习环境中不需要任何竞争，事实上适当的小组与个人之间的竞争，有助于调动探究学习的积极性和潜能。比如，约翰逊争论道，社会团体之间的竞争与社会团体内部的竞争结合起来效果会非常好，但同时他们强调，"课堂上，竞争活动开始之前，无论怎么强调合作都不为过分"。因此，在探究学习中，学习者之间的合作关系非常重要，因为合作学习能够促进知识的共同建构与分享，反之，没有合作的竞争会妨碍知识的共同建构与分享。

可以说，探究学习作为一种社会性活动，它要求学生开展合作学习。其基本原则是：（1）建立积极的互赖关系；（2）形成个体独立的责任感；（3）鼓励直接交往；（4）力求发展社会和交往技能；（5）评估小组成果及学习过程。其中，第四个原则非常重要，因为社会学习技能（如从别人那里听取和向别人解释事物）是学习者之间实现充分合作的基础。

只有在分析探究学习的上述三种本质规定性之后，我们才能更清楚地理解为什么教师在探究学习中要发挥引导作用。首先，探究学习作为一种建构性活动，这种建构是学生自己的建构，而由于学生的认识水平有限，他们并不一定能够完全理解人类积累的学科知识或文化，因而需要教师的引导。可以说，没有教师的引导，仅凭学生自己的建构，很难理解学科性质，即使能也十分低效。其次，探究学习作为一种情境性活动，是在一种真实的社会情境中进行的，而这种情境的创设需要教师来帮助或引导完成。最后，探究学习作为一种社会性活动，虽然更多的是强调学生之间的合作关系，但同时它也强调教师在学生合作学习过程中的组织、引导作用。其主要表现为两方面：一是作为学生学习的同伴，协同学生一起参与学习活动，和学生一起讨论问题、分析问题，提供自己解决问题的策略，供学生讨论、评判；二是组织学生合作学习，加强学生之间的对话，开展讨论与交流，并适当提问以引导学生深入思考和理解，启发诱导学生自己去发现规律、评判和纠正错误。这样，学习者个人的策略与方法就为全体学生所理解和接收，共同实现对所学知识的意义建构。

第三节 探究学习中教师引导作用的表现

探究学习中教师如何发挥引导作用，把学生引向何方？教师要发挥引导作用，首先面临的一个问题就是引导的价值取向，即往哪里引，或者说引导作用的表现，即从哪些方面进行引导。"就教育本身来说，它至少有三个要素，即：教育者的有目的活动、教育资料、教育对象。其中，教育者活动的目的产生于对社会需求的选择，归根到底受社会需求及社会条件制约；教育资料源于文化；教育对象是有待培养的人。这样，至少可能产生（事实正是如此）三类教育价值取向，即：'社会本位'教育取向、'儿童本位'教育取向与'文化本位'教育取向。"①换句话说,教育为了什么? 教育就是为了人类科学文化的创新、学生的发展以及社会的进步。这三种价值取向对任何形式的教学活动都有导向作用,它也为探究学习中教师的引导作用指明了方向。

一、引导学生理解学科性质

学生总是在原有知识基础上认识新知识或世界的,这些原有知识很多是在日常生活中形成的,与科学或学科对世界的解释不同,即科学与常识的区别。科学与常识的区别,学生不能自发辨别,需要教师的引导,这样才能学会以学科特有的概念与思维方式思考问题,获得发展。

(一) 引导学生理解学科性质的必要性

无论作为思想层面上的一种观念还是作为具体层面上的一种方法,探究学习始终是围绕各门具体学科进行的,其一个重要目的是帮助学生理解与掌握学科探究方式。而弄清学科结构,理解学科性质是掌握学科探究方式的根本。并且,探究学习作为一种建构性活动,由于学生自身经验的限制,他们所建构的知识可能只是常识,而不是科学知识,因此,教师引导学生理解学科性质,达到科学的认识水平是非常重要的。关于学科结构或性质的重要性,历史上有不少学者曾经论述过。

布鲁纳强调学科结构,承认学科基本结构的普遍适应性,认为"任何学科都能按照某种正确的方式,有效地教给任何年龄阶段的任何儿童。"因此,他认为,"不论选教什么学科,务必使学生理解学科的基本结构。"② 在布鲁纳看来,一般迁移所依赖的就是学科基本结构,学生一旦掌握了基本结构所包容的概念、原理,就完全可能把它迁移运用到学习新知识、解决新问题的过程之中,这样,对于在变动不居的新问

---

① 陈桂生:《教育原理》第二版,华东师范大学出版社 2000 版,第 186 – 187 页。
② 杨启亮:《困惑与抉择:二十世纪的新教学论》,山东教育出版社 1995 年版,第 208 页。

题和新情境，也就完全可能应付自如。正因为认识到了学科结构的重要性，布鲁纳才倡导"探究—发现"的方法，鼓励学生自己去发现学科结构，成为"发现者"。尽管布鲁纳的思想带有偏狭性、主观性，也由于忽视教师的引导作用，其倡导的课程与教学改革以失败告终，然而，他以学科结构促认知建构的主张无疑是正确的，值得我们借鉴和学习。

如果说布鲁纳的发现学习侧重结构课程的内容，那么，施瓦布的探究学习就是侧重学科结构的教学过程的方法。施瓦布从现代科学本质研究的高度，把探究的科学与探究的教学结合起来，对"学科结构"概念作了相当深入的探讨。他认为"学科结构"概念有三重含义，要弄清这三重含义，就要回答三组互相区别又互相联系的问题。第一组问题是"学科的组织"问题，即某学科在同类学科中的地位问题，回答这组问题有助于确定课程的内容范围以及各门学科之间的相互关系。第二组问题是"学科的实质结构"问题，即特有的概念与原理体系，解决了这组问题也就确定了每一门学科的具体内容和教学顺序。第三组是"学科的句法结构"问题，即特有的研究方法，弄清了这个问题，也就弄清了一门学科的基础知识和选择教学内容的基本标准。施瓦布之所以重视学科结构，是因为，在他看来，科学方法与具体专业不可分，所有科学探究都受到概念结构的指导。也就是说，当前的科学理论与概念支配着现象的调查研究。施瓦布把智力活动产物称为学科的基本结构，认为正是基本结构决定着什么数据是相关的，还进一步需要什么数据，以及应开展什么实验。在施瓦布看来，只有把方法与内容、推理过程与科学理论密切联系起来，科学才能进步。因而谈论将科学方法应用到专业背景之外，不再是谈论科学。

举例来说，科学课一定要体现科学的本质特点，要培养学生的科学素养。而科学的本质特点之一是实证性，如果科学课违反科学的实证性，那就是"伪科学课"，不但不能培养学生的科学素养，反而把学生

领入伪科学的歧途。比如,有教师在执教《云和雨》[①] 时:

师:刚才根据天空中云的多少区分了晴天、多云和阴天,知道天上云多了就会下雨。你还有其他想研究的问题吗?

生:老师,晴天我们能看到太阳,下雨天却看不到。下雨时太阳去哪儿了?

师:这个问题提得很好,老师也想知道,谁能告诉大家?

生:太阳下山了。

生:太阳睡觉了。

生:太阳去别的国家了。

生:太阳还在天上。

师:你们认为谁说得对?大家讨论一下。

生:我们认为太阳还在天上。因为下雨是云引起的,太阳比云高,所以下雨时太阳还在天上。

师:你们说得真好,老师也是这么想的。你们还有别的问题吗?

从这一教学片段来看,学生的回答有的与自己亲身经历有关,折射出独特的思考,有的根据云层的高低作推理,有一定的深度。这些解释与猜测富有诗意和童趣,也符合逻辑。若能处理得当,是很好的"意外收获"。但教师囿于以往常识教学为本的旧观念,满足于学生的分析和答案,不见证据就盲目下结论,抛弃了科学的实证意识。我们知道科学史上有许多著名的猜想和推理,但因为找不到确凿的证据和事实,猜想终究是猜想,推理终究还是推理,成不了科学结论。如果这位教师能继续引导学生深入探究,为假设寻找支撑的证据,那么将对学生形成良好的科学素养产生深远的影响。

---

① 章宝华:《关注课堂细节,体现科学课特点》,《贵州教育》2007年第8期。

（二）引导学生理解学科性质的方法

怎样才能更好地引导学生理解学科性质呢？应当说，有很多方法，这里我们仅结合学科史的渗透来谈。鲁迅先生认为："治学要先治史。"可以说，学科史对于理解学科性质、改善教学效果，有着非常重要的价值。就拿数学学科来说，数学史之于数学教学的价值，早在19世纪就被一些西方数学家所认识。后来数学史与数学教学关系国际研究小组（HPM）研究得出，数学史的教育价值在于激发学生学习兴趣，引导学生把握和了解数学家们的原始思想，感悟数学思想的魅力，从而更好地理解数学学科的本质，因此，数学史和数学教学的结合已是一种必然趋势，无论是从数学史的功能、数学史的教育价值还是数学史的审美观念等各个层面来看，把数学史当成教学的手段和工具还是把数学史当成数学知识教学的一部分都是应该的。[1] 再比如，科学史与科学课程的整合既是基础科学教育改革的关键，也是国际科学教育发展的主要趋势。因为，科学史能揭示科学的本质。科学史研究表明，科学本质不是存在于科学的成果内，而是存在于科学发展的过程中，了解科学史，可以让学生理解科学的本质特征。[2] 法国科学家朗之万（P. Langevin）曾指出，"在科学教育中加入历史的观点是有百利而无一弊的。"[3]

那么，具体到探究学习中，教师应将学科史融入探究学习之中，引导学生学习学科史，进而更好地理解学科性质，否则，探究只停留在表面而难以深入，学生通过探究活动获得的知识也难以迁移。比如数学学科，其给人的印象是：逻辑性强，关于图形和数量的精确运算、有关定义和抽象概念的严谨体系。但数学史告诉我们，数学在其诞生之初，充

---

[1] 冯振举、戴丽丽：《国际HPM的发展历程及启示》，《西北大学学报（自然科学版）》2005年第5期。
[2] 刘超：《科学课程与科学史的整合模式》，《教育理论与实践》2009年第1期。
[3] 冯玉钦、张家治主编：《中国科学技术史学术讨论会论文集1991》，科学技术文献出版社1993年版，第183页。

满着浓重的生活常识的痕迹,既不神秘也不严谨,没有一点形式逻辑的印记,并不抽象、严谨和理性。例如,用算筹的不同颜色来区分正负数;最初的计量单位都和人体器官有关;等等。如果没有这些数学史知识,没有正确的数学教学观,教师不仅不能很好地引导学生进行数学探究学习,反而容易使学生对数学产生误解甚至学习障碍。相反,如果教师自身认真学习数学史,引导学生理解数学内容的形式性和数学发现的经验性,积极关注学生生活经验的现实,寻找数学知识的逻辑源头,领悟其间的数学过程和思想方法,使得数学探究能够顺应生活事理的逻辑走向,学生的学习就可以像呼吸一样自然和朴素。正如,有教师在执教"乘法的初步认识"[①] 时,在引导学生认识了"相同加数的加法"后,要求学生解决问题:"一张桌子上放着两台电脑,9张桌子上放着多少台电脑?"学生马上列出了9个2相加的算式。但在写算式的过程中,学生情不自禁地用了很多辅助性动作,有的一边数2的个数一边写算式;有的先连写几个2相加,然后停下来数还缺几个2,接着再写。这些小动作说明学生已经感受到了写法的麻烦,在此基础上,教师要求学生思考能否把算式写得简单些。不就是写简单吗?学生调动相关经验,写了三四个2相加,然后在算式后面加上了"……""等等"。"新写法虽然简单了,但看不出有9个2相加呀,那么办?"通过交流、探究,学生把"……""等等"擦去,直接把算式圈了起来,外面标上"9个"。最后要求学生思辨:新写法中能不能把"9个"写成"10个、15个"?能不能把"2"写成"6"或者其他数?至此,乘法的意义水到渠成。这位教师在教学时虽没有呈现显性的、事实性的数学史实,但却努力用浅显的情境去凸显数学思想的深刻内涵,使得数学教学焕发出思想的光芒。

[①] 蔡宏圣:《数学史:从象牙塔到小学课堂》,《课程·教材·教法》2009年第12期。

二、引导学生实现最大发展

促进学生发展是教学的重要目标,学生的发展并不能随着知识的传递而自然获得。根据社会建构主义理论,发展需要合适的时机,尤其需要把握学生的最近发展区。探究学习中学生提出的感兴趣的问题,实际上暴露学生的最近发展区,教师应当敏锐地觉察和利用。

(一)促进学生最大发展是探究学习的根本目标

教育是一项培养人的活动,教育教学的最终目的是为了人的发展。正如有学者所说:"对于教育目的的确定,唯一需要把握的教育精神乃是教育是专门培养人的事业,它的唯一出发点是人的发展,它的最高鹄的只能是人的完善。"[1] 当今特别是新课改以来,人们越来越注重学生的主体地位,学生的发展成了教学关注的焦点,如何促进学生的最大发展也是教学首要考虑的问题。不仅现实如此,历史上也有不少学者注意到引导学生实现最大发展的重要性。

前面说过,维果斯基提出了"最近发展区"理论,认为至少要确定学生的两种发展水平。第一种水平是"现有发展水平",指已形成的心理机能,即学生在独立活动中所达到的解决问题的水平;第二种是"潜在发展水平",指正在形成和发展的心理机能,即在有指导的情况下借成人的帮助所达到的解决问题的水平,这两种水平的差异就是"最近发展区"。教学创造着最近发展区,儿童第一种发展水平与第二种发展水平之间的动力状态是由教学决定的。根据上述思想,维果斯基提出"教学应当走在发展的前面","教育学不应当以儿童发展的昨天,而应当以儿童发展的明天为方向。"[2] 也就是说,教学可以定义为"人为的发展",教学决定着学生智力的发展,这种决定作用既表现在智力发展

---

[1] 王坤庆:《精神与教育:一种教育哲学视角的当代教育反思与建构》,上海教育出版社2002年版,第224页。
[2] 吴文侃主编:《当代国外教学论流派》,福建教育出版社1990年版,第4页。

的内容、水平和智力活动的特点上，也表现在智力发展的速度上。教学的本质特征不在于训练、强化已形成的心理机能，而在于激发和促进目前尚未成熟的、处于最近发展区的心理机能。这一理论旨在表明，教学过程中，教师应通过评估、选择学习活动、提供教学支持等来帮助学生成功地通过最近发展区，引导学生实现最大发展。评估是指教师在进行教学时，首先应该检测学生对某一问题的理解能力，包括推理能力、背景知识、认知兴趣等，以确定儿童的最近发展区；选择学习活动的目的在于使学习任务能适应学生的发展水平，而不至于过难或过易；提供教学支持即通过搭建"脚手架"来支持学生的学习。

（二）通过预设与生成相结合促进学生的最大发展

在探究学习过程中，教师要引导和促进学生的最佳发展，需找准学生的最近发展区。既要立足学生的实际，期望值不能过高；又要满足学生的需要，引导学生实现最大发展。在探究学习中，教师应处理好预设与生成的关系，既能使教学有序而有效，又能让学生的自主性、创造性得到充分发挥。

1. 立足生情和学情，确立尊重学生发展的三维目标

三维目标中知识、技能是发展的基础，过程、方法是发展的途径，情感、态度、价值观则体现发展的方向。它们相互依存，相互制约，相互促进，统一在整个探究学习过程之中。可以说，有效的探究学习，始于期望达到的目标。因此，在探究学习中，教师应把握生情和学情，有效预设。以《一千张糖纸》[①] 一课为例，教师在设计教学时，首先从学生已有的对人与人之间的处事之道的理解等经验出发，分析学生学习过程中可能存在的困难与障碍，确定通过本课堂教学所要实现的促进和提升学生的发展需求，进而在透彻分析生情、把握教材的基础上，确立了以"知道排比的作用，能模仿课文相关段落，运用排比句式写一段话"

---

① 徐跃进：《以最有效的教学促进学生的最大发展：有效教学行动策略探索》，《上海教育科研》2008 年第 9 期。

为知识与技能目标，以"对关键段落的品读、赏析和探究"为过程与方法目标，以"体会文中'我'与世香的内心感受，探究、理解诚信的重要意义"为情感、态度与价值观目标。在这三维目标中，知识中有情感，能力中有方法，过程中有价值取向，使教学目标价值的实现贯穿于教学过程的始终，从而充分体现教学的基本价值，促进学生全面、和谐、最佳发展。

2. 注重学生体验，有效整合生成性教学资源

探究学习过程是一个生成性的动态过程，有着一些我们无法预见的因素和情境。因此，探究中经常会出现一些与之前预设不一致甚至相矛盾的意外情况，或许在这些意外中就蕴含着许多有价值的教学资源。这时教师可以不拘泥于预设的教案，因势利导，及时改变预设的程序，让预设和生成共振和谐。比如在"卤族元素的氧化性"[①] 探究实验中，在做淀粉–KI 溶液与氯水的反应时会有学生多加了一些氯水，出现了先变蓝后褪色的现象，但褪色涉及的反应显然不是课程标准所要求的，碰到这种情况该如何处理呢？教师可抓住这一生成性资源，先让学生猜想可能的原因，给他们充分的时间思考、讨论，然后引导学生通过实验来探究。考虑到时间因素及学生的知识盲区，先提出两种可能的原因引导学生：一是氯水有漂白性，蓝色物质被过量的氯水漂白了；二是过量的氯水把单质碘进一步氧化了。然后，大胆让学生设计方案并实验验证，这时学生会想出很多方法，比如再加入单质碘，看是否变蓝；再加入淀粉，看是否变蓝。备课时教师可能并没考虑这些，所以预设的教学内容没有完成。但随后学生都很投入，会处于一种积极的思维状态中，将会成为探究过程中最精彩的部分，即让学生通过"真实经历"完成了新的探究活动，有针对性地提出问题、建立假设、获得事实与依据、总结与交流，加强了科学思维过程的体验，培养了科学精神和科学方法。

[①] 文庆城、范斌：《谈化学探究学习中的预设和生成》，《广西教育》2007 年第 3 期。

三、引导探究活动顺利进行

引导学生理解学科性质及引导学生实现最大发展，都有赖于探究活动的顺利完成，否则犹如纸上谈兵、空中楼阁。有学者认为，科学探究类似于认知心理学的产生式系统，学生完成探究的每一步骤不仅取决于相关知识和技能，还取决于先前步骤的完成质量，如果在教学中一旦某个探究环节失败，下面环节也会失败，这样的连锁反应容易挫伤学生的探究热情。[①] 因此，在探究学习的各个环节中给予适当引导，使得学生少受挫折，让探究活动能够持续进行，实为教师应当发挥的重要引导作用。由于不同学科的探究过程不一样，这里不能一一说明，下面我们以理科为例，分析教师在探究学习各环节中的引导作用。

（一）提出问题中的教师引导

根据问题产生主体的不同，探究性问题有三种来源：一是直接由教师、教材或其他途径给定；二是学生从所选材料或情境中得到启发而提出；三是学生自己直接提出。无论哪种问题来源，都必须激发学生认识冲突，否则他们没有探究的动力。而且，就学科教学而言，课本中的概念和原理，不可能完全通过学生的偶然提问来学习，主要还是依靠教师将它们寓于问题情境之中激发学生探究学习。前面说过，教师为激发学生认识冲突，在创设问题情境存在过难或过易的问题，因此，这里介绍几种自然科学学科探究学习如何设置问题情境的方法。

1. 利用矛盾事件

矛盾事件是指那些使学生感到迷惑不解的现象，学生不明白其发生的原因，迫切地想对它做出解释，从而引发探究学习。教师可采用语言叙述、演示等方法呈现矛盾事件。如学习伯努利（Bernoulli）原理时，可采用下面的演示来形成探究学习的问题。演示前，教师可先问学生：

---

① Germann P. J., "Developing Science Process Skills Through Directed Inquiry", *The American Biology Teacher*, 1991, 53(4).

当把一只用绳子吊着的乒乓球放到自来水上，预测会发生什么情况。学生提出自己的看法后，教师开始演示，学生看见乒乓球被"粘"在水流上，教师重复演示，把球从水流"拉"开后又放到水流上，让学生看到乒乓球被快速流动的水所吸引。教师边作演示，边要学生说明他们观察到的结果。学生可能都说看见乒乓球被"吸"或"粘"在水流上。接着教师可以问这样的问题：如果让乒乓球慢慢靠近水流，你们认为会发生什么变化呢？有些学生回答说："我认为水流会把乒乓球推开。"教师可以继续演示，并要求学生预测如果把水龙头开到最大，乒乓球和水流之间的吸引会发生什么变化。演示结果与学生预测的矛盾会激发学生认知冲突，想弄明白为什么会发生这种情况。教师可引导学生进一步明确问题所在，即流动物体所造成的大气压力变化，并对这个问题进行假设和检验时，便开始了进一步的探究学习。许多科学概念和原理如运动定律、引力、密度、真空等，与学生的日常经验相反，都可用矛盾事件来引起探究学习。

2. 利用现实生活中的真实问题

现实生活中的问题是具体的、情境的、生动的，不同于科学和数学教科书中的计算或运用问题，不能简单使用现成公式来解决，因而常常引起学生的强烈兴趣，激发他们的探究欲望。生活中的问题相当广泛，教师可根据它们与所学知识的联系加以选择利用。比如，下面这个"农夫的难题"可用在地理课中，促使学生探究泥土所具有的小孔与渗透性之间的关系。见克感到迷惑不解：他和他的家庭在农场工作近50年，在这期间他注意到，每当暴风雨过后，小溪一边的农田总是被洪水淹没，毁坏他的庄稼，而小溪另一边的农田很少发洪水。但两边农田在大小、农作物和坡度等方面看起来相同。贝克也无法解释为什么发洪水一边的农田，在夏天比不发洪水那边的农田需要的浇灌少。最后他被好奇心所驱使，给就近的农业专家打电话，要求他来检查土质，告诉他为什么一边比另一边易闹洪灾和需要的灌溉少。专家作了一些检测后说：

"贝克先生，答案很简单。看看这些泥土样品，我将给你解释原因。"专家从泥土样品里发现什么结果呢？

3. 从归纳活动中发现问题

归纳法是逻辑打理的一种方法，它可用来为学生提供一种发现概念或原理的学习情境。这种方法使学生首先接触某种观念的特征与事例，然后给观念命名并引起讨论。在某种意义上说，这是一种"经验先于词汇"的学习方法。这种策略与演绎法相反，运用演绎法时首先给出观念的名称和解释，接着让学生体验观念的特征或事例。比如，在课堂上提出或讨论自然选择理论之前，让学生获得有关感受，便是归纳法在生物学运用的一个例子。可通过下面室外活动来进行：告诉学生他们将扮演小鸟，有机会在外面捕食昆虫。为开展这项活动，教师把红色和绿色小物体各200粒撒在学校操场的草地上。这些小物体可以是染色后的玉米或珠子之类，要给学生发出开始或停止捕食的信号，捕食时间为几分钟。学生要起立行走，每次弯腰只能拾起一粒小物体。学生要走两步再拾起另外一粒物体。学生回到教室后，在黑板上列表统计数据，显示"红色昆虫"和"绿色昆虫"被吃掉的总数。数据表显示出每次间隔被吃数、被吃总数、剩余百分比。

可以问学生："昆虫的数量发生什么变化？"考查数据后，学生会回答说，红色昆虫比绿色昆虫被吃掉的多。他们认识到这是由于昆虫的颜色和草地的颜色造成的。红色昆虫显而易见，因此比绿色被吃掉的快。作为这种归纳活动的结果，学生现在对自然选择的颜色方面有一些看法——颜色能使某些物种伪装起来，另一些物种暴露给天敌。

（二）猜想和假设中的教师引导

猜想和假设是探究学习的重要环节，因此，教师应积极鼓励学生猜想。然而，若是一味放手让学生猜想，教师不作任何控制，通常就会发生这种情况：学生胡乱猜想，漫无边际，怎么猜也猜不到点子上。

1. 引导学生直觉猜想。例如讲压强时，设计实验让男女两位同学比赛顶棍子,看谁能承受住,由于女同学顶的一端粗,女同学赢了。女同学为什么能赢男同学呢?目睹情景自然会产生猜想,压力作用效果不仅跟压力的大小有关而且与受压的面积有关。

2. 引导学生因果猜想。培根认为凡事必有原因,分析事物的因果联系,才能做出正确的判断和推理。牛顿正是从寻找"苹果为什么总往下掉而不往上飞"这一问题的结果出发,发现了万有引力定律和其他一些重要的物理学定律。在探究过程中利用因果联系进行猜想的方法是:根据问题寻找实例→分析实例的共性或特点→提出猜想。例如在探究"声音是怎样产生的"时,先让学生搜寻事实:平静的湖面和滔滔大河,哪种情况下能听到水声?有风和无风哪种情况下能听到树叶的沙沙声?……然后引导学生分析这些实例的共性,进行猜想和假设。

(三) 制定计划和设计实验时的教师引导

制定计划与设计实验是科学探究过程中的重要环节。它要求探究者从操作的角度使猜想与假设具体程序化,为探究的具体实施做出规划。那么,教师应采取何种适合的方法,有的放矢地引导学生制定计划和设计实验呢?

1. 引导学生考虑影响问题的主要因素,形成控制变量的初步意识。制定计划与设计实验研究问题,需要考虑影响问题的因素,以便确定观察、测量对象等事项。有些问题是由多个因素共同造成的,即一个因变量对应着多个自变量,要确认每个自变量与因变量的关系就要控制其他变量的变化。这就需要教师引导学生尝试采用列举和归类的方法,寻找影响问题的因素,对表面不同、本质相同的因素进行归类合并,设计实验,并尝试区分影响问题的主要因素和次要因素。

2. 引导学生选择解决问题的最佳方法。探究的方法包括观察、实验、资料查询、调查访问等。针对不同的教学内容需选择相应的最佳方法。如果问题涉及的是自然现象,一般选用观察法,如日食、月食、天体的运动,河水的流动及对河岸的冲刷,鸟的飞翔、鱼的游动与它们的体形等。如果问题涉及的现象不易被直接观察到，则需通过实验法获取信息，如白光是单一的吗？可用三棱镜进行分光实验。

3. 引导学生选择实验所需器材。探究常用实验法，因而存在选择器材的问题。于是，可以让学生在制定计划时思考并确定所需器材，然后再从安全性、减小误差、方便操作等方面来考虑器材的规格等问题，形成从多方面因素选择实验器材的意识，逐步提高学生选择器材的能力。此外，要提倡学生选用日常生活中常见的器材作为实验器材的代用品，特别要提倡改制和自制器材。因为在真正的科学研究中许多器材事先根本没有，是随着实验的需要而研制的。

（四）进行实验和收集数据中的教师引导

科学事实是检验科学结论的重要标准，数据是进行科学分析的依据，因此收集和分析实验数据非常重要。教师应引导学生认真分析进行实验与收集数据时的偶然失误，从具体事例中看出严重后果，加深学生对数据收集的重要性的认识。

1. 引导学生通过观察、实验和公共信息资源收集数据。通过观察收集数据时，要有明确的目标、要明确收集的内容以及收集信息的时间。比如在做奥斯特实验时，要观察的目标是：导线下的小磁针。要收集的信息内容是：在导线中有电流时，小磁针是否偏转；电流方向改变时，小磁针偏转方向怎样。收集信息的时间是：接通电流的瞬间。同时，教师要引导学生通过图书馆、阅览室、博物馆、展览馆、广播、电视和互联网等公共信息资源收集资料，为探究活动做准备。

2. 引导学生正确使用实验器材和正确记录实验数据。要正确记录实验数据，应具备下列条件：（1）正确动手操作实验仪器并正确观察仪器读数；（2）辨别仪器的测量范围和最小分度值，正确读取示数；（3）事先设计并绘制好用于记录数据的表格。例如：在伏安法测电阻的实验中，要先设计好表格便于填入电压表与电流表的示数和计算电阻，连电路时，将电压表与电流表的正负接线柱连接正确并选好量程，看清两表的分度值，然后闭合开关进行实验。

（五）分析和论证中的教师引导

分析论证是科学探究中必不可少的，只有对实验和数据进行分析与论证，才能得出具有普遍意义的科学规律。具体来讲，教师可从以下几方面引导学生进行分析和论证。

1. 引导学生克服"定向"作用的影响。由于探究学习中的情景呈现往往在呈现前有明确的问题引导，暗示情景将起的作用，且情景的结果往往具有验证性。这就使得学生在分析论证一些规律和现象之间的因果关系时，思维过程并不完备，甚至会削弱对直观感觉材料的理性分析。如在做"验证机械能守恒定律"实验中，实验结果是重力势能的减少量总是大于动能的增加量，由于实验的目的"定向"作用，许多学生往往不能以科学的态度对待这一"意外"结果，根本不分析其中的原因，有的甚至偷梁换柱，拼凑数据，以迎合实验目的——"守恒"这一结论。因此，引导学生克服"定向"作用，以科学的态度实事求是地对待实验中的"意外"，这也许与掌握实验内容本身同等重要。

2. 引导学生用专业术语描述、解释和归纳探究结果。比如，描述物质的密度时，教师要引导学生得出：同种物质质量与体积的比是一定值，密度不变；不同种物质质量与体积的比一般是不同的，密度不同。归纳探究结果，就是要寻找数据之间相互关系的特征。如研究杠杆的平衡条件时，改变力和力臂的数值，得出数据并对它们进行加、减、乘、除等运算，找出它们的关系，最后得出杠杆的平衡条件：动力×动力臂＝阻力×阻力臂。

（六）评估和反思中的教师引导

由于探究学习的评估并不影响探究结论的得出，往往得不到教师和学生的重视。然而，评估是对探究进行反思和评价的过程，是一个探究学习的完善和下一个探究学习的开始，是探究学习中不可缺少的环节。因此，教师应引导学生对自己的探究活动进行回顾、分析，及时发现疏漏、改正错误，从探究活动中发现新的问题，尝试改进探究方案，从评估中吸取经验教训，以利将来的教学。

1. 引导学生注意探究过程中未解决的矛盾，发现新问题。例如在探究凸透镜成像的实验中，把烛焰放在凸透镜的焦点处，非但没有出现平行光线的现象，反而看到烛焰放大的正立的虚像和放大的倒立的实像，与书本上的结论迥然不同。这正是有待进一步探究的问题。

2. 引导学生养成从评估中吸取经验教训的意识。这是指通过评估探究过程和结果后，有进一步发扬优点、克服缺陷的愿望。如果把愿望转化为具体行动，就是尝试改进探究方案。例如在比较定滑轮和动滑轮的特点的评估过程中，学生会发现定滑轮的优点正是动滑轮的缺点，而动滑轮的优点又恰好是定滑轮的缺点，将两者优点组合就得到滑轮组，并设计一个新的机械——滑轮组。

第四节 探究学习中教师引导的策略

严格说来，探究过程中教师怎样引导，应依当时的具体情境而定，并无万灵药式的某种方法。从某种意义上说，只要应用得当，各种常用的教学方法都可以促使教师在探究学习过程中发挥引导作用，因为探究过程的各阶段学生会遇到各种挑战，产生各种需要，其中既有知识和信息来源方面的，又有认知与情感方面的，需要教师给予及时、适度的提示与促进。正式和非正式的教学方法有很多种，这里我们以提问、讲解、演示、讲故事来说明。

一、提问

（一）探究性提问的特点

学起于思，思源于疑，疑解于问。提问与教学形影相随，关系紧密，在探究学习中，更是如此。提问作为探究学习中教师引导的一种重要方式，其作用在于启发学生的思维，抓住学生处于"愤悱"之时的有利时机，通过提问引导学生去"释"疑，以达到对知识的理解和掌握。所谓探究性提问，是指那些激发和维持学生主动探索学习、积极进行发散思维的提问。

探究性提问主要有以下几方面的特点：（1）生成性。探究性提问都是在探究的过程中教师临时提出的，而不像传统课堂教学那样，已经预先设想好，写在教案里面了。（2）开放性。提问有封闭式和开放式两种类型。探究性提问是开放的，没有固定答案，这种开放性提问的目的是为了打开学生的探究思路，开阔学生的思维视野，让学生沿着这种开放自由的思路进行探究。（3）可衍生性。探究性提问并非一定要寻求固定的解答，最重要的是，通过提问可以衍生出更多的问题，从衍生中找到启示、契机或能让人茅塞顿开的思路。（4）挑战性。探究性提问是要有一定挑战性的。提问太简单，学生头脑中没有太多的思维活动，轻而易举就想到了答案，这似乎是在走形式，不仅达不到提问的目的，反而令学生反感，认为教师低估了自己的能力。

（二）探究性提问的技巧

1. 掌握提问的时机

在探究学习中，提问作为一种艺术，其时机的把握非常重要。问在恰当之时，可以引起学生的探究欲望，激发学生的创造性思维，使学生的情绪处于最佳状态。

第一，问在疑难处。面对问题，学生往往有两种情况的反应：一是学生意识到了问题的存在，这时，教师并不需要帮助学生提出问题，而是让学生自己提出问题，并因势利导，提出一些启发性的问题，让学生从提问中豁然开朗，激发学生解决问题的信心和欲望。例如，在"植物叶子上气孔大多分布在下表皮"这一知识点的讲述中，通过对挂图、显微镜的观察，学生可以自己提出问题"在进化中叶子为什么会出现这种现象"。对于这个问题教材中没有现成答案，教师要引发学生去独立思考，鼓励学生大胆发表自己的见解，创造性地解决问题。二是对于那些司空见惯、学生自觉无疑实则有疑的地方，教师要设"疑"，引导学生看到问题的存在，以激起学生探究的热情。例如，在"探究馒头在口腔中的变化"过程中，初中学生不会知道淀粉是在唾液淀粉酶的作用下，从口腔开始消化的，不会理解淀粉在口腔中起了化学变化。教师通过提问"馒头在口腔中发生了什么变化？为什么会发生这样的变化？"从而引起学生的探究兴趣。

第二，问在启发处。启发性的提问能使学生产生浓厚的学习兴趣，帮助学生打开思路。那么，如何才能使问题具有启发性呢？这就要求教师提问时注意从学生的实际出发，理论联系实际，不要从概念到概念，从理论到理论。例如，在学习"绿色植物与生物圈中的碳—氧平衡"一节时，在探究"二氧化碳是光合作用必需的原料吗"之前，教师提问"家里养花，为什么白天摆在室内，晚上要移到室外，引导学生灵活运用已学知识（植物的呼吸作用、光合作用产生氧等）进行探究，学生必然产生这样的疑惑：二氧化碳是光合作用的原料吗？如果是，晚上为什么把花移到户外？这样，学生会迫不及待地想要接着往下探究，以求得到结论。

第三，问在矛盾处。教材中有许多耐人寻味的矛盾处，是作者有意安排点睛的伏笔，抓住这些内容提问，不但能激发学生的探究欲望，而且能帮助学生更透彻地理解知识。例如《桂林山水》一文中，作者用了"真清"，"真绿"，"真静"三个词来描写漓江的水，这就是矛盾之处，教师可以提问：江水应该是流动的，怎么会"静"呢？"绿"的水应该是脏的，怎么会"清"呢？作者用笔是否自相矛盾？从表面来看，学生没能领会作者对江水的描写，但这正反映了学生可能依据自己的生活常识思考问题，领会作者笔下漓江水的美。课文中诸如此类的矛盾现象是不少的，如果我们能予以巧妙的揭示，就能一石激起千层浪，掀起学生大脑里智慧的狂澜。

2. 把握提问的"度"

恰到好处的提问，可以激起学生探究知识的欲望，诱发思维。但教师又不能误把"满堂问"当作法宝，而应注意提问的对象、质量和层次，把握好探究性提问的几个"度"。

第一，注意问题的难度。维果斯基认为，儿童有两种发展水平：一种是儿童现有的水平；二是潜在的发展水平。这两种水平之间的差异，就是"最近发展区"。因此，在提问时要考虑学生现有的思维水平，使问题符合"最近发展区"。这样，既不会让学生因问题太容易而不屑一顾，也不会让学生因问题难度太大而丧失信心。如在讲同底数幂的乘法时，先提问 $103 \times 102 = ?$ 再提问 $a3 \cdot a2 = ?$ 然后提问 $am \cdot an = ?$ 诸如此类的问题要么太简单，要么太难，而且是法则论法则，缺乏启发性，难以引起学生的探究兴趣。如果先提出探究问题：一个矩形的长是某数立方的 2 倍，宽是某数平方的 3 倍，则它的面积为多少？学生中容易产生两种答案：$2x^3 \cdot 3x^2 = 6x^5$，$2x^3 \cdot 3x^2 = 6x^6$。谁是谁非？由此学生的探究欲望被唤醒，纷纷猜测、讨论，从不同角度寻求解决办法。

第二，选好问题的角度。提问要着眼于知识的不同侧面，并注意体现知识之间的联系，如新旧知识、理论与实际之间的联系等。此外，初中生好奇心强，喜欢尝新，概念化的、老生常谈式的提问，很难引起学生的探究欲望，相反，换个角度，采用新说法，增加问题的形象性，往往能激发学生的学习兴趣。如在教学"遗传信息的携带者——核酸"一节时，如直接问学生"核酸的概念、分布、结构、功能是什么？"学生会感到枯燥无味。若换个角度问学生：你们有谁听说过侦破案件工作中的 DNA 指纹法？有谁知道 NDA 在侦破案件工作中有什么作用？还有谁听说过 DNA 亲子鉴定？这样发问，就能激起学生的思维波澜和兴趣，讨论的气氛立即活跃起来，自然就掌握了核酸的结构与功能的相关知识。

第三，安排好问题的梯度。在教学中，对于那些有一定深度和难度的内容，学生难以一下子理解、领悟，就可以采用化难为易的办法，把复杂的问题分化成一组有层次、有梯度的问题，以降低问题的难度。在设置问题组时要注意各个问题之间的衔接与过渡，既要给学生指出思维的方向，引导学生深入思考，又不能将学生的思维限制过死。如在学习互余的两个锐角正、余弦的关系时，可设计如下系列问题：你能比较 $\sin 30°$、$\cos 30°$、$\sin 45°$、$\cos 45°$、$\sin 60°$、$\cos 60°$ 的大小吗？你能用计算器比较 $\sin 15°$、$\cos 15°$、$\sin 75°$、$\cos 75°$ 的大小吗？请结合直角三角形进行观察、分析，你能发现什么规律？利用发现的规律，你能快速判断出 $\sin 55°$ 与哪一个锐角的余弦值相等吗？你能画图说明吗？你能把你的发现用数学语言概括出来吗？这个问题系列既有层次性，又具有较强的探究性，对学生很具有吸引力，不仅能让学生从中体验到合情推理的奇妙威力，而且能培养学生的探究欲望。

二、讲解

在探究学习中，不像传统课堂那样"满堂灌"，讲解已经失去了主导教学方式的地位。然而这并不意味着讲解在探究学习中不重要，它仍然是探究学习中教师引导的一种必不可少的方式。因此，教师应根据探究学习的特点，相应地改变讲解的形式和内容，有效地使用探究性讲解这一引导方式。

（一）探究性讲解的内容

在探究学习中，不像传统教学那样，所有的教学内容都采用讲解的形式，只是在必要时教师通过讲解来引导学生。探究性讲解的内容包括以下几种。

1. 探究主题的背景和知识

在探究学习中，进行探究活动之前，需要向学生讲解一些与探究任务相关的背景和知识，帮助他们在头脑中形成一定的概念、规则和原理。这样可以加强学生的知识水平，减少或避免盲目探究。

2. 探究过程中的规则和操作方法

"没有规矩，不成方圆"。探究学习中，也需要有一些规则来约束学生的行为。特别是在第一次或前几次探究学习活动中，学生开始探究之前，教师应将探究时需遵守的各种规则告诉学生。这些规则既要具体又不能事无巨细，将重要的、不遵守就可能妨碍正常探究活动的规则提出来就行了。比如，在合作探究时，教师为防止合作讨论声音过大而制定如下规则：用提示卡表示合作讨论时的状态，绿色卡片表示小组在安静地一起学习；黄色卡片表示他们需要小声一点儿；红色卡片表示全组应该完全沉默下来，所有的学生默数到 10 然后重新开始工作。

操作方法的讲解要具体细致。如在很多探究学习实验过程中，要用到天平这个常见的称量工具，教师应在课堂上讲解天平的使用方法：（1）放平。天平必须平放在桌面上。（2）调零。调节天平两侧的平衡螺母，使指针对准中线取得平衡。（3）放纸。在天平的左右托盘上分别放上大小一样的纸张，并再次调零。（4）称量。称量物体时，根据"左物右码"的规则，左盘放被测物体，右盘放砝码，并加减砝码，使之平衡。（5）砝码的使用。砝码只能用镊子取，不能用手拿，用毕应及时放回砝码盒。（6）称毕。称完应立即取下重物，并将左右托盘合放在一侧，避免天平来回摆动，磨损刀口。

3. 探究时需用到的术语和理论

学生在探究过程中可能会遇到一些超越他们知识水平的术语和理论，在确定学生现有的知识水平能够理解的情况下，教师可以面向全班对这些术语、理论作一定的解释和说明。

4. 学生在探究过程中普遍遇到的疑难问题

在探究过程中，学生有可能遇到教师之前没有预料到的疑难问题，而且这个问题在全班同学中非常普遍，若不加以解决便会妨碍学生进一步探究。这时，教师不得不做一些弥补工作，面向全班将这些疑难问题讲解清楚。

（二）探究性讲解的技巧

探究性讲解并不需要面面俱到，通常都只是根据需要进行"点讲",因此,在探究学习过程中,教师一定要把握好讲解的量和程度,更重要的是掌握讲解的时机。关于这个问题,已有教师结合自己的教学经验作了说明。①

1. 讲在"对话"对而不明时

在探究性阅读教学中,学生在与文本进行对话时,由于个体差异与认知局限,往往对文本丰富而深刻的内涵理解不透,即对而不明。这时,适当地讲解或点拨诱导非常必要。如教学《一个小村庄的故事》第一段时,教师先让学生与文本对话,然后以问题"你读懂了什么"交流对话体验。有的学生说"小村庄很美",有的说"小村庄空气清新",有的说"小村庄河水清澈见底"……而此段的教学目标旨在让学生透过文字"看"到一个美丽的村庄,并以此为基础与后面被洪水毁灭进行对比,表明滥砍滥伐给大自然带来的巨大灾难。但生本对话后学生只说了几个空洞的词,这说明他们的认识是模糊的,语言是苍白的,理解是肤浅的。此时,教师引导正是时候。教师可以这样引导:"会读书的同学,透过文中的词语,就能看到小村庄原来那美丽的景色,你们试试看。"教师依据文本特点,将词语作为感悟的支点引导学生展开想象,"看到"小村庄的美丽,同时为后文小村庄的毁灭引起学生的心灵震撼作好铺垫。

2. 讲在"探究"卡壳时

探究学习主要以问题探究为主,但是当探究的问题比较深、难、宽时,学生探究起来就有一定的困难,有时会卡壳。这时,教师不能袖手旁观,而应提供资料,适时讲解、引导。如教学《将相和》,在让学生探究将相最后和好的原因时,有的学生说"廉颇彻底认识到自己的错误了,所以上门负荆请罪",有的说"因为廉颇能知错就改",有的说"蔺相如不斤斤计较,原谅了廉颇的言行"。学生总是在认错、谅解上

---

① 朱瑛:《我们何时需要"讲"》,《人民教育》2005年第6期。

兜圈圈，始终没有探究出将相和好的根本原因是"将相都有一颗爱国心，都能以赵国的利益为重"。此时，教师可讲解："当时秦国为什么不敢进攻赵国？将相不和，受损的是'将'，是'相'，还是国家？"这样，在教师的引导下，学生不仅自己解决了问题，得出了结论，更重要的是思维能力得到了提高。

3. 讲在多元解读有误解时

在探究性阅读教学中，由于学生的知识背景不同，在倡导多元解读的过程中，常常出现曲解误解的现象，这显然有悖于倡导多元解读的本意，也不利于培养实事求是的科学精神。这就需要教师"该出手时就出手"，适时讲解，用正确的情感、态度、价值观去引导学生。如教学《去年的树》，在交流阅读感受时，有的学生说："鸟儿不怕苦不怕累，找呀找，找到火柴点燃的灯，最后唱歌给灯听，这是教育我们要珍惜友情。"有的说："树木真伟大，他为了人们能点燃灯，宁可燃烧自己。"还有的说："那些砍树的人真可恶，他们不仅破坏了自然环境，而且破坏了树木与鸟儿之间的友情。"从学生的交流中可以看到文本的价值取向越来越失落。文本的人文导向就是"诚信"：鸟儿信守诺言，去年答应给树唱歌，今年无论如何也要找到树，哪怕已成火柴，化为火苗。第一个学生的理解可以说是多元理解的一种角度，但后两个学生的理解就不能视为多元了。教师应明确地给予否定，并讲明正确答案。不然就是曲解、误解作者与编者的价值取向。

三、演示

（一）什么是探究性演示

演示是教师进行实际表演和示范操作，运用实物、样品、模型、图表、幻灯片、录像带等，引导学生进行观察、分析与归纳的一种教学方法。演示作为探究学习中教师引导的重要途径，能帮助学生获得典型而丰富的感性材料，将直接知识与间接知识联系起来，从而加深对知识的理解，培养思维能力。

探究性演示主要有以下几方面的特点：

1. 归纳式的呈现方式。演示就是给学生展现实物或某种直观教具的过程，可有多种展现方式。大多数教师习惯采用演绎的方式进行演示，比如随意拿起一块硫磺，告诉学生："这是一块硫磺。"或者说："硫磺能燃烧，点燃硫磺，便可看见它在燃烧。"用这种方式进行演示，仅仅在于方便观察与证实某种现象。但探究性演示的重要特点是以归纳的方式演示教学材料。在演示过程中教师提出一些相关问题，要求学生自己寻找答案，其优点是能引起学生的探究，激发学生结合自己已有知识展开分析并做出假设。来教学生。如有教师拿出一支蜡烛和一盒火柴，问学生："当点燃火柴和蜡烛时会发生什么变化？怎样发生变化？当蜡烛燃烧时会发生什么变化？"点燃蜡烛后，教师接着问："蜡烛为什么会向下滴？如果把滴下的东西点燃，会出现什么情况？蜡烛燃烧时是怎样变化的？"……最后引导学生弄清什么是物理变化和化学变化。

2. 实验性。由于实验法要求学生直接参与学习过程，通过做实验解决问题，学生所学到的不仅仅是问题的答案，而且学会观察、测量、操作和推理，有利于形成操作技能，尤为重要的是学会自信、自立和独立学习。所以，有人认为实验法比演示法更优越，主张探究学习中应重视实验而不是演示。事实上，除了便于学生观察和证实某种过程外，演示也可以被设计成实验性的。假如演示所涉及的问题的答案在演示前并不显而易见，那么这种演示其实就是实验，我们习惯地称之为演示性实验。对于这种实验，可要求学生与教师一起参与演示。实践表明，学生特别喜欢做这种演示实验，因为它涉及大量的操作活动，而这个过程就是探究。因此，实验性是探究性演示的又一特点。

3. 以发展高级思维为目的。教师通常认为，使用演示法目的无非是给学生提供感性知识，以加强书本知识与直接知识的联系。然而，探究性演示不仅可以增加感性认识，也可以为学生提供创造性思维的机会，还有助于理解科学的哲学基础。比如，在演示过程中可以向学生提出如下问题：我们能确信所获得的数据都是可靠的吗？哪些科学证据是确凿无疑的？科学家在寻找问题答案的过程中是如何分化知识并将零碎的知识点与知识整体联系在一起的？科学家在科学研究过程中可能是道德的、不道德的或反道德的吗？在回答这些问题的过程中，学生逐步意识到现代科学的基础。当然，这需要教师有高超的演示技能。

（二）探究性演示的技巧

实际演示时，教师可以参照以下技巧。

1. 便于学生感知。演示过程中，必须确保全班学生尤其是坐在教室后面的学生方便观察，让他们能清楚地感知演示过程的每一个细节。尤其是在演示一些小实物时，更要注意这方面的问题。这里提出一些问题，以便教师作自我检查：为清晰易见，演示小物体时，你使用投影仪吗？你的声音够大吗？当学生回答问题时，你要求学生声音够大以便全班都能听到吗？你经常重复学生的提问与回答吗？

2. 充满激情。教师在演示时如果毫无表情，演示就会变成一种例行公事式的活动，致使课堂死气沉沉，根本谈不上引起学生的探究。相反，如果教师充满激情，生动活泼地进行演示，就能激起学生的热情，调动学生的积极性，也容易调动学生的探究欲望。这就是说教师本人要对科学充满激情，并善于通过演示把这种激情传递给学生。就像《美国国家科学教育标准》中所说："那些对科学知识之力量、之美妙不仅富于热情和兴趣而且常常津津乐道于口的教师，也不妨把这样一些看法灌输给学生。"教师演示时，应透过言行表露自己的激情，只有这样才能激励学生与教师一起去探究。

3. 调动学生积极参与。演示的最终目的是调动学生积极参与，要达到这一目的，需要教师：（1）采用归纳式教学。以提问开始演示，若演示时要使用一些有趣的设备，便问学生教师将用这些设备干什么。比如，在制作贮血器的过程中，运用了一些科学原理像半真空、空气压力、无菌状态、防止血液凝结的抗凝剂。（2）提问。不断问学生下一步做什么，什么情况将发生，为什么他们认为这些情况会发生，演示在证明或说明什么。（3）积极强化。要经常给学以积极强化，而不要随便否定学生。这样有利于鼓励学生去积极的探究。

4. 要认真选择演示的实物或模型，明确演示目的。选择的原则要有利于突出教学的重点或难点，有利于培养学生的观察、分析和综合等能力；选择的实验能为进行概念、理论的教学服务。应该明确每一个演示的目的。例如，钠和水反应的实验，在不同的教材内容中，其目的就不相同，观察重点也有区别。在讲《钠的性质》时，演示的目的是让学生观察钠在水中反应时，浮游水面、熔成小球、产生能燃烧的气体、溶液能使酚酞变红。从而认识钠的物理性质和钠与水反应的现象及产物。在学习元素周期律时，让学生观察钠与水的反应，以及镁、钾与水的反应，是为了比较钠、镁、钾与水反应的条件、反应的速度及剧烈程度，认识钠的金属活动性强弱。

四、讲故事

哪里有人类，哪里就有故事，哪里就有人讲故事。讲故事的历史可以追溯到人类产生的那一刻，它弥久不衰，一直焕发着青春的活力。它是人类认识世界、认识自我的基本方式，也是人类探索未知的一种方式。在探究学习中，教师适当地应用讲故事的方法进行引导，对于探究学习的进行和完成具有极其重要的作用。

（一）故事引导的价值

从某种意义上来说，人类正是在听故事的熏陶过程中长大的。人与生俱来就有一种本能而独特的"诗性的智慧"，它指引人类以隐喻、象征和神话传说的形式对周围环境做出反应，并在这个过程中创造人类自身。因此，在探究学习中，有必要适当地应用讲故事的方式进行引导，它具有双重教育价值的可能。

1. 启迪智慧。故事的来源总是人类的生活，可以分为两大类，即虚构的生活与现实的生活。虚构的生活就是对现实生活的批判，来源于虚构生活的故事让人看到对现实的超越，激发其想象力；现实的生活是活的经验，来源于现实生活的故事丰富人们的情感体验、提供经验与教训。它们共同在两个方面启迪着学生的智慧：一是转知识为智慧，二是改善思维。知识是人们对事物属性与联系的认识，而智慧是人们应运知识技能等解决实际问题的本领。通过听故事和思考故事，能促进学生把公共知识转化为个体知识，从而促进智慧的生成。讲故事并不是一个简单的发声的过程，更是教师运用并展现其思维的过程。讲故事中展现出来的思维更多的是对事件进行鲜活描述的过程，是一种叙事思维。叙事思维与科学逻辑思维存在着巨大的反差，但是正是这种反差，却促进了相互的支持和转化。

2. 陶冶精神。故事是有精神的，它能够给人们带来多重的价值和人文关怀。首先，故事总是有道德倾向的。通过讲故事来传递一定的道德价值观是从古代到现代一直通行的方法，它能在人们愉悦之中接受相应的道德和社会观念。其次，讲故事和听故事注重的是过程体验。在听故事的过程中，学生总是能获得某种体验，生成某种感悟。有时候，故事本身并不是那么重要，而由故事引发出来的情感体验才是最重要的。好的故事能使学生有亲历某事，亲自感受情感的效用。最后，故事总是具有超越性的。它能将过去、现在和未来连在一起，激发学生的想象力，建构一个想象的世界，并使自己的精神在这个想象的世界得到提升。

（二）故事引导的要求

讲故事引导具有启迪智慧和陶冶精神的价值，但是这双重价值只是可能的价值。如果应用得当就能获得，而应用不当的话则会起反作用。因此，有必要再探讨讲故事引导的基本要求。

1. 故事内容的选取要适切。故事是丰富多彩的，但是对于某一具体的探究学习，故事的选取则是有限制的。那些与主题完全不相干的故事，是应该摒弃的；那些低级趣味的故事，也是应该摒弃。选取故事最重要的是找准故事和探究问题之间的结合点。这些点可以在故事的整体意义中找，也可以在故事的局部意义中找。整体意义出现的方式为故事标题、故事结尾，局部意义则是情节或故事人物的行动。

2. 讲故事的时机要适当。在探究学习中，以讲故事的方式来引导主要有三个教育时机。首先是学生积极性不高时，可以使用轻松的故事吸引注意。如使用时事故事、明星故事等来引入探究。其次是在课堂气氛紧张时，可以使用幽默故事调节气氛。当学生在讨论时产生争执时，可以讲述明天是如何解决讨论纷争的故事来引导学生民主解决问题。最后是在突破思维困局时，可以使用具有一定暗示解决方案的故事来引导学生的探究思考。这种故事是最难的故事，必须暗示了解决问题的方法，让学生思考后能够恍然大悟。

3. 讲故事的形式要多样。教师在运用讲故事的引导策略时，不能每次都是一样的套路、一样的形式，学生会因此而厌倦。首先，讲故事的主体可以多样化。有教师一个人讲，教师和学生共同讲、学生自己讲，还可以邀请校外人士讲。其次，呈现故事的方式可以多样化。有平铺直叙，也可以以话剧、相声、小品等方式，还可以以课件的图片、声音、视频的方式讲。

在探究学习中，无论运用哪种方式进行引导，都需要注意其操作事项和适用范围。特别是讲故事的方式，其运用要注意一个"度"的问题，滥用则会产生许多新的问题。

参考文献

1. 王策三：《教学认识论》，北京师范大学出版社 2002 年版。
2. 李秉德：《教学论》，人民教育出版社 2003 年版。
3. 朱慕菊编：《走进新课程：与课程实施者对话》，北京师范大学出版社 2006 年版。
4. 张大均：《教育心理学》，人民教育出版社 2006 年版。
5. 刘儒德：《探究学习与课堂教学》，人民教育出版社 2005 年版。
6. 袁桂林：《洪俊主农村中小学课程改革的探索》，东北师范大学出版社 2000 年版。
7. 吕世虎、肖鸿民主编：《中国基础教育课程与教学研究》，中国人事出版社 2002 年版。
8. 刘志成：《汉字与华夏文化》，巴蜀书社 1995 年版。
9. 林玉体：《西方教育思想史》，九州出版社 2006 年版。
10. 任长松：《探究式学习——学生知识的自主建构》，教育科学出版社 2005 年版。
11. 张熊飞：《诱思探究教学导论》，陕西人民教育出版社 1993 年版。
12. 靳玉乐：《探究教学》，四川教育出版社 2005 年版。
13. 徐学福：《探究教学研究》，广西师范大学出版社 2005 年版。
14. 施燕：《学前儿童科学教育》，华东师范大学出版社 1999 年版。
15. 郑毓信：《数学教育哲学》，四川教育出版社 2001 年版。

16．谢直树：《在科学课中体会做的乐趣》，北京师范大学出版社2005年版。

17．刘晓东：《儿童精神哲学》，南京师范大学出版社2003年版。

18．毕华林、刘冰：《化学探究学习论》，山东教育出版社2004年版。

19．郑毓信：《问题解决与数学教育》，江苏教育出版社1994年版。

20．孙德玉：《吴支奎课程改革与数学教学》，安徽教育出版社2007年版。

21．窦桂梅：《窦桂梅与主题教学》，北京师范大学出版社2006年版。

22．何强生：《语文探究性学习论》，安徽人民出版社2008年版。

23．王丽：《中学语文名篇多元解读》，广东教育出版社2006年版。

24．王荣生、李海林：《语文课程与教学理论新探·学理基础》，上海教育出版社2008年版。

25．王宁：《汉字构形学讲座》，上海教育出版社2002年版。

26．高世平：《汉字科学规律》，江苏教育出版社1998年版。

27．贾国均：《字理识字研究与实践》，中国轻工业出版社1998年版。

28．吴长安：《文化的透视——汉字论衡》，吉林教育出版社1995年版。

29．袁军：《探究性学习教学示例：政治》，浙江教育出版社2004年版。

30．［法］安德列·尼耶：《悲怆与诗意：结构主义作品分析》，万胜译，湖南人民出版社1988年版。

31．［荷兰］弗赖登塔尔：《作为教育任务的数学》，陈昌平等编译，上海教育出版社1995年版。

32．［美］大卫·杰纳·马丁：《建构儿童的科学——探究过程导向的科学教育》，杨彩霞等译，北京师范大学出版社2006年版。

33．［美］罗伯特·休斯：《文学结构主义》，刘豫译，生活·读书·新知三联书店出版社1988年版。

34．［美］乔伊斯·威尔等：《当代西方教学模式》，丁证霖等译，山西教育出版社 1991 年版。

后　记

　　消除探究的泛化，提高探究的实效，建构体现学科特色的探究教学理念与策略，是探究教学研究与实践的应然取向。本书在这方面作了初步的探索。过去的教学研究与实践往往以行为主义、认知主义理论为基础，脱离教学情境抽象地对待学生的学习，忽视学科自身的特性对学习的制约作用，导致教学的泛学科化现象，结果学生虽机械记忆学科的概念和事实，但不能有效地参与教学活动，学会学科的思考方式。当前兴起的社会建构主义理论，使人们对如何学习获得了新的认识，学习不只是记忆知识，更是学会参与学科专业活动的过程；不只是个人的脑内活动，更是学习共同体成员之间的协商与建构过程。在这种学习过程中，学生需要专业的引领即意识到不同学科采用不同的专业术语与思维方式，才能逐步摆脱日常思维方式，学会用科学、数学、文学等思维方式解决问题。正是适应这一发展趋势，本书致力探索具有学科味的探究学习教学模式。

　　任何教学理论都于人性的某种假设之上，并由此提出相应的教学方式。与接受学习不同，探究学习假设人性是积极的而非消极的、主动的而非被动的、善的而非恶的，并倡导由学生通过探究、发现的方式而非接受、灌输的方式来获得知识。这种假设是否可靠，相应的教学方式效果如何，最终有待实践来检验，而不能仅停留在理论的辩驳上。从现有研究来看，有关探究学习的人性假设及优点，学者已作了大量的理论分析。这些辩护或以某种理论作基础，或以列举接受学习的不足作对比，或以当代发展的要求进行呼吁，但却没有充分的实证研究数据作支撑，从而极大地阻碍着探究学习的推广和深入。探究学习要求学生积极参与各门课程的教学活动中，这种参与不是表面的热闹和花样的繁多，而是一种有效的专业参与，这对教师和学生都是一种挑战。毫无疑问，要深化课程改革，把探究学习落在实处，既需要深理论研究，又需要长期而艰苦的实证研究，我们将继续沿着这个方向进行探索。

徐学福

2016 年 11 月